THEMEN DER PÄDAGOGIK

Herausgegeben von Rolf Arnold

Hanns Petillon

Soziales Lernen in der Grundschule

Anspruch und Wirklichkeit

Verlag Moritz Diesterweg

Frankfurt am Main

Die Deutsche Bibliothek – CIP-Einheitsaufnahme

Petillon, Hanns:
Soziales Lernen in der Grundschule: Anspruch und Wirklichkeit / Hanns Petillon.
– 1. Aufl. – Frankfurt am Main: Diesterweg, 1993
  (Themen der Pädagogik)
  ISBN 3-425-01927-9

ISBN 3-425-01927-9

1. Auflage 1993

© 1993 Verlag Moritz Diesterweg GmbH & Co., Frankfurt am Main.
Alle Rechte vorbehalten. Das Werk und seine Teile sind urheberrechtlich geschützt.
Jede Verwertung in anderen als den gesetzlich zugelassenen Fällen bedarf deshalb der
vorherigen schriftlichen Einwilligung des Verlags.

Umschlaggestaltung: Jürgen Richter, Seeheim-Jugenheim
Gesamtherstellung: Graphoprint, Koblenz

Inhalt

Vorwort des Herausgebers		VII
Vorwort		IX
1.	**Vorbemerkungen zu Inhalt und Strukturierung**	1
1.1	Ausgangspunkt: ein Beispiel aus dem Schulalltag	1
1.2	Notwendigkeit und Chancen Sozialen Lernens im Primarbereich	4
1.2.1	Veränderte Lebenswelten	5
1.2.2	Veränderte Ausgangsbedingungen für die Grundschule	7
1.2.3	Soziales Lernen als notwendige Aufgabe des Primarbereichs	8
1.3	Ziele und Struktur der Arbeit	10
2.	**Begriffsbestimmung und Beschreibung des Gegenstandes „Soziales Lernen"**	13
2.1	Gebrauch des Begriffes	13
2.2	Ein heuristisches Modell zur Beschreibung Sozialen Lernens	16
2.2.1	Theoretische Grundlagen des Modells	17
2.2.2	Modellstruktur	21
2.2.3	Inhaltliche Komponenten des Modells	23
2.2.4	Die Schülergruppe als zentraler Ort Sozialen Lernens	28
2.2.5	Kategorisierung von Sozialereignissen und ihrer Merkmale	33
2.2.6	Soziales Lernen als Auseinandersetzung mit Sozialereignissen und Effekte Sozialen Lernens	40
2.2.6.1	Allgemeine Hinweise zu Bewältigungsprozessen	41
2.2.6.2	Interaktionale Bewältigungsprozesse	44
2.2.6.3	Effekte Sozialen Lernens	51
2.2.7	Die soziale Entwicklung des Kindes im Primarbereich	53
2.2.7.1	Übergreifende Gesichtspunkte	54
2.2.7.2	Die Entwicklung sozialen Verstehens	57
2.2.7.3	Soziales Verstehen und Handeln	64
2.2.7.4	Entwicklung aggressiven und prosozialen Verhaltens	68
2.2.8	Schulische Ökologie und Soziales Lernen	71
2.2.8.1	Schule als formelles Erfahrungsfeld	73

2.2.8.2	Verknüpfung des formellen und informellen Erfahrungsfeldes	74
2.2.8.3	Die Bedeutung sozial-räumlicher Gegebenheiten	76
2.3	Diskussion von Zielperspektiven Sozialen Lernens	80
2.3.1	Vorliegende Ansätze	80
2.3.2	Gegenseitigkeit als übergreifendes normatives Kriterium	82
2.3.3	Gegenseitigkeit und theoretischer Kontext	85
2.3.4	Gegenseitigkeit auf personaler Ebene	86
2.3.5	Gegenseitigkeit auf der Ebene der Interaktion	89
2.3.6	Gegenseitigkeit auf Gruppenebene	97
3.	**Entwicklung eines Kataloges übergreifender Lernziele**	**100**
3.1	Funktion des Zielkataloges	100
3.2	Vorarbeiten für die Auswahl der Zielbereiche	101
3.3	Beschreibung der Zielbereiche	101
3.4	Struktur des Zielkataloges	107
3.5	Übergreifende Aspekte	110
3.6	Zieldefinitionen	112
3.6.1	Kommunikation	112
3.6.2	Kontakt	114
3.6.3	Kooperation	115
3.6.4	Solidarität	116
3.6.5	Konflikt	118
3.6.6	Ich-Identität	119
3.6.7	Soziale Sensibilität	120
3.6.8	Toleranz	122
3.6.9	Kritik	123
3.6.10	Umgang mit Regeln	125
3.6.11	Gruppenkenntnisse	126
4.	**Expertenbefragung**	**127**
4.1	Ergebnisse	128
4.1.1	Bewertung des Zielkatalogs	128
4.1.2	Revision des Zielkatalogs	130
4.1.3	Stellenwert von Zielkatalogen mit übergreifenden Lernzielen	133
4.1.4	Bewertung spezifischer Zielsetzungen	134
4.1.5	Bewertung von Problembereichen	138

5.	**Lehrplananalyse**	**149**
5.1	Fragestellungen	149
5.2	Vorgehensweise	150
5.3	Ergebnisse	154
5.3.1	Analyse übergreifender Zielvorstellungen	155
5.3.2	Analyse von konkreten Zielsetzungen im Rahmen des Sachunterrichtes	159
5.3.3	Themen und Realisierungsvorschläge	165
5.3.4	Lehr- und Lernformen	166
5.3.5	Aufgaben des Lehrers	167
5.3.6	Vergleich der Lehrpläne von 1980 mit den heute gültigen	168
5.4	Zusammenfassung der Lehrplananalyse	170
6.	**Lehrerbefragung**	**174**
6.1	Zielsetzungen	174
6.2	Fragestellungen	175
6.3	Zusammenfassung und Bewertung der Befunde zur Lehrerbefragung	178
6.3.1	Bewertung des übergreifenden Zielkataloges	178
6.3.2	Realisierung der Lernziele im eigenen Lehrplan	181
6.3.3	Realisierung von unterschiedlichen Sozialformen	183
6.3.4	Erfahrungen und Einstellungen bezüglich Sozialem Lernen	184
6.3.5	Antworten auf offene Fragen zur Bewertung Sozialen Lernens	187
7.	**Soziale Erfahrungen in der Gleichaltrigengruppe im Verlauf der ersten beiden Schuljahre**	**189**
7.1	Sozialereignisse beim Schulanfang	190
7.2	Soziale Beziehungen zum Schulanfang	192
7.3	Welchen Einfluß nimmt die Schule?	194
7.4	Freundschaft aus der Sicht des Kindes	195
8.	**Fazit: Soziales Lernen – Anspruch und Wirklichkeit**	**199**
	Literatur	**211**

Vorwort des Herausgebers

„Soziales Lernen" stellt sich nur auf den allerersten Blick als eine Überbleibselthematik der siebziger Jahre dar. Vielmehr hat die Pädagogik seit einigen Jahren, zunächst vereinzelt, doch dann auch in einer die wissenschaftliche Öffentlichkeit suchenden Form, damit begonnen, Bildung und individuelle Entwicklung wieder ganzheitlicher zu thematisieren. „Verdankt" die aufklärerische Individualpädagogik dem Zusammenbruch der mittelalterlichen Zunft- und Sozialintegration ihre zentralen Motive, nämlich Emanzipation und Identität des einzelnen zu realisieren, so scheint der bisweilen konstatierte postmoderne „Abschied von der Aufklärung" auch ein Abschied vom individualisierend-mechanistischen Weltbild in der Pädagogik sein zu müssen. Die Hauptaufgabe unserer heutigen Gesellschaft kann nämlich nicht mehr nur in der Entfaltung der Individualisten und in der optimalen „Gestaltung" von Lernprozessen gesehen werden; sie umfaßt vielmehr auch – und in erster Linie – die Aufgabe, den Frieden, die soziale Gerechtigkeit und die Bewahrung der Schöpfung dauerhaft zu sichern. Nicht allein die Sittlichkeit und moralische Verantwortung des einzelnen, sondern vielmehr die humane Verantwortbarkeit der sozialen und gesellschaftlich-ökonomischen Verhältnisse markieren Anspruch und „Richtschnur" einer zeitgemäßen Pädagogik. Diese muß sich wieder stärker und in einer gewandelten Weise ihrer gesellschaftlichen Voraussetzungen und Bedingungen vergewissern. Propagierte die Aufklärung die Individualität des Menschen und löste ihn dabei häufig aus seinen sozialen Zusammenhängen, denen er seine Identität verdankte, so verweist die heutige Bildungsdiskussion auf eine Konzeption, die die Identität des einzelnen wieder rückbinden muß an eine Vorstellung kollektiv verantwortbaren Lebens. Eine solche Vorstellung beinhaltet der Bildungsbegriff der Pädagogik. Gleichzeitig sind in ihm die Moralität von Bildung und die notwendige Erweiterung des individuellen Lernens zu einem Sozialen Lernen deutlich in den Blick gerückt. Es ist das Verdienst der vorliegenden Veröffentlichung von Hanns Petillon, diese Lesart des Bildungsbegriffs wieder deutlich in das Bewußtsein gehoben zu haben und den humanen Anspruch Sozialen Lernens konkretisiert zu haben. Dabei verliert sich der Autor nicht in theoretischen Überlegungen und differenzierten begrifflichen Abwägungen. Seine „Begriffsbestimmung und Beschreibung des Gegenstandes", welche er zu einem „heuristischen Modell zur Beschreibung Sozialen Lernens" zusammenführt, ist vielmehr eingebettet in eine konkret-inhaltliche Präzisierung der „Zielperspektiven eines Sozialen Lernens": ‚Kommunikation', ‚Kontakt', ‚Kooperation', ‚Solidarität', ‚Ich-Identität', ‚soziale Sensibilität', ‚Toleranz', ‚Kritik', ‚Umgang mit Regeln' und

‚Gruppenkenntnisse' sind die nach Petillons Auffassung zentralen Zielbereiche einer sozialen, auf die verantwortbare „Gegenseitigkeit" sozialen Handelns bezogenen Primarerziehung. Mit seinem Zielkatalog liefert der Autor unzweifelhaft einen wichtigen Beitrag zur Präzisierung der sozialen Dimension des Bildungsbegriffs. Bildung wird von ihm gewissermaßen auf ihre sozialen Implikationen hin „hinterfragt" und im Hinblick auf die Anspruchlichkeit von Lehrplänen und unterrichtlicher Realisierung ausgelotet.

Petillon geht diesen Weg mit einer hohen methodologischen Gründlichkeit. Er vergleicht seinen Zielkatalog nicht nur mit den vorliegenden Lehrplänen, welche er einer gründlichen Analyse unterzieht; es geht ihm vielmehr darum, die Realisierbarkeit der Ziele Sozialen Lernens empirisch zu überprüfen. Dabei beschränkt er sich nicht allein auf einen empirischen Zugriff, sondern blendet gewissermaßen die Ergebnisse seiner Expertenbefragung und seiner Lehrerbefragung zusammen mit dem Stand der einschlägigen Forschung zum Sozialen Lernen von Schülern im Schulalltag des Primarbereichs. Auf diesem Wege gelangt der Autor zu vergleichsweise gut abgesicherten Einschätzungen im Hinblick auf die Praxis Sozialen Lernens in der Grundschule. Diese Einschätzungen werden nicht in der Form einer „Postulatpädagogik" präsentiert, sondern als nachdenkliche Anmerkungen zu dem eigenen Zielrahmen Sozialen Lernens. Gleichwohl kann sich der Autor – und mit ihm die Leser dieser gründlichen Darstellung – in der „festen Überzeugung" bestätigt fühlen, daß – wie Petillon in seinem Fazit zu den pädagogischen Möglichkeiten Sozialen Lernens feststellt – „eine Grundschule, die konsequent auf Soziales Lernen eingeht, langfristig durch das Handeln der Kinder in der Richtigkeit ihrer Konzeption bestätigt wird."

Kaiserslautern, im Juni 1992
Prof. Dr. Rolf Arnold

Vorwort

Soziales Lernen ist nicht mehr „in Mode". Die Diskutanten der siebziger Jahre haben längst das Feld der Auseinandersetzungen geräumt. Neue Themen, bei denen nicht selten wieder darum gestritten wird, welche Konzepte progressiver, dynamischer, differenzierter, emanzipierter sind, bestimmen die pädagogische Landschaft. Geblieben sind die Skepsis im Hinblick auf den Gebrauchswert des Begriffes und eine resignative Haltung bezüglich sozialerzieherischer Möglichkeiten der Schule.

Aus der Sicht des **Kindes** ist die Notwendigkeit geblieben, mit den vielfältigen sozialen Anforderungen innerhalb und außerhalb der Schule in einer Weise zurechtzukommen, die ihm sowohl eine befriedigende Entwicklung der eigenen Identität als auch das kompetente und einfühlsame Umgehen mit anderen ermöglicht. Viele Hinweise zur außerschulischen Lebenswelt der Kinder sprechen dafür, daß die soziale Entwicklung häufig problematisch verläuft und die Kinder im Primarbereich in besonderer Weise auf pädagogische Anregung und Unterstützung bei Sozialem Lernen angewiesen sind.

An die **Lehrer** wird der Anspruch gerichtet, im täglichen Umgang mit den Kindern günstige Bedingungen zur Förderung Sozialen Lernens zu schaffen. Dieser Anspruch stellt hohe Anforderungen an die erzieherische Kompetenz sowie an die Bereitschaft, die eigene Persönlichkeit als bedeutsamen Faktor sozialerzieherischer Wirkungen zu akzeptieren und im Bereich des Sozialen Lernens notwendige Akzente zu setzen. Viele Lehreraussagen deuten darauf hin, daß es in den letzten Jahren schwieriger geworden ist, diese pädagogische Aufgabe zu bewältigen. Gleichzeitig bestätigen Lehrer die dringende Notwendigkeit, angesichts veränderter Lebensbedingungen der Kinder in diesem Bereich erzieherisch tätig zu werden.

Diese Arbeit ist ein Plädoyer dafür, Soziales Lernen als ein „zeitloses" Thema zu betrachten und ihm einen hohen Stellenwert innerhalb der pädagogischen Aufgaben der **Grundschule** einzuräumen. Vielleicht liegt gerade in der Tatsache, daß das Thema nicht mehr im „Modetrend" liegt, eine größere Chance, sachgerechter auf die Bedürfnisse von Kindern und Lehrern einzugehen. Im folgenden sollen Ansprüche an diesen pädagogischen Aufgabenbereich mit der **Wirklichkeit** Sozialen Lernens der Kinder und erzieherischen Handelns der Lehrer in Beziehung gesetzt werden, um so ein realitätsnahes Bild pädagogischer Möglichkeiten entwickeln zu können.

Ein Vorwort, das üblicherweise am Ende einer Arbeit geschrieben wird, kann rückblickend deren Entstehungsgeschichte und die damit verbundenen sozialen Erfahrungen des Autors einbeziehen. Diese Erfahrungen sind gekennzeichnet von Hilfsbereitschaft, Verständnis und Unterstützung, die ich von einem großen Personenkreis erfahren habe. Mein besonderer Dank gilt Herrn Prof. Dr. Ingenkamp für seine zahlreichen detaillierten und kritischen Hinweise sowie für die Zeit, die er sich für meine Anliegen genommen hat. Ohne die Unterstützung, die er mir darüber hinaus als Leiter des Zentrums für empirische pädagogische Forschung gegeben hat, hätte diese Arbeit nicht entstehen können. Herrn Prof. Dr. Jäger danke ich für die Anregungen und kritischen Rückmeldungen sowie für die persönlichen Ermutigungen und stete Gesprächsbereitschaft.

Mein Dank gilt weiterhin den Mitarbeitern des Zentrums für empirische pädagogische Forschung, die mir bei inhaltlichen, statistischen und computertechnischen Fragen geholfen haben. Besonders erwähnen möchte ich dabei meinen Kollegen Urban Lissmann. Frau Jutta Mohr hat das Manuskript mit Sorgfalt und Geduld geschrieben und mir dadurch die letzte Phase dieser Arbeit sehr erleichtert.

1
Vorbemerkungen zu Inhalt und Strukturierung

1.1
Ausgangspunkt: ein Beispiel aus dem Schulalltag

Anstelle einer sehr abstrakten Beschreibung des Gegenstandes „Soziales Lernen", der im weiteren erörtert werden soll, beginnen wir mit einem Beispiel, das uns einen ersten praxisrelevanten Zugang zu Problemstellungen dieser Arbeit ermöglichen kann.

Vor Unterrichtsbeginn packt ein Grundschulkind einen für alle Mitschüler attraktiven Gegenstand aus. Sehr schnell bildet sich ein enger Kreis. Einigen Kindern gelingt es, in den Kreis einzudringen, indem andere ihren Platz räumen müssen. Außenstehende versuchen, teilweise mit Argumenten („Wir sind auch mal dran" – „Ihr habt doch schon alles gesehen" – „Macht den Kreis doch größer") oder mit Gewalt, in eine günstigere Position zu kommen. Es zeigt sich wenig Bereitschaft, auf die erworbenen „Privilegien" zu verzichten. Als die Lehrerin den Klassenraum betritt, bilden die Kinder den gewohnten morgendlichen Stuhlkreis, der allen gute Sichtmöglichkeiten schafft. In der Pause packt ein Kind ein Spielzeug aus, das alle fasziniert. Sehr schnell bildet sich ein enger Kreis..

Dies ist ein Beispiel aus einer Vielzahl von facettenreichen „Episoden" oder Szenarien, die im Rahmen einer Längsschnittstudie zum Schulanfang von Versuchsleitern im Verlauf der ersten beiden Grundschulklassen notiert wurden (vgl. PETILLON u.a. 1987).

Zweifellos zeigt dieses Beispiel typische Aspekte Sozialen Lernens, wenn wir es als Prozeß der individuellen Auseinandersetzung mit einem sozialen Ereignis umschreiben: Sich unterordnen, sich durchsetzen, mit eigenen Handlungsabsichten erfolgreich oder erfolglos sein, Einfluß nehmen oder sich hilflos fühlen, von anderen lernen, andere Perspektiven kennenlernen sind wichtige Prozesse, die diesen Lernbereich kennzeichnen.

Zur Bearbeitung des Szenariums erscheint eine **mehrperspektivische** Vorgehensweise besonders angemessen. Wie im folgenden am Beispiel des Szenariums zu zeigen sein wird, ist der gesamte Komplex des Sozialen Lernens nur dann angemessen zu rekonstruieren, wenn man verschiedene Ebenen in die Analyse einbezieht. Dabei werden spezifische Aspekte einer möglichst detaillierten Betrachtung unterzogen; danach wird versucht, durch eine systematische Verknüpfung dieser Teilelemente den Gegenstand unserer Analyse als Ganzes zu bewerten.

Für unser Szenarium können wir beispielsweise mit der Betrachtung einzelner Kinder beginnen und versuchen, deren Perspektive zu rekonstruieren (**Personenebene**). Greifen wir etwa das Kind heraus, das erfolglos versucht, mit Argumenten Zugang in den Kreis zu erlangen, so ergeben sich aus dem beobachtbaren Sozialverhalten eine Vielzahl richtungsleitender und analyserelevanter Fragestellungen:

Wie verarbeitet das Kind den Mißerfolg? Wie läßt sich seine emotionale Betroffenheit nachvollziehen? Welche alternativen Strategien besitzt es? Welche subjektiven Wertvorstellungen leiten sein soziales Handeln? Wie beeinflußt diese Erfahrung das zukünftige Vorgehen? Ist sein Status in der Gruppe für seinen Mißerfolg verantwortlich, oder sind es eher fehlende soziale Kompetenzen? In welcher Form sind die Biographie des Kindes und zurückliegende Mißerfolgserfahrungen von Bedeutung?

Rücken wir demgegenüber das Kind, das sich stärker durchgesetzt hat und anderen den Zugang verweigert, in den Mittelpunkt unserer Betrachtung, so ergäbe unsere Rekonstruktion ein völlig neues Bild. Es wird sichtbar, daß Soziales Lernen ein individueller Lernprozeß ist und der Umgang mit dem gleichen Sozialereignis für jedes Kind etwas anderes bedeutet. Unser Beispiel macht auch deutlich, daß die Kinder in der gleichen Situation sehr unterschiedliche Handlungschancen besitzen. Die Kinder mit hohem Status und ausgeprägtem Durchsetzungsvermögen etwa unterscheiden sich wesentlich von den weniger „Erfolgreichen". Solche Lernprozesse, die durch ein unterschiedliches Ausmaß an Partizipationsmöglichkeiten und damit verbundenen Prozessen der Selbstbewertung gekennzeichnet sind, prägen die soziale Entwicklung der Kinder im Hinblick auf den Umgang mit anderen und mit der eigenen Person. Weiterhin ließe sich feststellen, daß viele Kinder durchaus die Kompetenz besitzen, eine soziale Situation zu schaffen, die in unserem Beispiel allen Gruppenmitgliedern eine befriedigende Teilnahme ermöglicht, aber es fehlt die Bereitschaft zu einem entsprechenden Handeln. Diese häufig zu beobachtende Diskrepanz zwischen dem, was ein Kind **weiß** und **kann** und dem, was es tatsächlich sozial **tut** (vgl. auch das Verhalten der Schüler bei Erscheinen des Lehrers) wird für unsere Themenstellung von besonderer Bedeutung sein. Auch in der empirischen Forschung wird in vielen Fällen nur soziales Wissen „abgefragt", ohne daß eine Beziehung zu dem tatsächlichen Sozialverhalten hergestellt wird (vgl. BOEHNKE 1988).

Zur Analyse unseres Szenariums können wir in einem weiteren Schritt unser Augenmerk auf die Interaktion zwischen zwei Schülern richten (**Interaktionsebene**) und dabei die Prozesse des sozialen Zusammenspiels beobachten. Greifen wir aus unserem Szenarium die Dyade zwischen zwei Kindern auf, bei denen über Beteiligung verhandelt wird, so kann verschiedenen Fragestellungen nachgegangen werden:

Welches sind die Ziele der Beteiligten? Wie werden sie aufeinander abgestimmt? Welche Strategien werden angewandt? Handelt es sich um eine eher symmetrische Beziehung? Beziehen die Interaktionspartner die Perspektive des anderen in ihr Handeln ein? Wird eine gemeinsame Verständigungsebene entwickelt?

Wir können uns in einem nächsten Schritt auf die gesamte Gruppe der Schüler konzentrieren (**Gruppenebene**), die als Ort des Vergleichens mit anderen, der Selbsteinschätzung, der Vergabe von Einfluß und Beliebtheit, der Setzung von Normen und der Schaffung eines sozialen Klimas von zentraler Bedeutung für die soziale Entwicklung des einzelnen Kindes und den Verlauf von Interaktionen ist. Wir können bei unserer Analyse „Publikumsreaktion" beobachten und das Beziehungsmuster der Gruppe rekonstruieren. Wir können Spielregeln als „ungeschriebene Gesetze" erschließen und Teilgruppen mit spezifischen Subkulturen identifizieren.

Schließlich können wir das Umfeld, in dem das Szenarium angesiedelt ist, in den Blick nehmen (**ökologische Perspektive**). Unter einer solchen Perspektive rücken institutionelle Aspekte wie die Person des Lehrers, institutionelle Strukturen, räumliche und zeitliche Faktoren sowie deren Verknüpfungen in den Mittelpunkt der Betrachtung. Dabei sind subjektive Faktoren im Sinne von Rekonstruktion und Valenz ebenso zu beachten wie objektive ökologische Aspekte. Wie unser Beispiel zeigt, lernen die Kinder, sich je nach Kontext (vgl. Anwesenheit der Lehrerin) an teilweise unterschiedlichen Normen zu orientieren. Solche Diskrepanzen zwischen dem informellen und formellen Bereich sind für eine ganzheitliche Beschreibung Sozialen Lernens von großer Bedeutung. Darüber hinaus schließt die Kontextebene außerschulische Ökologien (z.B. Familie) in ihren vielfältigen Verknüpfungen mit der Schule in die Analyse ein.

Jede der genannten Zugriffsweisen und jeder der beschriebenen Wahrnehmungsschwerpunkte bildet einen Baustein für eine umfassende Rekonstruktion unseres „Beispielszenariums". Im folgenden Kapitel wird versucht, diese Bausteine zu einem Modell Sozialen Lernens zusammenzufügen, um dadurch zu einer ganzheitlichen Sicht des Themenbereiches zu gelangen. Die in unserem Beispiel skizzenhaft dargestellte Systematik (Kind-Interaktion-Gruppe-Kontext) erscheint auch für eine generelle mehrperspektivische Analyse des Gegenstandes Soziales Lernen im Primarbereich erfolgversprechend zu sein. Nach diesem Arbeitsschritt der inhaltlichen Klärung ist es unser nächstes Ziel, durch eine Gegenüberstellung der „**Wirklichkeit**" vorliegender Lernprozesse und Lernbedingungen einerseits sowie der **Ansprüche** an Kinder, Lehrer und

Schulen andrerseits zu einer adäquaten Einschätzung schüler-, lehrer- und schulgerechten pädagogischen Handelns zu gelangen. Kehren wir noch einmal zu unserem Beispiel zurück und verlassen die Perspektive der realen Betrachtung des Kindes sowie dessen Lernprozesse und Lernbedingungen, so kann Soziales Lernen ebenso bedeuten, daß wir normative Vorstellungen als **Ansprüche** an einen wünschenswerten Verlauf der oben beschriebenen Episode entwickeln: z.b. kooperative Lösungsformen, die aus gruppeninternen Normen des sozialen Umganges resultieren und in unserem Beispiel zu einer gemeinschaftlichen Form der Betrachtung des Gegenstandes führen würden. Dabei können sich solche Ansprüche, wie sie in der erziehungswissenschaftlichen Fachliteratur oder in Lehrplänen geäußert werden, auf jede der oben genannten Ebenen der Person, der Interaktion, der Gruppe und des Kontextes beziehen. Entsprechende **soziale Lernziele** haben die Funktion, in möglichst umfassender und systematischer Weise auf Kompetenzen und Handlungsorientierungen hinzuweisen, die eine befriedigende Entwicklung des Schülers in einem entwicklungsfördernden sozialen Kontext gewährleisten. Gleichzeitig sollten bei der Aufstellung von Zielen Überlegungen darüber angestellt werden, welche Lernbedingungen die Schule bieten muß, um den Schülern ihrem Entwicklungsstand angemessene Lernmöglichkeiten zu geben. Auch bei der Analyse solcher Ansprüche erscheint es notwendig, nach der oben beschriebenen mehrperspektivischen Systematik vorzugehen.

1.2
Notwendigkeit und Chancen Sozialen Lernens im Primarbereich

Welche Bedeutung kommt nun dem Sozialen Lernen im Primarbereich zu? Vieles spricht dafür, daß Kindheit und Jugend mehr noch als früher von der Schule geprägt werden und die Entwicklung sozialen Handelns von den dort gegebenen Interaktionsbedingungen entscheidend beeinflußt wird (vgl. z.B. LANG 1985; LEMPP 1983; FLITNER 1984). Im folgenden werden einige Ergebnisse empirischer Untersuchungen zur außerschulischen Lebenswelt der Grundschulkinder dargestellt, die auf die Notwendigkeit Sozialen Lernens im Primarbereich verweisen.

1.2.1

Veränderte Lebenswelten

Bedeutsame Veränderungen der Entwicklungsbedingungen der Kinder, zu denen im folgenden einige skizzenhafte Anmerkungen gemacht werden, lassen Soziales Lernen als pädagogische Aufgabe im Sinne gemeinsamen Lernens besonders bedeutsam erscheinen.

Die Lebenswelt der Kinder ist in vielen Fällen gekennzeichnet durch einen „Mangel an ernsthaftem Sich-Einlassen auf Verantwortung fordernde und existentiell bedeutsame Lebenssituationen; eine unzureichende, oft unausgewogene Einbeziehung und Beanspruchung aller menschlichen Grundkräfte, vor allem der körperlichen und gefühlsmäßigen, bei dem, was den Kindern als Lernaufgabe und Bedingungen entgegentritt" (LICHTENSTEIN-ROTHER & RÖBE 1984, S. 95). Es hat sich bei vielen Kindern ein Wandel der „Aneignungsweisen" vollzogen, die BÜCHNER (1985) mit „konsumierend" und „mediatisiert", verbunden mit einem Verlust an Eigentätigkeit, umschreibt (S. 105).

Die gesellschaftliche Isolierung der Familie führt in vielen Fällen zu einer Verengung des sozialen Erfahrungsraumes (SEEHAUSEN 1989). Die Kinder sind lange auf die Eltern und wenige Geschwister angewiesen; dadurch kommt es zu einer Polarisierung von privaten, familiären und öffentlichen Verhaltensnormen und Verhaltensweisen. „Rollenübernahme und Verhaltenstraining innerhalb der Familie bereiten nur noch sehr begrenzt für die Rollen außerhalb der Familien vor" (POPP 1981, S. 61).

Familienstrukturen verändern sich. Etwa ein Fünftel aller Familien bestehen nur noch aus zwei Personen, dies gilt für etwa 1,5 Mio. Kinder. Etwa ein Drittel aller ehelichen Beziehungen ist durch Scheidung oder Getrenntleben gekennzeichnet (BÄRSCH 1989, S. 8). Über die Hälfte aller Kinder sind Einzelkinder (GUTSCHMIDT 1989, S. 82), denen die Alltagserfahrung einer „geradezu beiläufigen Unterstützung und Hilfe, die sich Kinder geben können" (GILLES 1987, S. 42) fehlt.

Bei PREKOP (1988) finden sich Hinweise, daß viele Eltern sich eher dem Kind anpassen und nicht bereit sind, sinnvolle Grenzen zu setzen. Viele Mütter seien verunsichert im Hinblick auf den Umgang mit Grenzziehungen. Häufig fühlten sie sich nicht frei genug, die daraus entstehende Konfrontation mit dem Kind durchzustehen; es wird ein „unbegrenztes Gewährenlassen", eine „Non-Frustrations-Erziehung" praktiziert, die nicht selten eine „Pascha-Rolle" auf seiten des Kindes begünstigt (S. 14). In Verbindung mit einer solchen „sanften Welle", die dem Kind „alles" schrankenlos erlaubt, entgehe dem Kind die Chance einer angemessenen Adaption an das Umfeld. „Wo anders", fragt die Autorin, „soll das Kind den Umgang mit Widerständen und das Ertragen von Frustrationen lernen, wenn nicht bei den Eltern?" (S. 135).

„Spielräume" sind weitgehend von Erwachsenen vorstrukturiert und bieten häufig wenig Möglichkeiten für eigene Kreativität; die Kinder müssen oft auch weite Wege zu Spielplätzen und zur Schule zurücklegen; diese „Verinselung" von Lebensräumen (SACHS 1981) begrenzt den direkten Bezug zur unmittelbaren räumlichen Umgebung, die gemeinsam mit Spielpartnern „erlaufen", „erkundet" und „erspielt" werden könnte (LANG 1985, S. 135). Eine unmittelbare, unorganisierte, selbsttätige Raumaneignung (der Straße, der Wohnwelt, der Natur) im Sinne einer „freiwüchsigen Kindheit" (SACHS 1981) ist weitgehend beschnitten. Die Straße als Ort für erste selbständige soziale Kontakte und unbetreute Erfahrung hat ihre Bedeutung als „Spiel- und Streifraum" (ROLFF 1982, S. 231) verloren, seitdem sie kaum mehr als nur Verbindungsweg ist. Der erzwungene Rückzug von der Straße hat Rückwirkungen auf die Gruppenbildung: Die relativ eigenständig sich formierende altersmäßig und sozial gemischte Kinderwelt verwandelt sich in eine von Erwachsenen gebildete Gleichaltrigengruppe mit – je nach Tätigkeit – wechselnder Zusammensetzung. Man trifft sich zu bestimmten Anlässen, für einen bestimmten Zweck, das personenbezogene Interesse ist oft zweitrangig" (BÜCHNER 1985, S. 83). Die räumlichen Gegebenheiten für das kindliche Alltagsleben sind heute stärker zerstückelt und für bestimmte Tätigkeiten vorstrukturiert, spezialisiert und organisiert als noch vor einigen Jahrzehnten; die Raumaneignung wird stärker von Erwachsenen kontrolliert. Insgesamt hat die Häufigkeit des Spielens in der Wohnung zu- und die des „Draußen-Spielens" abgenommen. Dementspechend spielen Kinder deutlich häufiger alleine oder mit einem einzelnen Kind, das sie sich eingeladen haben. Es fehlen offene Spiel- und Erfahrungsräume außerhalb der häuslichen Umgebung, die kontinuierliche und weitgehend selbständige soziale Erfahrungen ermöglichen (CLAUSSEN & GOBIN-CLAUSSEN 1989, S. 159).
Kindheit kann in vielen Fällen als „Fernsehkindheit" beschrieben werden (HENTIG 1975). Die „Droge im Wohnzimmer" (WINN 1978) hat sich als konkurrierende Sozialisationsinstanz etabliert. So sehen Vorschulkinder (3-7 Jahre) durchschnittlich an Wochentagen 54 Minuten, an Samstagen 79 Minuten und an Sonntagen 62 Minuten fern. Bei Schulkindern (8-13 Jahre) sind es schon 74 Minuten an Werktagen, 139 Minuten an Samstagen und 102 Minuten an Sonntagen (MALETZKE 1979, S. 28 ff.). Es ist davon auszugehen, daß Fernsehen offensichtlich anderen Tätigkeiten (Spielen, Lesen, Basteln) vorgezogen wird. Da das Fernsehen eine weitgehend rezeptive Tätigkeit darstellt, spricht einiges dafür, daß sich vor allem bei Vielsehern die übliche soziale Entwicklung verzögert, indem es die Heranwachsenden an das Haus bindet (CRAMOND 1979, S. 301). So gesehen hat das Fernsehen eine Art „Domestizierungsfunktion": Es „zwingt" Kinder, in der Wohnung zu bleiben und andere Aktivitäten zurückzustellen, „es bindet Zeit und es reduziert die Möglichkeiten des sozialen Umgangs mit anderen Kindern, aber auch mit Erwachsenen"

(BÜCHNER 1985, S. 100). POSTMAN (1983) spricht in diesem Zusammenhang vom „Verschwinden der Kindheit", weil die kindliche Vorstellungs- und Empfindungswelt als eigenständige Form der kulturellen Erfahrung gegenüber der modernen Bildkultur überflüssig wird. Die Sozialisation ist „auf Kosten persönlich verantworteter Erziehung" (GIESECKE 1985, S. 77) gekennzeichnet durch eine Dominanz von Massenmedien; dies führt auch zu einer Reduzierung von Sozialkontakten und zu Realitätsverlusten (NATIONAL INSTITUTE OF MENTAL HEALTH 1982); daneben wird vor allem durch Videospiele aggressives oder gleichgültiges Handeln begünstigt (JÖRG 1987).

1.2.2
Veränderte Ausgangsbedingungen für die Grundschule

Gleichzeitig mit Hinweisen zu der Veränderung außerschulischer Sozialisationsbedingungen finden sich Aussagen, daß sich das Sozialverhalten der Kinder im Primarbereich verändert hat (vgl. etwa HAVERS 1981; PETERMANN 1987). FÖLLING-ALBERS (1989) befragte Grundschullehrerinnen danach, in welcher Weise sich Kinder im Vergleich zum Beginn ihrer Dienstzeit (vor mindestens 10 Jahren) verändert haben. Es wird festgestellt, daß viele Kinder „weniger mit sich anfangen können, sie brauchen viel Anregung von außen." „Sie sind unselbständiger" (S. 127). Vor allem im Sozialverhalten werden Unterschiede registriert:
„Kinder sind Einzelkämpfer, Einzelgänger. Die Gruppe und das Miteinander sind so gut wie fast ganz verschwunden" (S. 128). Es treten häufiger Aggressionen auf, „teilweise auch diese ganz schlimmen Aggressionen, die handgreiflichen Aggressionen, diese unflätigen Schimpfereien" (S. 128).

In einer anderen Befragung von Grundschullehrern zu Problemen mit Schulanfängern wurden in vielen Fällen aggressives Verhalten und eine starke Ich-Bezogenheit der Kinder als besonders belastend für die pädagogische Arbeit genannt (PETILLON 1989). SCHWARZ (1989) stellt fest, daß vor und außerhalb der Schule den Kindern nachhaltig wirkende Sozialerfahrungen vorenthalten werden, „mit der Folge eines geringeren Entwicklungsstandes der Kinder insbesondere im Bereich der Sinnesempfindungen und der sozialen Fähigkeiten" (S. 149). PREKOP (1988) diagnostiziert einen beeindruckenden Wandel in den kindlichen Persönlichkeitsstörungen, die sich „seit den 80er Jahren explosionsartig ausbreiten" (S. 9): Sie nennt dieses Phänomen „Herrschsucht", die sich in „ausgeprägter Ichbezogenheit", in „rechthaberischen Ansprüchen" und in einem „steten Bedürfnis, im Mittelpunkt zu stehen" äußert.
„Im Bereich des Sozialverhaltens mangelt es an der elementaren Anpassungs-

fähigkeit, d.h. bereit zu sein, die Bedürfnisse des Gegenübers wahrzunehmen, sich in diese einzufühlen und kompromißbereit zu sein" (S. 41). STRUCK (1984) beschreibt überbehütete Kinder, die zu wenig Grenzerfahrungen mit der sozialen Umwelt machen können: „Sie haben einen Nachholbedarf an Erfahrungen mit Betroffenheiten und Reaktionen anderer auf ihr Handeln" (S. 80).

In der Jugendforschung finden sich Hinweise, daß spezifische Bedingungen besonders in der frühen Sozialisation einen Wandel in der Selbstwahrnehmung und Selbstdefinition („neuer Sozialisationstyp") begünstigen (vgl. ZIEHE 1975): eine starke Gegenwartsbezogenheit, eine empfindsame Selbstbezogenheit und ein verstärkter Rückzug auf innere Erlebnisse. Besonders zu berücksichtigen sind dabei bereits bei Grundschülern Tendenzen des eher bedenkenlosen Umgangs mit Bedürfnissen des Mitschülers, der in vielen Fällen mit starker Ichbezogenheit verknüpft ist und bei den davon betroffenen Interaktionspartnern häufig zu resignativen Reaktionen und Gefühlen der Hilflosigkeit führt (PETERMANN 1987). JÄGER & KÜHN (1980) beispielsweise untersuchten Lern- und Verhaltensstörungen im Primarbereich und kamen zu dem Ergebnis, daß Störungen bei Sozialkontakten, Streitlust, Brutalität, Einzelgängertum häufiger zu beobachten sind. BACH u.a. (1984) führten eine Fragebogenerhebung durch und stellten fest, daß Lehrer häufig mit aggressivem Verhalten und Kontaktproblemen von Grundschulkindern konfrontiert sind. Auch HURRELMANN (1987) fand Hinweise darauf, daß abweichendes, sozial problematisches Verhalten im Primarbereich ständig zunimmt (vgl. hierzu auch WISSINGER 1988).

1.2.3
Soziales Lernen als notwendige Aufgabe des Primarbereichs

Neben der generellen Bedeutung sozialen Lernens sowie angesichts der veränderten Lebensumstände der Kinder und der daraus resultierenden Defizite an sozialen Erfahrungen müßte die Grundschule als Schulstufe grundlegender Bildung im besonderen ihre ausgleichende Funktion in den Mittelpunkt stellen und ein „vieldimensionales Feld für soziale Erfahrungen schaffen" (CLAUSSEN & GOBBIN-CLAUSSEN 1989, S. 159). Die Schule als Lebensraum hat um so mehr Bedeutung für das Kind, „je jünger das Kind ist, und je schwieriger und problembeladener der sonstige, häuslich-öffentliche Lebensraum der Kinder sich darstellt" (FLITNER 1981, S. 456).
Für die Wichtigkeit des Primarbereiches als Ort des Sozialen Lernens und gleichzeitig für besondere Erfolgsaussichten entsprechender pädagogischer

Aufgaben sprechen eine Reihe von Gründen, die die strukturelle und inhaltliche Besonderheit der Grundschule betreffen.

Zum **Schulanfang** stehen das einzelne Kind und die Gruppe vor der Aufgabe, eine neue, häufig schwer überschaubare soziale Situation zu bewältigen (vgl. PORTMANN 1988). Die Phase der Genese struktureller, normativer und klimatischer Gruppenbedingungen für das Soziale Lernen des einzelnen Schülers bietet zugleich besonders günstige pädagogische Gelegenheiten, um Voraussetzungen zu schaffen, die eine befriedigende soziale Entwicklung in der Gleichaltrigengruppe gewährleisten könnten. Es bietet sich die Chance, soziale Erfahrungen „von Anfang an mit den Merkmalen Zuversichtlichkeit, Selbstvertrauen, aktive Aneignung, Selbststeuerung, Beteiligung an der Herstellung neuer Sinnbezüge im Austausch mit anderen zu verbinden" (KASPER 1987, S. 21).

Im Primarbereich sind Kinder verschiedenster sozialer Herkunft vertreten. Pädagogische Möglichkeiten im Sinne eines Austausches von sozialen Erfahrungen, Kooperation und Toleranz könnten in besonderer Weise genutzt werden.

Wie in dieser Arbeit noch gezeigt werden wird, finden im Verlauf der Grundschulzeit im Rahmen der **sozialkognitiven Entwicklung** Lernprozesse statt, die den Erwerb bedeutsamer Kompetenzen und Handlungsorientierungen betreffen. Pädagogischem Handeln im Sinne von Förderung und Anregung kommt dabei besondere Relevanz zu.

Auch die Bedeutung früher Sozialerfahrungen für **spätere Entwicklungen** (vgl. die „Primacy-Hypothese") und die besondere Offenheit der Kinder für pädagogische Einwirkungen (vgl. EINSIEDLER 1979, S. 19) sprechen für die Bedeutung Sozialen Lernens im Primarbereich.

Das in dieser Schulstufe noch weitgehend praktizierte **Klassenlehrerprinzip** eröffnet vielfältige Möglichkeiten, auf die Situation des einzelnen Kindes und die der Gruppe einzugehen. Auf die Bedeutung des Lehrers für die Entwicklung der Kinder im Primarbereich ist besonders zu verweisen.

Mehr als in anderen Schularten ist der Grundschule ein **pädagogischer Freiraum** zugestanden, der für Aufgaben des Sozialen Lernens genutzt werden könnte.

Trotz der zahlreichen Hinweise auf die Bedeutung Sozialen Lernens im Primarbereich (vgl. z.B. DEUTSCHER BILDUNGSRAT 1975; PORTMANN 1988) und trotz vieler Befunde aus der Praxis des Primarbereiches, daß Soziales Lernen immer notwendiger und gleichzeitig auch immer schwerer zu realisieren ist (vgl. FÖLLING-ALBERS 1989), ist über das Ausmaß und die Form der tatsächlichen Realisierung sehr wenig bekannt. In einigen Analysen wird der Widerspruch zwischen institutionellen Strukturen und Möglichkeiten des Sozialen Lernens beklagt (vgl. z.B. TIPPELT 1985). Reformen der siebziger Jahre sollen den schulischen Alltag kaum erreicht haben, bedeutsame Veränderungen sollen kaum eingetreten sein (FROMM & KEIM 1982, HENTIG 1984). Das Sozialklima in der Grundschule wird nicht als besonders günstig eingeschätzt (PETERMANN 1987; PETILLON 1978). Viele Lehrer scheinen weiterhin einen Erziehungsstil zu praktizieren, der sozialen Lernzielen entgegensteht (vgl. z.B. SEIFFGE-KRENKE 1981; THIENEL 1988). Darüber hinaus wird das Fehlen geeigneter Fort- und Weiterbildungsmaßnahmen (KÖNIG 1982) sowie ein Mangel an Unterrichtsmaterialien konstatiert (vgl. z.B. ARBEITSKREIS GRUNDSCHULE 1980).

1.3
Ziele und Struktur der Arbeit

Faßt man die vorliegenden Informationen in der entsprechenden Fachliteratur zu dem oben skizzierten Gegenstand zusammen, so ist festzustellen, daß wichtige Bereiche nur unzureichend bearbeitet sind:

– Der Begriff des Sozialen Lernens ist trotz einer breiten Diskussion weiterhin eher unscharf; es werden häufig nur einzelne Facetten des komplexen Inhaltsbereiches herausgearbeitet.
– Es finden sich zwar zahlreiche Hinweise auf Zielsetzungen, aber es fehlt eine systematische Zusammenstellung etwa in Form eines Kataloges.
– Zielsetzungen in Lehrplänen als Hinweise auf Leitlinien für Soziales Lernen in der Praxis werden in der pädagogischen Diskussion weitgehend vernachlässigt.
– Unter dem Aspekt der Realisierung von sozialen Lernzielen bleiben zentrale Fragen offen:
Wie stellen sich institutionelle Rahmenbedingungen dar, unter denen spezifische Ziele verwirklicht werden sollen? Werden Zielsetzungen aus der Fachliteratur und aus Lehrplänen von Lehrern akzeptiert? Verfügen die Lehrer über entsprechende Kompetenzen? Entsprechen die Ziele dem Entwicklungsstand der Kinder? Wie gehen Schüler im Primarbereich miteinander um und wie kann Soziales Lehren als gezielte Intervention angemessen auf solche Ausgangsbedingungen eingehen?
Zur Beantwortung der letzten Frage fehlt es weitgehend an empirischen Hinweisen zum Sozialleben im Primarbereich.
– Eine Systematik, die gleichzeitig alle o.g. Aspekte berücksichtigt und Querverbindungen zwischen normativen und empirischen Gesichtspunkten herstellt, existiert nicht.

In der nachfolgenden Arbeit sollen Ziele und Themenstellungen des Sozialen Lernens im Primarbereich unter verschiedenen Aspekten bearbeitet werden:

- Versuch einer **Begriffsklärung** für Soziales Lernen durch eine Systematisierung und Konkretisierung des Aufgabenfeldes.
- Erstellung eines **Kataloges übergreifender Zielsetzungen**.
- Überlegungen zur **Realisierung** des entwickelten Kataloges.
- Analyse vorliegender **Lehrpläne** (1978-1988).
- Überprüfung des Lernzielkataloges durch eine **Expertenbefragung**.
- Überprüfung des Lernzielkataloges durch eine **Lehrerbefragung**.
- Überprüfung der **Realisierbarkeit der Zielsetzungen** in Lehrplänen durch eine Lehrerbefragung.
- **Empirische Untersuchungen** zu Sozialem Lernen von **Schülern** im Schulalltag des Primarbereiches. Auf diesen Themenbereich wird in einem kürzeren Exkurs eingegangen (detaillierte Hinweise finden sich bei PETILLON 1992b).

In der nachfolgenden Abbildung soll die „Logik" dieses Programmes und unser Anliegen, die Beziehung zwischen „Anspruch und Wirklichkeit" Sozialen Lernens im Primarbereich näher zu bestimmen, dargestellt werden.

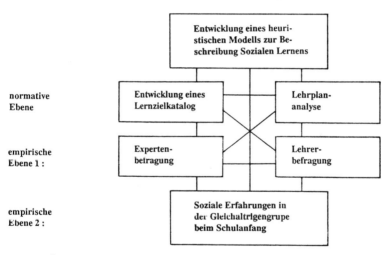

Abb. 1: Übersicht über Hauptaspekte der Arbeit und deren Verknüpfungen

Zu Beginn der Arbeit wird ein **heuristisches Modell** entwickelt, das Soziales Lernen aus der Perspektive des einzelnen Kindes darstellt und dabei eine systematische ökologische Perspektive zugrundelegt. Die **Begriffsbestimmung** Sozialen Lernens beginnt mit einer notwendigen Eingrenzung und Konkretisierung sozialer Lernprozesse auf die Ökologie „Schülergruppe"; von diesem Standort aus werden dann weitere Bereiche des Gegenstandes erschlossen. Von der Beschreibung konkreter Lernprozesse und Lernbedingungen der Schüler wird zum normativen Aspekt Sozialen Lernens übergegangen und die

Zielperspektive der „Gegenseitigkeit" (im Sinne eines gerechten Ausgleiches zwischen eigenen Ansprüchen und Ansprüchen anderer) als übergreifendes normatives Kriterium erarbeitet.

Aus den Überlegungen zu dem Modell und zur Zielperspektive resultiert ein **Katalog** von Lernzielen, der versucht, in prägnanter Weise die Zieldiskussion zu Sozialem Lernen im Primarbereich auf grundlegende Formulierungen zu verdichten. In einer **Lehrplananalyse** wird dieser Katalog neben verschiedenen anderen Gesichtspunkten als „Suchraster" für die dort vorfindbaren Lernziele verwendet.

Danach wird der Katalog Experten zur Begutachtung vorgelegt; gleichzeitig werden Lernziele aus Lehrplänen, die dort zur Konkretisierung allgemeiner Zielbeschreibungen aufgeführt sind, der Bewertung von Experten unterzogen. Weiterhin werden **Grundschullehrer** nach der Bewertung des Zielkataloges unter den Gesichtspunkten Akzeptanz, Realisierbarkeit, Einschätzung eigener Kompetenz und Verfügbarkeit von Unterrichtsmaterialien befragt. Die Ergebnisse der Lehrer- und Expertenbefragung werden der Revision unseres Zielkataloges zugrunde gelegt. Ein weiteres Element der Lehrerbefragung sind die **konkreten Ziele** des Lehrplanes, der für die Klassenstufe und das Bundesland, in dem der Lehrer zum Zeitpunkt der Befragung unterrichtet, verbindlich ist. Dabei wird u.a. folgenden Fragestellungen nachgegangen: Welche Ziele konnten realisiert werden? Wo gab es Probleme? Sind Lehrer für spezifische Ziele ausgebildet? Akzeptieren sie die Lehrplanforderungen? Die Ergebnisse dieser Befragung dienen als wertvolle Ergänzung unserer Lehrplananalysen und konkretisieren unsere vorläufigen Annahmen über die Realisierungsmöglichkeiten Sozialen Lernens.

In einer **Längsschnittstudie zum Schulanfang** (vgl. hierzu PETILLON 1992b) wird untersucht, wie Schulanfänger im Verlauf der ersten beiden Schuljahre das Sozialleben in ihrer Gleichaltrigengruppe aus der eigenen Perspektive wahrnehmen und bewerten. Aus dieser Untersuchung erwarten wir wichtige Hinweise zur Ergänzung und Modifikation der Ergebnisse aus den vorangegangenen Arbeitsschritten.

Aus den einzelnen Befunden und deren **Verknüpfung** sollen pädagogische Konsequenzen im Sinne einer ausgewogenen Berücksichtigung von „Anspruch und Wirklichkeit" des Sozialen Lernens im Primarbereich abgeleitet werden. Entsprechende Überlegungen zur Realisierung konzentrieren sich dabei auf Fragen nach institutionellen Bedingungen, nach der Funktion des Lehrers und nach dem Entwicklungsstand der Kinder, an dem sich entsprechendes pädagogisches Handeln orientieren sollte.

Die folgenden Kapitel können nicht in allen Fällen „fugenfein" der hier getroffenen Systematik gerecht werden. Dazu ist der Komplex des Sozialen Lernens noch zu wenig geklärt und unser Versuch, deskriptive und normative Aspekte zu verknüpfen, lediglich als ein erster Ansatz zu verstehen.

2
Begriffsbestimmung und Beschreibung des Gegenstandes „Soziales Lernen"

2.1
Gebrauch des Begriffes

„Merkwürdig geht es zu mit begrifflichen Neuerungen des pädagogischen Gebrauchs. Mancher Ausdruck kommt aus bescheidener Kinderstube, und, als hätte er mit einem Schlag sein Glück gemacht, ist er plötzlich in jedermanns Mund. Solange sich seine Adepten mit Wörtern begnügen, wächst sein Tauschwert über die Maßen – bis sich allmählich erweist, daß er die Erwartungen nicht erfüllen kann, die an ihn geknüpft worden sind" (RAUSCHENBERGER 1985, S. 301).

Eine ähnliche Entwicklung läßt sich auch für den Begriff des Sozialen Lernens feststellen.
In der Nachkriegszeit waren die sozialen Bildungsvorstellungen geprägt von der Partnerschaftsthese FRIEDRICH OETINGERS. Es wurde eine Partnerschaft derer angestrebt, die „vernünftig und guten Willens seien". „Der daraus resultierende Partnerschaftsgedanke erwies sich als eine stark moralisch geprägte Sichtweise, die Begriffe wie Gemeinwohl, Harmonie, Verständigung, Wohlstand für alle usw. herausstellt" (HIELSCHER 1975, S. 240). Parolen wie „Miteinander – Füreinander" oder „Einer für alle, alle für einen" kennzeichneten die damalige Auffassung von Sozialem Lernen (vgl. HALBFAS 1974, S. 188). Der Begriff der Gemeinschaft spielte in dieser Zeit eine besonders große Rolle. Höchstes Ziel Sozialen Lernens war dabei die Entwicklung „gemeinschaftsdienlichen" Verhaltens. Außerhalb dieses Verhaltensbereiches liegendes individuelles Handeln wurde als Verstoß gegen die als verbindlich angesehene Wertordnung „Gemeinschaft" interpretiert. Bei sozialen Problemen innerhalb der Schülergruppe wird nicht die These von der Schulklasse als Gemeinschaft in Frage gestellt, sondern die „soziale Intaktheit" des einzelnen Kindes wird angezweifelt. Individualität hatte sich kollektiven Strukturen und Normen unterzuordnen.
In den sechziger Jahren wurde Soziales Lernen unter einem eher individuali-

stisch-harmonischen Aspekt eingebracht. Die Entfaltung individueller Freiheit und die Befähigung des einzelnen Schülers zu Selbstbestimmung wurden angestrebt. Zwar sollten auch demokratische Verhaltensformen erlernt werden, „doch unterbleibt der kritische Blick auf die Ohnmacht nur formaler Qualifikationen" (HALBFAS 1974, S. 188).
Weitergeführt wurde die Diskussion durch Grundgedanken einer „repressionsfreien" Erziehung (NEILL 1969) und durch eine Ausweitung Sozialen Lernens unter dem Aspekt des politischen Lernens (vgl. z.B. BECK 1975). In den beginnenden siebziger Jahren begann dabei eine breite Diskussion zu diesem Themenbereich (beginnend mit H. ROTH 1971), die danach vor allem im Zusammenhang mit der Gesamtschule bedeutsam wurde (vgl. KEIM 1973). Durch Soziales Lernen sollten die Beziehungen der Schüler untereinander und zwischen Lehrern und Schülern verändert werden. Dabei waren die damit verbundenen Erwartungen sehr unterschiedlich. Während die einen hofften, den einzelnen besser in die bestehende Gesellschaft zu integrieren, versprachen sich andere davon die Veränderung gesellschaftlicher Strukturen und „forderten dabei ‚strategisches Lernen'" (FROMM & KEIM 1982, S. IX). An der Diskussion beteiligten sich verschiedenartige Disziplinen, die von der Schulpädagogik über Sozialpsychologie und Soziologie bis zur Politikwissenschaft reichten.
In dieser Zeit wurden auch über Soziales Lernen im Primarbereich zahlreiche Veröffentlichungen vorgelegt (ACKERMANN 1974; ARBEITSKREIS GRUNDSCHULE 1975; 1978; BECK 1977; BOENSCH 1975; BOLSCHO 1977; CLAUSSEN 1978; HALBFAS, MAURER & POPP 1972; HIELSCHER 1974; 1977; KRAPPMANN 1972; NEGT 1975; 1976; PRIOR 1978; ROTH & BLUMENTHAL 1977; SCHMITT u.a. 1976; SILKENBEUMER 1979; WIEDERHOLD 1976). Dabei wurden entsprechende Zieldefinitionen in die Lehrpläne aller Bundesländer in den verschiedensten Variationen im Hinblick auf Umfang, Inhalte, Konkretheit und Verbindlichkeit übernommen (vgl. FAHN 1980). Trotz aller Mißerfolge im Hinblick auf eine „Breitenwirkung" in der Praxis wurden in dieser Zeit Akzente gesetzt, die auch heute wenig an Aktualität verloren haben und auch in dieser Arbeit einen entsprechenden Stellenwert erhalten werden.
Zu Beginn der achtziger Jahre rückte das Thema mehr und mehr in den Hintergrund und die so stürmische Diskussion schien nahezu zu versanden. Erst in neuester Zeit ist ein zunehmendes Interesse zu beobachten, das sich eher im Sinne von „Konfliktmanagement" vor allem auf den Aspekt der pädagogischen Intervention bei zunehmend auftretenden unsozialen Verhaltensweisen der Schüler (auch im Primarbereich) richtet (BACH 1984; FÖLLING-ALBERS 1989; PETERMANN 1987; WERNING 1989).
Im Rahmen entsprechender Erörterungen erweiterte sich in dem beschriebenen Zeitraum das inhaltliche Spektrum des Begriffes, verbunden mit zunehmender Mehrdeutigkeit; eine Art „semantischer Pluralismus" bemächtigte sich des Wortes und begann es zu einer Art „Chamäleon zu machen, das sich

je nach der politischen Wetterlage zu wandeln weiß" (RAUSCHENBERGER 1985, S. 303). „Nahezu alles, was in unserer Pädagogenliteratur für gut und teuer erachtet wird, taucht in den Lernzielkatalogen bzw. Begriffsbestimmungen zum Sozialen Lernen auf" (PREUSS-LAUSITZ 1982). Zu widersprüchlichen Definitionen, Vorstellungen und Reformvorschlägen findet sich ein „Gemenge von soziologischen, psychologischen und pädagogischen Theoriestücken sowie eine fließende Begrifflichkeit, bei der Erziehung, Sozialisation und Lernen, alle drei, allmählich in ‚soziales Lernen' übergehen" (FAUSER & SCHWEITZER 1985, S. 339). Gleichzeitig bewegt sich der Begriff zwischen einem deskriptiven und einem normativen Gebrauch; zwischen Lernen und Lehren wird nicht klar getrennt.

Auf dem Hintergrund dieser Komplexität und Unklarheit entwickelte sich für den Bereich Schule eine Diskussion um Zielsetzungen, Methoden, Lehrerverhalten u.ä., die sich nach einzelnen Positionen und entsprechenden „Begriffsinventaren" unterscheidet und eine „Überbrückung" i.S. von Konsensfindung und systematischer Erarbeitung von Theorien als handlungsleitende Hilfen für die Praxis nicht mehr leisten konnte. Trotz dieser begrifflichen Unschärfe erscheint der Terminus Soziales Lernen „unverzichtbar zur Kennzeichnung der damit gemeinten und nach wie vor ungelösten pädagogischen Problematik" (SPANHEL 1985, S. 79).

Eine Definition von Sozialem Lernen als Terminus zur Kennzeichnung der gesellschaftlichen Vermitteltheit und Kontextgebundenheit kann darauf verweisen, daß es „nichtsoziales" Lernen im eigentlichen Sinne nicht gibt und Lernen letztlich in allen Fällen auch **wegen** anderer, **von** anderen oder **mit** anderen geschieht. Solche Hinweise mögen zwar zur Verdeutlichung der Bedeutung des „Sozialen" nützlich sein, führen die Diskussion aber nicht näher an den Gegenstand unserer Betrachtung heran. Ähnlich verhält es sich mit Versuchen, Soziales Lernen als „schulischen Horizontbegriff", als kategorialen schultheoretischen Begriff, „mit dem eine bestimmte Sicht von Schule und ihrer Aufgaben eröffnet wird" (FAUSER & SCHWEITZER 1985, S. 339), zu verwenden. Der Hinweis, die Schule im ganzen und ihre Stellung in der Gesellschaft mit Anliegen des Sozialen in Beziehung zu setzen, ist wichtig und wird bei unseren Überlegungen eine bedeutsame Funktion haben; zur Klärung des Begriffes leisten solche übergreifenden Definitionen allerdings nur einen geringen Beitrag.

Um zu einer Klärung des hinter dem Begriff stehenden Inhaltsbereiches zu kommen, bedarf es zunächst einer deutlichen **Trennung von deskriptiven und normativen Aspekten,** wobei eine systematische Beschreibung des Gegenstandes die notwendige Voraussetzung für die nachfolgende Zieldiskussion bildet. Bei der Darstellung des Gegenstandes erscheint es zweckmäßig, trotz aller Verwobenheit des Sozialen Lernens mit der Gesamtheit von Lernprozessen und Lernkontexten eine semantische Trennung vorzunehmen und es von anderen Lernfeldern und von den darin enthaltenen instrumentellen Qualifikationsan-

teilen zu unterscheiden. Dabei ist es dann eher möglich, im Interesse eines „differenzierenden Bewußtseins" das jeweils spezifisch Soziale in seinen inhaltlichen Bezügen zu kennzeichnen (vgl. auch CLAUSSEN 1982).
Im folgenden Kapitel geht es uns weniger um ein Festhalten an einem Begriff, der zu Recht wegen seiner „ausufernden Begriffsverwirrung" und seiner „modischen Definitionsvielfalt" (vgl. PREUSS-LAUSITZ 1982) kritisiert wurde. Vielmehr geht es uns um den **Gebrauchswert** des Begriffes, um die Beleuchtung des Gegenstandes, der in seiner Vielfalt und Verflochtenheit mit anderen Lernbereichen systematisch entfaltet werden soll. Ausgangspunkt unserer Überlegungen ist dabei die Perspektive des Kindes, das sich mit den alltäglichen Sozialereignissen auseinanderzusetzen hat. Aus einer detaillierten Beschreibung einzelner Sozialereignisse und der Prozesse der individuellen Auseinandersetzung können Wirkungen dieser Person-Ereignis-Bezüge analysiert und mit zurückliegenden Sozialerfahrungen (als Hinweis auf soziale Entwicklungen) in Beziehung gesetzt werden. Für eine ganzheitliche Darstellung des komplexen Bedingungsgefüges von Person-Ökologie-Bezügen, von subjektiven und ökologischen Entwicklungsverläufen und der „Verschachtelung" ökologischer Strukturen soll im folgenden ein heuristisches Modell vorgeschlagen werden. Der anschließenden Diskussion über normative Gesichtspunkte Sozialen Lernens (Kap. 2.3) werden dann die in der Beschreibung dieses Modells erarbeiteten Informationen zugrundegelegt.

2.2
Ein heuristisches Modell zur Beschreibung Sozialen Lernens

Für eine Analyse und Synopse unterschiedlicher Perspektiven und Befunde zu Sozialem Lernen soll ein analytischer Bezugsrahmen entwickelt werden, der einerseits allgemein genug ist, um die bestehende Komplexität (vgl. Kap. 2.1) aufzufangen, und andererseits zugleich auch spezifisch genug, um den Gegenstand deutlich und konkret herauszuarbeiten. Im folgenden wird ein Modell vorgestellt, das eine **Verortung** der vielfältigen Teilaspekte und eine sinnvolle Verknüpfung von übergeordneten Gesichtspunkten leisten kann. Dabei wird Soziales Lernen als Teilaspekt des Sozialisationsgeschehens gesehen, das nicht in einem Strukturmodell, sondern nur in einem **Prozeßmodell** angemessen abgebildet werden kann. Entgegen üblicher Vorgehensweisen, bei denen vorliegende theoretische Konzeptionen, die einer Modellkonstruktion zugrundeliegen, ausführlich dargestellt werden, soll hier, auch aus ökonomischen Gründen, auf eine vorangestellte umfangreiche Theoriendarstellung verzichtet werden, wie sie sich bereits an verschiedenen Stellen findet (vgl. PRIOR 1973; CAIRNS 1986). Vielmehr werden wir bei der Vorstellung der Gesamtkonzeption und spezifischer Aspekte eine Verknüpfung mit theoretischen Positionen vornehmen, um so zu einem konkreteren Theoriebezug zu gelangen. Die Theorie des Symbolischen Interaktionismus (vgl. BLUMER 1973; KRAPPMANN 1975) nimmt bei unseren Überlegungen einen besonders hohen Stellenwert ein; die Eingebundenheit des Lernens als interpretativer Prozeß in sozialen Bezügen, die soziale Konstitution von (intersubjektiv validiertem) Sinn und die Entwicklung von Identität sind dort die zentralen Themen, die auch für die Beschreibung Sozialen Lernens einen angemessenen Bezugsrahmen bilden. Darüber hinaus sind Theorien der Humanökologie (vgl. PARK 1936; BRONFENBRENNER 1981) zur Erklärung Sozialen Lernens im Sinne einer aktiven Teilhabe an der Umwelt und als Hinweis auf die ökologische Bedingtheit entsprechender transaktionaler Prozesse für unser Modell von zentraler Bedeutung.

Eine Verknüpfung von Ansätzen einer objektivistischen Sozialökologie mit handlungstheoretischen Überlegungen scheint besonders geeignet, eine Beziehung zwischen objektiven Umweltmerkmalen und damit verbundenem Handeln herzustellen. Dabei können Prozesse der Sinngebung und Handlungsvorbereitung als bedeutsames Bindeglied zwischen Ökologie und daraus resultierender Handlung betrachtet werden.

Als Ausgangspunkt für unsere Modellentwicklung wählen wir ein Modell von FILIPP (1981), das zur Analyse kritischer Lebensereignisse konzipiert wurde und in seiner Grundstruktur Elemente enthält, die auch für Soziales Lernen relevant sind. Wir übernehmen dabei strukturelle Teilaspekte, die für unseren Themenbereich von Bedeutung sind und greifen auch auf inhaltliche Implikationen (S. 9ff) zurück, soweit sie auf Soziales Lernen als Prozeß der Auseinandersetzung mit und Bewältigung von Sozialereignissen zu übertragen sind. In unserem Modell wird über die entwicklungspsychologische Orientierung hinaus die ökologische Perspektive deutlicher herausgearbeitet und der Aspekt des Sozialen in den Mittelpunkt der Betrachtung gerückt. An dieser Stelle sei schon auf Prozesse der Selektion und Abstraktion verwiesen, die notwendigerweise jede Modellbildung prägen.

2.2.1

Theoretische Grundlagen des Modells

Unserem Modell liegt die Annahme zugrunde, daß Soziales Lernen zunächst Prozesse der individuellen Auseinandersetzung und Bewältigung von sozialen Ereignissen meint. Von diesem Ausgangspunkt aus wird ein allgemeines Prozeßmodell entwickelt, das der Programmatik übergreifender Theorien zur

Sozialisation, in die Soziales Lernen als ein zentrales Bestimmungsstück eingebunden ist, folgt und das die dort genannten Elemente zu einem dynamischen Gefüge verknüpft. Ein solches Modell muß dabei zur Analyse der Prozesse Sozialen Lernens „die personalen wie auch die Umweltfaktoren, sowohl die subjektimmanenten als auch die quasi-objektiven Komponenten berücksichtigen, neben den situativen auch die situationsübergreifenden, strukturell-dauerhaften Elemente einbeziehen und zugleich die individuell-biographische und die kollektiv-historische Dimension beachten" (GUKENBIEHL 1984, S. 12).

In dem Modell ist das „Soziale" auf zwei miteinander verknüpften Ebenen repräsentiert:

(1) auf der **subjektiv-psychischen** Ebene des Sozialen (als Leistungen des handelnden Subjektes im Umgang mit seiner sozialen Umwelt);

(2) auf der **objektiv-ökologischen** Ebene des Sozialen (als Grundlage für subjektive Rekonstruktionen, als Ort für soziale Lernerfahrungen, als Raum der Begrenzung von Handlungen und der Möglichkeit gestaltender Veränderungen).

Zu (1): Soziales Lernen bezieht sich auf „Leistungen des handelnden Subjekts" in Form von Sinndeutungen und sinnhafter Rekonstruktionen des sozialen Umfeldes sowie auf die „Steuerung und Reflexion des Handelns und seiner Effekte durch den Handelnden selbst" (GUKENBIEHL 1984, S. 5), deren Ergebnisse wiederum in die Gestaltung der sozialen Umwelt einfließen. Wir können Soziales Lernen dementsprechend im Kontext von Theorien zur Identitätsentwicklung (vgl. z.B. FREY & HAUSSER 1987) beschreiben und dabei – sozusagen durch eine „Sicht von innen" – beobachtbares soziales Handeln vor allem auch nach dem Sinn hinterfragen, den es für den Handelnden hat (vgl. auch GROEBEN 1981, S. 17). Einem solchen theoretischen Ansatz liegen Vorstellungen zu einem Menschenbild zugrunde, von denen im folgenden stichpunktartig einige bedeutsame Gesichtspunkte genannt werden sollen:
Der Mensch wird als Wesen betrachtet,

– das fähig ist, **vorausschauend**, planend, nach eigenen Zielvorstellungen im Sinne von „Selbstregulation" zu handeln (RISCHMÜLLER 1981);
– das in der Lage ist, **zurückschauend** seine eigenen Erfahrungen berücksichtigend, „biographische Kontinuität" wahrend, zu handeln (HAUSSER 1983);
– das sich **selbst** zum Gegenstand seiner Aufmerksamkeit und Wahrnehmung machen und zwischen seinen Erfahrungen und der eigenen Person einen „sinndeutenden" Bezug herstellen kann (FILIPP 1979);
– das bemüht ist, eine Überstimmung zwischen eigenem **Handeln und eigenen Gefühlen** herzustellen (COHN 1980);
– das fähig ist, zu kommunizieren, **Beziehungen** einzugehen, die Perspektive

anderer in seinem Handeln zu berücksichtigen, sich Erwartungen anderer unterzuordnen oder von diesen zu distanzieren;
— das mit seiner Umwelt in einer **transaktionalen** Beziehung, in einem „wechselseitigen Austauschprozeß" steht (WOLF 1989).

Unter dieser generellen Perspektive betrachten wir dabei „unseren" Schüler im Primarbereich als „sozialen Lerner", der nach eigenen Zielvorstellungen handelt und Handlungsergebnisse im Sinne positiver Selbstbewertung reflexiv abzusichern versucht. Für ihn besteht die Notwendigkeit, die in sozial-materielle und sozial-räumliche Gegebenheiten eingebundenen verschiedenartigen Ansprüche, Erwartungen, Forderungen in der Schule (vor allem des Lehrers und der Gleichaltrigengruppe), wie sie sich für ihn in Form von Rekonstruktionen subjektiv widerspiegeln, miteinander zu vergleichen, mit „gespeicherten Bildern" der sozialen Wirklichkeit in Beziehung zu setzen, zu bewerten und zu einer sinnvollen Einheit zu integrieren, die es ihm ermöglicht, unter Berücksichtigung seiner individuellen Besonderheiten (u.a. subjektive Rekonstruktionen, Wertvorstellungen und Kompetenzen) eine befriedigende Form der Bewältigung des situativen Kontextes Schule zu finden, um in Interaktionen mit Lehrern und Schülern das zu realisieren, was mit der eigenen Selbstdefinition (z.B. „wer man als Schüler und Mitschüler sein möchte") und eigenen Zielperspektiven in Einklang gebracht werden kann.
Diese individualistische Sichtweise ist durch Vorstellungen zu ergänzen, die Person-Umwelt-Beziehungen als System ansehen, das sowohl „Person" als auch „Umwelt" (in Form sozialer Ereignisse) als aktive Kräfte in einem „Austausch- und Passungsgefüge betrachtet" (FILIPP 1981, S. 9). Soziale Ereignisse können wir dabei auch als Eingriffe „in das zu einem gegebenen Zeitpunkt aufgebaute Passungsgefüge zwischen Person und Umwelt konzipieren, ... die einer Lösung bedürfen bzw. die Herstellung eines neuen Gleichgewichtes fordern" (S. 9). Dabei kann gleichzeitig an „Reorganisationen" auf Personenseite und an neue soziale Arrangements in der Umwelt gedacht werden.

Zu (2): Im Rahmen dieser Arbeit kann keine umfassende Erörterung des Ökologiebegriffes erfolgen. Wir gehen von einigen Grundannahmen aus, die als gemeinsame Schnittmenge humanökologischer Sichtweisen angesehen werden können (vgl. WOLF, GUKENBIEHL, JÄGER, PETILLON & SEIFERT 1988):
Wir sehen das Verhalten des Menschen im weitesten Sinne als eine Funktion der Auseinandersetzung von Organismus und Umwelt an: $V = f(O,U)$. Weitere Differenzierungen ergeben sich aus Spezifizierungen des Umwelt-Konzeptes und der Begriffe Verhalten und Organismus. Das Handeln von Menschen erscheint dementsprechend nicht nur durch „ihre organismische Ausstattung und ihre psychische Struktur bestimmt, sondern auch durch ihre Umwelt, in der sie leben" (S. 4). Mit Ökologie ist inhaltlich ein Ausschnitt aus „der Welt"

gemeint, der den jeweiligen Stand der Auseinandersetzung des Menschen mit der Umwelt wiedergibt und für das Handeln der dort eingebundenen Personen verschiedenartige Funktionen hat. Soziales Lernen aus ökologischer Sicht beschäftigt sich u.a. auch mit der fortschreitenden gegenseitigen Anpassung zwischen dem aktiv sich entwickelnden Menschen und den wechselnden Eigenschaften seiner unmittelbaren Lebensbereiche. Dieser Prozeß wird fortlaufend von den Beziehungen dieser Lebensbereiche untereinander und von den größeren Kontexten beeinflußt, in die sie eingebettet sind" (BRONFENBRENNER 1981, S. 37). In unserem Modell wird versucht, diese Aspekte von Ökologie in ein Gesamtkonzept zu integrieren.

Ökologie wird als „integriertes und strukturiertes Insgesamt (Einheit) von personalen, kulturellen, sozialen und naturwissenschaftlich beschriebenen Elementen" (WOLF u.a. 1988, S. 4) gesehen. **Kulturelle** Elemente sind z.B. gemeinsame Symbolsysteme, allgemeine Weltsichten, Leitbilder und Zielvorstellungen. Diese Elemente können durch Prozesse der Orientierung und Internalisierung seitens der Person oder auch durch Institutionalisierung für intraindividuelles und interaktionales Handeln Bedeutung gewinnen. „Zu den **sozialen** Elementen rechnen Normen und Muster des Handelns, Regeln für den Umgang mit Menschen, Dingen und Symbolen, soweit diese Regeln verpflichtend gemeint sind und Geltung beanspruchen" (S. 4). Die subjektive Auseinandersetzung mit diesen sozialen Elementen von Ökologie, z.B. im Sinne von Mitbestimmung, Distanzierung, Unterordnung, kann als wesentlicher Teilaspekt Sozialen Lernens bestimmt werden. Die **materiellen** Bestandteile einer Ökologie umfassen die naturwissenschaftlich definierten Elemente samt ihrer räumlichen Ausdehnung und Anordnung. Sie bilden die materiell-räumliche Struktur einer Ökologie und den „objekthaft-dinglichen" Rahmen für das Verhalten oder Handeln in ihr" (ebda.). **Personale** Elemente einer Ökologie werden durch diejenigen Menschen repräsentiert, die dieser analytisch zugerechnet werden dürfen. Diese Personen bringen neben ihrer biologisch-konstitutiven Ausstattung auch ihre spezifische Biographie, Identität, psychische Struktur in diese Ökologie ein. „Dazu zählen auch die subjektiv-sinnhaften Rekonstruktionen, Sichtweisen und Bewertungen der Ökologie, die diese Personen auf der Grundlage soziokultureller Vorgaben entwerfen. Erst dadurch, daß Personen im Umgang untereinander und in der tätigen Auseinandersetzung mit kulturellen, sozialen und dinglich-materiellen Elementen sich diese subjektiv sinnhaft aneignen, erhalten sie für das Handeln Bedeutung – vom Standpunkt des Handelnden aus gesehen" (ebda.).

Eine Besonderheit Sozialen Lernens liegt auch darin, daß sich in sozialen Beziehungen gemeinsame Repertoires an Weltsichten, Wertungen, Rekonstruktionsweisen entwickeln, die in Prozessen intensiven Gedankenaustausches und „Ko-Konstruierens" entstehen und von dem Bedürfnis der Beteiligten geprägt sind, Bestätigungen und „Validierungen" eigener Identitätsentwürfe zu erhal-

ten sowie die Möglichkeit zu haben, offen und verständnisvoll zu kommunizieren.
Ökologien können einerseits subjektiv bzw. intersubjektiv strukturiert sein, andererseits können die Elemente menschlicher Ökologien den Status „**objektiver**" Wirklichkeit besitzen als einen von den beteiligten Personen „unabhängig existierender Bezugsrahmen" (WOLF u.a. 1988, S. 5). Soziales Lernen als intraindividuelle und interaktionale Auseinandersetzung mit sozialen Ereignissen wird dementsprechend auch von in diesen objektiven Wirkkräften beeinflußt, die außerhalb der Wahrnehmungs- und Kognitionsschwelle des individuellen Bewußtseins bleiben. Menschliche Ökologien sind deshalb doppelt konstituiert: subjektiv und objektiv. Die subjektiv-sinnhafte Konstruktion von Elementen der Ökologie darf jedoch nicht auf das individualistisch-personhafte Moment reduziert werden, weil sich „subjektiv-sinnhafte Konstruktionen im Verlauf zwischenmenschlicher Interaktion zu kollektiv validierten und institutionalisierten, quasi-objektiven Symbolsystemen verdichten können. Aus ersteren entstehen selbst wieder kulturelle Elemente und Objekte der menschlichen Ökologie" (ebda).

2.2.2
Modellstruktur

Das in Abb. 2 (siehe nächste Seite) dargestellte Modell soll zunächst verdeutlichen, daß Soziales Lernen als **prozeßhaftes** Geschehen interpretiert werden muß, das der **Entwicklung einzelner Personen**, der **Veränderung ökologischer Faktoren** und dem **Wandel von Person-Umwelt-Bezügen** Rechnung trägt (vgl. auch das Modell von BRUNSWIK 1939). Durch die **Zeitachse** wird dieser Aspekt verdeutlicht. Dabei wird Zeit nicht zwingend als physikalisch definiert betrachtet, sondern Zeit kann unter subjektiven Gesichtspunkten ("psychologische Zeit") gesehen werden, wie sie sich in subjektiven Rekonstruktionen abbildet, oder als „historische" interpretiert werden, um zu konkretisieren, „wie die Konfrontation mit und die Bewältigung von Lebensereignissen auf der individuellen Ebene interferiert mit überindividuellen Systembedingungen" (FILIPP 1981, S. 11).
Das Modell greift einen „sozialen Lerner" (Kind A) heraus, dessen soziale Lernprozesse als in ökologische Bezüge eingebettet (vgl. Kap. 2.2.1) dargestellt werden. Zur „gedanklichen Durchschreitung" des Schaubildes beginnen wir mit dem **sozialen Ereignis X**, das durch unterschiedliche Ereignisparameter (objektive, objektivierte und subjektive) gekennzeichnet ist. Danach richten wir unsere Aufmerksamkeit auf die Art und Weise, wie sich unser Kind A mit diesem Ereignis auseinandersetzt und sich um die Bewältigung der ereignisspe-

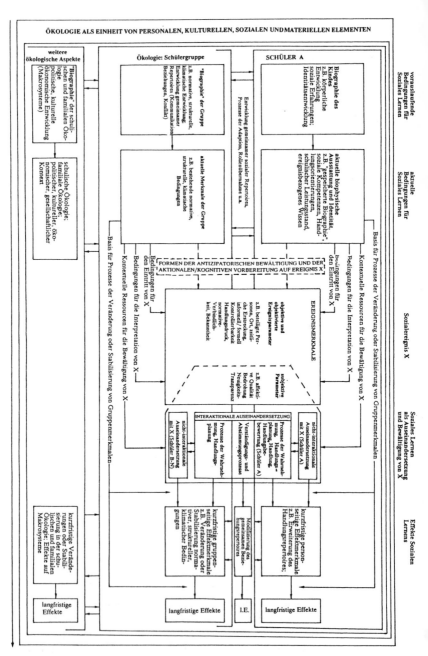

Abb. 2: Ein allgemeines Modell zur Beschreibung Sozialen Lernens

zifischen Anforderungen bemüht. Diese Auseinandersetzung kann **intraindividuell** (z.B. beobachtet das Kind, rekonstruiert das Ereignis, sieht sich in bestimmten Ansichten bestätigt) oder **interaktional** im Umgang mit anderen Personen, die von dem Geschehen betroffen sind, erfolgen. **Effekte** solcher sozialer Lernprozesse können als Veränderungen von Merkmalen des Kindes, der Ökologie und als interaktionale (die Beziehung zu einem anderen Kind betreffende) Wirkungen beschrieben werden. Solche Wirkungen können je nach Zeitspanne zwischen dem Ereignis und der Überprüfung der Effekte qualitativ unterschiedlich sein. Ein besonderes Problem stellt dabei die Bestimmung eines Zeitpunktes dar, zu dem man den „ultimate outcome" des Sozialen Lernens, als Auseinandersetzung mit einem sozialen Ereignis, erfaßt (vgl. FILIPP 1981, S. 12).

Eine umfassende Analyse des sozialen Lernprozesses muß **rückblickend** neben der differenzierten Beschreibung des sozialen Ereignisses, neben der Rekonstruktion subjektiver sozialer Lernprozesse bei der Auseinandersetzung mit dem sozialen Geschehen und neben der Bestimmung von Effekten Sozialen Lernens gleichzeitig **vorauslaufende** und **konkurrente** Bedingungen berücksichtigen. Diese Bedingungen sind wiederum nach einer personalen und ökologischen Perspektive zu trennen, die für Soziales Lernen in einem mehrfachen Sinne bedeutsam sind: für den Eintritt von Ereignissen, für die Art des Umganges mit Ereignissen (i.S. von Ressourcen) und damit letztlich auch für die Wirkung von Ereignissen.

2.2.3
Inhaltliche Komponenten des Modells

Nach diesen eher stichpunktartigen Hinweisen auf das in Abb. 2 dargestellte Modell sollen einzelne Bereiche etwas näher beschrieben werden, ehe übergreifende Themen in getrennten Kapiteln behandelt werden. Über die bisherigen, sehr allgemeinen Aussagen hinausgehend wurden in dem Modell Konkretisierungen vorgenommen, die näher an den Gegenstand „Soziales Lernen" heranführen sollen:

- Bei der Entwicklung des Kindes wird der soziale Gesichtspunkt in den Mittelpunkt gerückt.
- Bei den konkurrenten Bedingungen erfolgt eine Bestimmung sozialer Kompetenzen, Handlungsorientierungen, Motive und subjektiver Rekonstruktionen als personale Ressourcen für Soziales Lernen.
- Auf ökologischer Seite wird die Schülergruppe, als zentraler Ort Sozialen Lernens, näher betrachtet.

- Das soziale Ereignis wird detailliert nach objektiven, objektivierten und subjektiven Parametern, die für Soziales Lernen hohe Relevanz besitzen, aufgeschlüsselt.
- Soziales Lernen wird vor allem unter dem Aspekt der Interaktion und der dort ablaufenden Prozesse beschrieben.
- Als Effekt dieser Prozesse werden Gesichtspunkte angesprochen, die vor allem das Soziale betreffen, das sich in der Identitätsentwicklung des Schülers (z.b. als Veränderung des Repertoires an sozialen Bewertungsmustern), in Modifzierungen von Beziehungen und Veränderungen von Gruppenmerkmalen niederschlägt.

Die einzelnen Elemente des Modells, die in Abb. 2 als übergreifende Gesichtspunkte genannt sind, lassen sich wie folgt beschreiben:

Vorauslaufende Bedingungen für Soziales Lernen: Aus der Perspektive des Kindes handelt es sich dabei um Merkmale der Biographie und der biophysischen Entwicklung. Die Biographie des Kindes A wird vor allem unter dem Aspekt sozialer Entwicklung betrachtet (vgl. dazu Kap.2.2.7). Der Verlauf sozialer Erfahrungen in bedeutsamen sozialen Beziehungen und in konflikthaften Auseinandersetzungen prägt den Erwerb sozialer Kompetenzen und Handlungsorientierungen. Soziale Erfahrungen bilden auch die Grundlage für Rekonstruktionen der Ökologie, die aus Prozessen der Wahrnehmung und kognitiven Strukturbildung resultieren; in Auseinandersetzungen mit Sichtweisen anderer und kulturellen, sozialen und materiellen Elementen der Ökologie entstehen Deutungsmuster, die als elementares soziales Wissen dem Kind helfen, seine Lebenswelt nach bekannten und bewährten Mustern zu ordnen (vgl. ARNOLD 1983). Gerade im Primarbereich sind soziale Entwicklung und schulische Karriere nicht voneinander zu trennen (vgl. PETILLON 1987b) und werden deshalb in ihrer wechselseitigen Bezogenheit in unseren Bezugsrahmen aufgenommen. Weiterhin ist davon auszugehen, daß in der Grundschulzeit mit den kognitiven und emotionalen Aspekten sozialer Entwicklung die biophysische Entwicklung eng verknüpft ist (vgl. CAIRNS 1986). Als übergreifendes Konzept ist die Identitätsentwicklung (vgl. HAUSSER 1983) zu sehen, in die soziale Entwicklung als bedeutsamer Teilbereich integriert ist.

Unter ökologischer Perspektive wird die „Biographie" einzelner ökologischer Elemente analysiert; die Entwicklung von Merkmalen der Schülergruppe (die „Gruppengeschichte") erhält in unserer Betrachtung einen zentralen Stellenwert. Personale Entwicklung und ökologischer Wandel beruhen zum Teil (vor allem im Mikrobereich) auf transaktionalen Prozessen der „Kind"-Ökologie-Interaktion", die wir an Prozessen der Schüler-Gruppe-Interaktion konkretisieren.

Konkurrente Bedingungen für Soziales Lernen: In einer Art Momentaufnahme kann zu einem beliebigen Zeitpunkt (bei Eintritt eines Sozialereignisses) die aktuelle biophysische Ausstattung und Identität des Schülers A in den Mittelpunkt der Betrachtung gerückt werden. Dabei können wir unsere Aufmerksamkeit auf Form und Inhalte der „gespeicherten Biographie" richten, die vor allem im Prozeß der Auseinandersetzung mit sozialen Ereignissen als intervenierende Größe wirksam wird. Dabei ist das Bedürfnis nach Kontinuität, d.h. nach subjektiver Vereinbarkeit des eigenen Handelns ein zentraler Gesichtspunkt für die Art und Weise, wie neue Erfahrungen integriert werden. Besondere Bedeutung kommt im Bereich des Sozialen Lernens der Bestimmung sozialer Kompetenzen zu, die sich sehr allgemein als solche Fähigkeiten umschreiben lassen, die für die Auseinandersetzung und Bewältigung von Sozialereignissen relevant sind. Erst durch differenzierte Beschreibung bedeutsamer Ereignisse und entsprechender subjektiver Verarbeitungsprozesse läßt sich das Spektrum sozialer Kompetenzen konkreter bestimmen, das wiederum der Entwicklung eines Kataloges übergreifender Zielsetzungen (vgl. Kap. 3) zugrunde gelegt werden kann.

Neben der Sozialkompetenz können soziale Handlungsorientierungen und Motive benannt werden, die soziales Handeln leiten. Im Rahmen Sozialen Lernens kommt u.a. folgenden Aspekten besondere Bedeutung zu: implizite Persönlichkeitstheorien, subjektive Zielorientierungen, Kontrollüberzeugungen, soziale Angst, Kontaktbereitschaft, Valenz. Diese Orientierungen bestimmen auch die Art und Weise, in der das Kind seine Umwelt rekonstruiert. Solche vorauslaufenden und aktuellen Rekonstruktionen und Rekonstruktionsweisen sind für den Themenbereich des Sozialen Lernens besonders zu beachten, vor allem wenn es sich um subjektive Darstellungen und Deutungen sozialer Beziehungen handelt und um Versuche, sich in sozialen Netzwerken selbst zu „verorten".

Das Modell greift aus dem Bereich der Ökologie die Schülergruppe heraus, der für Soziales Lernen zentrale Bedeutung zukommt.

Dabei können die aktuellen Merkmale der Gruppe nur angemessen interpretiert werden, wenn ihre „Biographie" im Hinblick auf die Entwicklung von Normen, Strukturen und eines sozialen Klimas als „Vorgeschichte" ausreichend berücksichtigt wird. Der Umgang mit einem Sozialereignis in der Gruppe kann von der Gruppenentwicklung in verschiedener Weise beeinflußt sein: z.B. indem erfolgreich bewältigte oder ungelöste Konflikte wieder ins Spiel kommen; bestimmte Sachverhalte als „erledigt" eingestuft werden können oder gemeinsam entwickelte Lösungsmuster sich als brauchbar für die neue Situation erweisen. In vielen Fällen sind Merkmale der Gruppe – speziell intensive Beziehungen – geprägt von ihrer „Geschichte".

Als Pendant zu Rekonstruktionen des Schülers A finden sich auf Gruppenseite die Sichtweisen der anderen Gruppenmitglieder, die die Beziehung zu A auf

ihre subjektive Weise wahrnehmen. Diese vielfältigen Perspektiven kann sich das Kind durch Prozesse der Rollenübernahme und Empathie erschließen und auf diesem Weg auch zu einer „Validierung" eigener Rekonstruktionen gelangen.
Wie bereits oben ausgeführt, beeinflussen vorauslaufende und konkurrente Bedingungen, sowohl auf personaler als auch auf ökologischer Seite, das Soziale Lernen auf vielfältige Weise.

Sozialereignis X: Mit Sozialereignissen sind solche Ereignisse gemeint, die den sozialen Umgang mit anderen Personen betreffen. Dabei konzentrieren wir uns vor allem auf soziale Interaktionen innerhalb der Schülergruppe. Trotz dieser Begrenzung gibt es eine Vielzahl solcher Ereignisse, für die eine Systematisierung bisher noch aussteht. Wir werden versuchen, das gesamte Spektrum abzustecken und nach geeigneten Parametern zu klassifizieren (vgl. dazu Kap. 2.2.5). Ein wichtiges Kriterium für die Auswahl von relevanten Sozialereignissen ist die **emotionale Betroffenheit** der Beteiligten, für die das Sozialereignis von affektiven Reaktionen begleitet ist und im „Strom von Erfahrungen und Einzelereignissen ... als prägnant und herausragend" (FILIPP 1981, S. 24) erscheint. Ereignisse sind keine statischen Konzepte, sondern sie beinhalten sowohl eine historische als auch eine zukunftsgerichtete Dimension: Jedes Ereignis hat eine „Geschichte", die sich weiterentwickelt und in der Person als vorläufig gespeichert, in „subjektiver Diktion", in Verortung innerhalb der subjektiven Struktur und als Teilelement des Bewältigungspotentials für zukünftige Ereignisse zur Verfügung steht.

Im Gegensatz zu der in der Sozialisationsforschung bevorzugten Kennzeichnung von Entwicklungsbedingungen als „breitere definierte Konzepte wie Erziehungsstile, Anregungsgehalt der Umwelt ..." (MONTADA 1981, S. 273) scheint es uns zur Beschreibung Sozialen Lernens angemessen, konkrete Ereignisse „als Experimente des Lebens" zu analysieren. Es erscheint sinnvoll, nichtkontinuierlich verlaufende Prozesse der angemessenen Abbildung von Entwicklungen zugrunde zu legen und bedeutsame Ereignisse zu analysieren, die die Biographie wesentlich beeinflussen. Solche Ereignisse stellen eine „raumzeitliche, punktuelle Verdichtung eines Geschehensablaufes innerhalb und außerhalb der Person dar und sind somit im Strom der Erfahrungen einer Person raumzeitlich lokalisierbar" (FILIPP 1981, S. 24). Stellen wir uns beispielsweise eine Gruppensituation vor, in der Entscheidungen anstehen, die für die ganze Gruppe bedeutsam sind. Erst durch eine differenzierte und präzise Beschreibung der Merkmale dieses sozialen Ereignisses – vor allem der subjektiven Rekonstruktionen – läßt sich die Bedeutung dieses Geschehens für die soziale Entwicklung eines Kindes bestimmen: z.B. für das Kind, das durch Überzeugungskraft Einfluß genommen hat und Soziales Lernen im Sinne der Bewältigung der Anforderungen dieses Sozialereignisses erfolgreich praktiziert hat. In analoger Weise ließen sich soziale Lernprozesse bei den anderen Beteiligten bestimmen, beispielsweise als die Einsicht, sich überzeugenden Argumenten zu beugen oder aber als Mißerfolgserlebnis wegen geringer Mitsprachemöglichkeiten. An Situationen, die für die beteiligten Kinder gegensätzliche Sozialerfahrungen beinhalten, wird die Bedeutung des „Ereignis-Ansatzes" noch klarer sichtbar. Wird etwa ein Kind von einer Gruppe von Mitschülern gehänselt, so läßt sich deutlich zwischen dem von der Diskriminierung betroffenen und den anderen Schülern unterscheiden, wobei auch in der Gruppe jedes einzelne Kind auf seine subjektive Weise Soziales Lernen praktiziert.

Unter angemessener Verortung in den ökologischen Kontext sowie in Verknüpfung mit Prozessen der subjektiven Auseinandersetzung und Bewältigung eignet sich die Analyse sozialer Ereignisse in besonderer Weise dazu, soziale Entwicklungsverläufe aus der Perspektive der Betroffenen, als Bemühungen um Erhaltung oder Neuorganisation des „Person-Ökologie-Gefüges", im Zusammenhang mit übergreifenden Aspekten der Identitätsentwicklung zu beschreiben. Forderungen nach ökologischer Validität und Lebensnähe kann eine „Ereignis-Forschung" in besonderer Weise gerecht werden. Darüber hinaus bedeutet Soziales Lehren als pädagogische Intervention in vielen Fällen, daß Bedingungen geschaffen werden, die erfolgreiches Soziales Lernen und entsprechende Effekte erwarten lassen. Dabei kann es sich einerseits um Bedingungen handeln, die den Eintritt bestimmter sozialer Ereignisse begünstigen (z.B. Spiel), andererseits kann auch die „Inszenierung" von Ereignissen selbst in Form von Szenarien (z.B. Rollenspiele) eine Möglichkeit sozialpädagogischen Handelns sein. In beiden Fällen ist eine differenzierte Analyse des antizipierten Ereignisses für ein zielgerichtetes Vorgehen bedeutsam. Allerdings ist es beim bisherigen Stand der Forschung problematisch, aus dem Fluß sozialen Geschehens solche Ereignisse „herauszufiltern", zu differenzieren und zu ordnen, die als „Markierungspunkte" für die soziale Entwicklung von besonderer Bedeutung sind. Wir werden eine erste Klassifikation vornehmen und uns dabei an Versuchen orientieren, die im Rahmen der Erforschung kritischer Lebensereignisse nach unterschiedlichen Ereignisparametern (objektive, objektivierte und subjektive) klassifizieren (vgl. FILIPP 1981). Nach einer Präsisierung bedeutsamer Ereignisse kann der Versuch gemacht werden, durch angemessene Verknüpfungen Sequenzen zu bestimmen, die als globalere Entwicklungsbedingungen Sozialen Lernens gelten können.

Soziales Lernen als Prozeß der Auseinandersetzung und Bewältigung des Ereignisses X bildet den Bezugspunkt unseres Gegenstandsbereichs. Die Auseinandersetzung mit Sozialereignissen und Bewältigungsversuche stellen das Kernstück Sozialen Lernens dar. Wir differenzieren nach intra-individuellen und interaktionalen Prozessen (vgl. Kap. 2.2.6). Hinweise aus der Streßtheorie und aus Theorien zur Beschreibung von Teilprozessen sozialer Interaktionen dienen uns als Grundlage für die Darstellung sozialer Lernprozesse und entsprechender Effekte.

Effekte Sozialen Lernens manifestieren sich auf Personen- und auf Ökologieseite und sind auf ihre Variationen bei unterschiedlicher zeitlicher Distanz zu Ereignis X zu überprüfen. Sie stellen gleichzeitig wiederum konkurrente Bedingungen für weitere Ereignisse und deren subjektive Verarbeitung dar. Die Aneinanderreihung solcher Sequenzen ergibt auf seiten der Person die biographische oder personal-subjektive und auf seiten der Ökologie die historische oder sozial-objektive Dimension Sozialen Lernens.

Die bisherigen Ausführungen zu dem in unserem Modell als Komplex dargestellten Bereich des Sozialen Lernens sind an vielen Stellen skizzenhaft. Dementsprechend versuchen wir im folgenden einige Teilbereiche, die für unsere Themenstellung besonders bedeutsam sind, näher zu betrachten.

Dabei gehen wir folgenden Fragestellungen nach:

- Welche Bedeutung kommt der Ökologie „Schülergruppe" zu? (Vgl. Kap. 2.2.4)
- Welches sind bedeutsame Sozialereignisse im Primarbereich, und wie lassen sie sich im Sinne eines multidimensionalen Beschreibungssystems klassifizieren? (Vgl. Kap. 2.2.5)
- Wie setzen sich Kinder mit diesen auseinander, und wie versuchen sie sie zu bewältigen? Welche Kompetenzen und Handlungsorientierungen sind dabei von Bedeutung? Welche Folgen haben unterschiedliche Bewältigungsversuche? (Vgl. Kap. 2.2.6)
- Wie entwickeln sich soziale Kompetenzen und Handlungsorientierungen (soziale Entwicklung)? (Vgl. Kap. 2.2.7)
- Welche Funktion für Soziales Lernen hat die schulische Ökologie als ein die Schülergruppe umgreifendes System? (Vgl. Kap. 2.2.8)

2.2.4

Die Schülergruppe als zentraler Ort Sozialen Lernens

Im folgenden wird aus dem Bereich schulischer Ökologie die Gruppe der Gleichaltrigen in den Mittelpunkt der Betrachtung gerückt. Eine Vielzahl von empirischen Befunden belegt die Bedeutung der Gleichaltrigen und der in der Gruppe gegebenen Erfahrungsmöglichkeiten für die soziale Entwicklung des Kindes (vgl. PIAGET 1976; DAMON 1984; SELMAN 1984; PETILLON 1978; SCHMIDT-DENTER 1988).

Die Bedeutung der Gruppe als Entwicklungskontext wird an dem breiten Spektrum sozialer Erfahrungsmöglichkeiten sichtbar, die gleichzeitig auch auf „zentrale Themen" sozialer Ereignisse hinweisen. Skizzenhaft läßt sich dieses Spektrum wie folgt beschreiben:
Die Gruppe bietet die Möglichkeit,

- sich mit anderen zu vergleichen (Aspekt: **Bezugsgruppe**);
- sich einen Status im Hinblick auf Einfluß, Beliebtheit u.a. zu erwerben (Aspekt: **Gruppenstruktur**);
- Normen mitzubestimmen und zu befolgen lernen (Aspekt: **Gruppennormen**);
- Zugehörigkeit zu erleben (Aspekt: **Sozialklima**);
- Gedanken auszutauschen, sich selbst darzustellen (Aspekt: **Kommunikation**);
- Sozialkontakte zu schließen (Aspekt : **Beziehung**)
- sich in Publikumssituationen zu bewähren (Aspekt: **soziales Selbstbewußtsein**);
- Selbsterfahrungen zu machen (Aspekt: **Identität**);
- Auseinandersetzungen zu bestehen und tragfähige Lösungen auszuhandeln (Aspekt: **Konflikt**);
- intensive Bindungen einzugehen (Aspekt: **Freundschaft**);
- gemeinsam zu arbeiten und zu spielen (Aspekt: **Kooperation**);
- Andersartigkeit zu erfahren und Verschiedenheit von Ansichten zu akzeptieren (Aspekt: **Toleranz**);
- sich für Gruppeninteressen zusammenzuschließen (Aspekt: **Solidarität**).

Die genannten Erfahrungsmöglichkeiten sind weitgehend positiv formuliert. Natürlich kann die Gruppe einzelnen Kindern diese Erfahrungen verweigern oder in ihr Gegenteil verkehren. Dies bedeutet, daß das Soziale Lernen für Kinder in der gleichen Gruppe bei gleichen Sozialereignissen sehr unterschiedlich verlaufen kann. Der Status des einzelnen Schülers, dessen Übereinstimmung mit Gruppennormen und mit Erwartungsmustern der Interaktionspartner bestimmen in bedeutsamer Weise den Verlauf und das Ergebnis entsprechender Lernprozesse (PETILLON 1978). Dementsprechend kann ein Sozialereignis durch seine gruppenspezifische Prägung die Bewältigungsmöglichkeiten in vielfältiger Weise vorstrukturieren:

- durch unterschiedlich große Freiräume für verschiedene Kinder;
- durch gruppenspezifische Erwartungen bezüglich des Erfolges von Bewältigungsversuchen;
- durch statusspezifische Normen;
- durch verunsichernde oder Sicherheit gebende Publikumsreaktionen.

Aus der Sicht pädagogischer Intervention ließe sich bereits an dieser Stelle fordern, solche Bedingungen bereitzustellen, die geeignet sind, die o.g. positiven Potentiale der Gruppe zur Entfaltung zu bringen und möglichst allen Gruppenmitgliedern zugänglich zu machen. Dabei wird deutlich, daß nach dieser Zielvorstellung die individuelle Entfaltung des Kindes in der Gruppe dort eine Begrenzung erfährt, wo die Freiräume der anderen eingeschränkt werden. Eine **gerechte Verteilung von Partizipationsmöglichkeiten** wäre dementsprechend als ein zentrales Kriterium Sozialen Lehrens und Lernens anzusehen. In Kap. 2.4 werden wir bei der Diskussion um soziale Lernziele diesen Aspekt in den Mittelpunkt der Betrachtung rücken.

Der Eintritt bestimmter Sozialereignisse, deren Verlauf und Prozesse der Bewältigung werden von Merkmalen der Gruppe mitbestimmt. Zur Beschreibung solcher Merkmale kann zwischen Gruppennormen, Gruppenstrukturen und dem Sozialklima (Gruppenklima) unterschieden werden (vgl. PETILLON 1987b). Zwischen diesen Größen können Wechselbeziehungen angenommen werden, wobei sich Veränderungen jeweils eines Gruppenmerkmals gleichzeitig modifizierend auf die übrigen Gruppenbereiche auswirken.

Wir können die Schülergruppe nach formellen oder informellen Gesichtspunkten differenzieren. Im **formellen** Bereich steht die unterrichtete Gruppe im Mittelpunkt der Betrachtung. Dabei kommt ihr als explizit oder implizit bewertendes Publikum für einen Großteil der Unterrichtsaktivitäten der einzelnen Kinder besondere Bedeutung zu. Darüber hinaus hat der Schüler als Mitglied der unterrichteten Gruppe ausreichend Gelegenheit, sich bei der Einschätzung der eigenen schulischen Leistungsfähigkeit oder der Beliebtheit bei dem Lehrer mit den Mitschülern zu vergleichen. Formen des Miteinanderumgehens sind weitgehend von institutionellen Vorgaben geprägt.

Demgegenüber bietet der **informelle** Bereich vielfältigere soziale Erfahrungsmöglichkeiten mit Partnern, die in ihrem Entwicklungsstand vergleichbar sind (LEWIS & ROSENBLUM 1975). Es werden soziale Beziehungen und Tätigkeiten möglich, die das formelle System nicht bietet (GORDON 1959). Hier findet sich ein breites Spektrum an Möglichkeiten, sich mit personalen Aspekten seiner Identität einzubringen (DAMON 1984). Dabei bieten Kind-Kind-Interaktionen häufiger die Gelegenheit zu einer gerechten Verteilung von Einflußmöglichkeiten (GURALNICK 1986). Nur durch soziale Interaktionen mit Gleichaltrigen können spezifische soziale Kompetenzen erworben werden: „Kinder brauchen Gleichaltrige, um ihr eigenes Ich, die eigene Perspektive und die eigenen Absichten zu entdecken und mit denen der anderen abzustimmen." (KRAPPMANN 1985, S. 43).

Ausgehend von PIAGET und SULLIVAN, die die aktive Rolle des Kindes im Sinne einer Konstruktion von Wirklichkeit umschreiben, benennt YOUNISS (1982) die unterschiedlichen Funktionen der Kind-Erwachsenen-Beziehung und der Gleichaltrigenbeziehung. Der Umgang mit Erwachsenen ist durch „komplementäre Reziprozität" gekennzeichnet (z.B. durch Imitationslernen), die Kontrolle interpersonaler Konstruktionen erfolgt **unilateral**. Zwischen Gleichaltrigen dagegen kann eine gleichzeitige und symmetrische „Ko-Konstruktion" sozialer Perspektiven ("symmetrische Reziprozität") erfolgen; die Kontrolle ist dabei **bilateral**. „Nur der Interaktion in der Gruppe der Gleichaltrigen spricht Piaget eine entscheidende Bedeutung für die Überwindung egozentrischer, zentrierter Denkformen zu, und zwar wegen der kognitiven Reziprozität und Mutualität, die nur in der Interaktion zwischen Gleichen gegeben ist. Die Erfahrung von Ähnlichkeit und Unähnlichkeit unter prinzipiell Gleichen macht es erforderlich, sich in der Kommunikation ständig der Wechselseitigkeit der Perspektiven zu vergewissern" (KELLER 1982, S. 272). Bei der Diskussion sozialer Lernziele (vgl. Kap. 2.3) wird **symmetrische Reziprozität** als zentraler Teilaspekt des übergreifenden Kriteriums der Gegenseitigkeit gewertet. Gerade in der Zeit des Schulanfanges stehen die Kinder vor der neuartigen schwierigen Aufgabe, untereinander auszuhandeln, was sie gemeinsam tun wollen. Dabei suchen Kinder dieses Alters „den Gleichen und möchten als Gleichberechtigter geachtet werden" (KRAPPMANN 1987, S. 42). In vielen Fällen wirken die Gleichaltrigen als Modell für soziales Handeln und werden im Gegensatz zu Erwachsenen, deren „Machtüberschuß" direkte Vergleiche ausschließt, eher verhaltenswirksam (PIAGET 1976). Vor allem im Kontakt mit Peers wird die Erfahrung, daß andere die Welt mit anderen Augen sehen als man selbst, vermittelt (WEINSTEIN 1969). Der Schüler nimmt dabei auch häufiger „komplementäre und reziproke Rollen" ein und erwirbt dabei Kooperativität und ein Bewußtsein dafür, daß andere von ihm verschieden sind und über eigene innere Zustände verfügen (KASTEN 1976, S. 66). Darüber hinaus ist die Gruppe ein wichtiger Ort für die Entwicklung von Geschlechtsrollenidentität, für die Identifikation mit Wertvorstellungen und den Umgang mit aggressivem Verhalten (JOHNSON 1981). ATCHLEY (1975) verweist auf Ereignisse, die an bestimmte Lebensalter gebunden sind und einen Großteil der Gleichaltrigen gleichzeitig betreffen. Beim Schulanfang beispielsweise versucht das Kind nicht allein, sondern in der Gemeinschaft der Altersgenossen mit entsprechenden Anforderungen fertig zu werden. Ein Teil der möglichen Belastung und ein Teil des potentiellen Selbstzweifels kann in diesem Zusammenhang durch die Unterstützung, die Altersgleiche einander geben, reduziert werden.

Die Schülergruppe wird von individuellen Handlungen und dem Verlauf sozialer Beziehungen geprägt (vgl. in unserem Modell: „gruppenseitige Effektmerkmale"); gleichzeitig bildet sie die normative, strukturelle und klimatische Grundlage für solche Beziehungen sowie für die Genese und Stabilisierung sozialer Kompetenzen und Orientierungen, indem Sozialereignisse und deren Bewältigung gruppenspezifisch geprägt sind. Die Schülergruppe ist dementsprechend erstens als Ergebnis des Zusammenwirkens vielfältiger sozialer Interaktionen und der dort eingebrachten Identitätsaspekte zu sehen; zweitens

bildet die Gruppe das soziale Umfeld für die Entfaltung und Bewährung persönlicher Identität und für die Auseinandersetzung mit angetragener (sozialer) Identität.
Auf die Interdependenz zwischen dem individuellen Lernzuwachs des einzelnen Kindes **und** der Gruppe als sozialem Erfahrungsraum sei besonders hingewiesen. Beispielsweise führt ein verändertes konstruktiveres Konfliktverhalten einzelner Gruppenmitglieder zu einem entspannteren Sozialklima, das wiederum Lernprozesse zu einer positiven Bewältigung von Auseinandersetzungen zwischen Schülern begünstigt. Die Entwicklung des einzelnen Kindes einerseits und Veränderungen in der Schülergruppe und in dyadischen Interaktionen andererseits bedingen sich gegenseitig, indem sie durch ständige Wechselwirkungsprozesse untereinander verbunden sind. Individuelle Entwicklungsfortschritte können es ermöglichen, daß sich soziale Strukturen erweitern und Interaktionen komplexer und koordinierter werden. Umgekehrt schaffen größere Freiräume und entsprechende Normen in der Gruppe neue Möglichkeiten zu weiteren sozialen Entwicklungsfortschritten. Soziales Lernen vollzieht sich gleichsam in dem „sozialen Dreieck" Person – Interaktion – Gruppe, das durch wechselseitige Bezüge im Sinne eines sozialen Systems gekennzeichnet ist.
Ein Beispiel mag diesen Sachverhalt noch einmal verdeutlichen: Kooperation kann je nach Analyseebene wie folgt unterschieden werden :

– Auf **personaler Ebene** zielt Kooperation auf den individuellen Erwerb und die Realisierung von Kompetenzen und Handlungsorientierungen, die die Zusammenarbeit mit anderen betreffen.
– Auf der **Interaktionsebene** richtet sich das Interesse auf Prozesse des Zusammenwirkens im Hinblick auf ein gemeinsames Ziel.
– Auf **Gruppenebene** findet Kooperation in normativen, strukturellen und klimatischen Aspekten, die kooperative Prozesse begünstigen, seinen Niederschlag.

Mit der bisherigen Darstellung haben wir die Schülergruppe als Raum für Soziales Lernen des Schülers abgesteckt und auf die Vielfalt und Differenziertheit entsprechender sozialer Lernprozesse hingewiesen.
Die Fokussierung auf soziale Lernprozesse in der Schülergruppe und auf die dort beobachtbaren Sozialereignisse soll dazu dienen, einen konkreten, klar erfaßbaren Ausgangspunkt zu finden; von einer solchen „gesicherten Plattform" aus können weitere Bereiche erschlossen und präzisiert werden: Die Beziehungen in der Schülergruppe stellen nur ein (– wenn auch sehr bedeutsames –) Subsystem der gesamten Ökologie dar, in der sich die Entwicklung des Kindes vollzieht. Ein solches ganzheitliches Konzept geht von der Vorstellung einer verschachtelten Anordnung von Teilsystemen mit Mikro-, Meso-, Exo- und Makrosystemen aus (vgl. BRONFENBRENNER 1981). Es ist als Ganzes aller-

dings zu komplex, um es konkreten Analysen und der Entwicklung pädagogischer Konzepte zugrundezulegen. Dennoch ist es als Denkmodell notwendig, um bei Überlegungen zu pädagogischen Möglichkeiten umfassende Perspektiven zu berücksichtigen und den Stellenwert „ebenenspezifischer" Analysen angemessen bestimmen und interpretieren zu können (vgl. auch SCHMIDT-DENTER 1988). In Kap. 2.2.8 werden wir die schulische Ökologie, in die die Schülergruppe als Mikrosystem eingebettet ist, im Hinblick auf Möglichkeiten Sozialen Lernens näher betrachten.

2.2.5

Kategorisierung von Sozialereignissen und ihrer Merkmale

Bei der Beschreibung von Sozialereignissen beschränken wir uns weitgehend auf solche, die innerhalb der Schülergruppe den Umgang mit einzelnen Mitschülern, mit Teilgruppen oder mit allen Kinder der Klasse betreffen. Im Gegensatz zu kritischen Lebensereignissen, für die „Ereignis-Listen" schon eine gewisse Systematik erkennen lassen, ist für eine Beschreibung von bedeutsamen Sozialereignissen auch bei einer Begrenzung auf den Zeitraum der ersten vier Grundschuljahre und auf den Mikrobereich Gruppe keine Grundlage vorhanden. Man nimmt an, daß es eine Vielfalt von Ereignissen gibt, die für einzelne Kinder Entwicklungsrelevanz besitzen. Das Spektrum kann vom Verlust eines Freundes oder einer Bloßstellung vor der ganzen Gruppe über die Wahl in ein wichtiges Gruppenamt oder eine mehrheitliche Anerkennung einer Leistung bis zur Erfahrung von Zuneigung oder Diskriminierung reichen. Das Ereignis kann eine bedeutsame Krisensituation oder eine vermeintlich unbedeutende Alltagssituation sein; erst aus der Perspektive des Kindes, aus der Rekonstruktion seiner subjektiven Auseinandersetzung und aus entsprechenden Lerneffekten ist eine Einschätzung der Bedeutsamkeit dieses Ereignisses möglich. In unserer Studie zum Schulanfang (vgl. Kap. 8) versuchen wir solche Sozialereignisse zu finden, die aus der Perspektive der Kinder im Verlauf der ersten beiden Grundschuljahre als bedeutsam eingestuft werden.
In Anlehnung an die o.g. Erfahrungsbereiche in der Gruppe (vgl. 2.2.4) versuchen wir, eine erste Skizze für eine „Ereignisliste" zu erstellen. Sozialereignisse könnten dabei schwerpunktmäßig einem oder mehreren der folgenden „Hauptthemen" zugeordnet werden:

VERGLEICH: sich mit anderen vergleichen oder „messen" (z.B. Zweikämpfe, „Wortgefechte", „Größenvergleiche");
NORM: gegen Normen wird verstoßen, Normen werden geändert (z.B. Spielregeln);

STATUS: Anerkennung, Sympathie, Einfluß gewinnen oder behaupten (vor allem Ereignisse, deren Bewältigung nach Gruppennormen besonders hoch in der „Werthierarchie" angesiedelt ist);
INTEGRATION: Zusammengehörigkeit wird praktiziert oder es ist vorgesehen, sich zusammenzuschließen (z.b. „Bandenbildung" oder Angehen eines Problems, das nur gemeinsam bewältigt werden kann);
KOMMUNIKATION: Meinungen werden ausgetauscht, Informationen werden weitergegeben (z.b. Diskussionen um Spiele auf dem Schulhof oder ein eigener „Vortrag" vor einer größeren Zuhörerschaft);
PUBLIKUM: Publikumssituationen bestehen (z.b. sind einzelne Kinder mit intensiver Wahrnehmung ihrer Person durch die Gruppe konfrontiert);
KOOPERATION: gemeinsam soll etwas erarbeitet werden (z.b. der Klassenraum soll ausgestaltet werden);
IDENTITÄT: Selbstdarstellung steht im Mittelpunkt oder Fremddefinitionen sind zu verarbeiten (z.b. die eigenen Qualitäten ins richtige Licht rücken, einer negativen Handlung bezichtigt werden oder in eine attraktive Spielgruppe gewählt werden);
KONFLIKT: unterschiedliche Interessen stehen sich gegenüber;
FREUNDSCHAFT: Freundschaft schließen, vertiefen, abklären, verweigern oder verweigert bekommen.

Diese noch sehr unvollständige und wenig systematische Liste verweist bereits auch auf ein Spektrum an sozialen Kompetenzen und Handlungsorientierungen, die die Prozesse der Auseinandersetzung mit den spezifischen „Ereignisthematiken" und deren Bewältigung prägen.

Sozialereignisse können weiterhin **zum einen**, in Anlehnung an Überlegungen zu kritischen Lebensereignissen, auch dadurch definiert sein, daß sie eine Veränderung in der Lebenssituation darstellen, die zu einer Unterbrechung habitualisierter Handlungsabläufe führt und die Veränderung bisheriger Verhaltensmuster erfordert, unabhängig davon, ob es sich dabei um ein nach allgemeinen Maßstäben positives oder negatives Ereignis handelt (FILIPP 1981, S. 24). Soziales Lernen als Konfrontation mit kritischen, das eigene Bewältigungspotential überschreitenden Ereignissen bildet eine notwendige Voraussetzung entwicklungsmäßigen Wandels und kann oft zu persönlicher Reifung beitragen.

Zum anderen sind auch solche Ereignisse gemeint, die sich im Sinne von Szenarien und Ritualen häufig wiederholen, den sozialen Alltag kennzeichnen und das Kind in seiner spezifischen Rollensituation betreffen und bestätigen; diese gewinnen ihre Bedeutung vor allem unter dem Gesichtspunkt der Stabilisierung vorläufiger Deutungen, Handlungsweisen oder emotionaler Dispositionen zu sich verfestigenden Mustern. CAIRNS (1986) verweist auf Forschungsbefunde, die deutlich machen, daß soziale Muster (social patterns) mit jeder erfolgreichen Wiederholung resistenter werden.

Unser Versuch, Sozialereignisse weiter zu differenzieren und zu ordnen, orientiert sich u.a. an Überlegungen von FILIPP (1981), die Ereignisse in Termini „objektiver Reizqualität und ihrer durch die Person perzipierten Qualitäten" (S. 25) beschreiben. Dementsprechend lassen sich auch Merkmale von Sozialereignissen danach unterscheiden,

- ob sie „indikativ für das Ereignis und theoretisch voraussetzungsfrei zu formulieren sind" (**objektive** Ereignisparameter), z.B. Ort des Geschehens, Dauer des Ereignisses, Anzahl der beteiligten Personen;
- ob sie Merkmale darstellen, die man Ereignissen „qua Konsensbildung oder qua theoretischer Setzung zuschreibt" (**objektivierte** Ereignisparameter), z.B. Status der beteiligten Personen, formell vs. informell;
- ob sie „zur Kennzeichnung der Art und Weise, wie die jeweils betroffene Person das Ereignis wahrnimmt und interpretiert", herangezogen werden (**subjektive** Ereignisparameter).

Objektive Ereignismerkmale, die „unabhängig von subjektiven Einschätzungen sowie jenseits theoretischer Setzungen einem Ereignis inhärent sind" (S. 26), können in Anlehnung an den Forschungsbereich zu kritischen Lebensereignissen z.B. **zeitliche** Aspekte betreffen. Ist das Sozialereignis beispielsweise in eine längere Geschehenskette einzuordnen oder handelt es sich um eine plötzliche Zäsur (z.B. der beste Freund verläßt die Schule)? Gerade im Bereich des Sozialen Lernens kommt solchen Geschehensketten große Bedeutung zu. Beispielsweise wird bei dem Versuch eines Lehrers, den Beginn eines Konfliktes zwischen Schülern „aufzurollen", eine nahezu „endlose" Sequenz von Handlungen und Gegenhandlungen sichtbar, an die sich das aktuelle Sozialereignis nach der Logik der Beteiligten nahtlos anschließt. Nicht selten kommt es dabei auch zu Eskalationen als Ergebnis kumulierter „Vergeltungsbedürfnisse".

Weiterhin könnte analysiert werden, welche ökologischen Bereiche durch ein Ereignis tangiert werden: In welcher Weise etwa greifen die in der Gruppe lokalisierten Ereignisse auf weitere Ökologien aus (z.B. auf das schulische und außerschulische Umfeld)?

Der Grad der **Universalität** befaßt sich vor allem mit der Frage, „wie groß der Anteil der von dem Ereignis zu einem gegebenen Zeitpunkt betroffenen Personen innerhalb einer Population ist" (S. 27). Beispielsweise sind sehr viele Kinder mit Ereignissen konfrontiert, die mit dem Übergang vom Kindergarten in die Grundschule zu tun haben und die Neuorientierung in der Gruppe betreffen. Demgegenüber ist nur ein Teil der Kinder mit Ereignissen wie sozialer Ausschluß oder Diskriminierung belastet. Dieses Merkmal der „sozialen Verteilung" ist vor allen Dingen im Hinblick auf das verfügbare Unterstützungssystem bedeutsam. So gibt es zahlreiche pädagogische Ansätze für Übergangsprobleme zum Schulanfang (vgl. PORTMANN 1988), während Ereignisse mit einem vermeintlich oder tatsächlich geringen Universalitätsgrad wenig Beachtung finden.

Für Sozialereignisse sind die Anzahl der beteiligten Personen und deren Beziehungsmuster besonders wichtig: Handelt es sich um eine Dyade, um eine Teilgruppe oder die gesamte Klasse? Weiterhin kommt dem Ort des Geschehens für die Bewertung des Ereignisses große Bedeutung zu (vgl. z.B. EISENSCHMIDT 1978). Die hier genannten Beispiele objektiver Ereignismerkmale wären durch entsprechende Beobachtungen zu ergänzen und zu systematisieren. Zum größten Teil können sie auch in objektivierte oder subjektive Parameter umdefiniert werden, indem z.b. subjektiv Zeit- und Raumperspektive in die Analyse einbezogen werden.

Objektivierte Merkmale werden dem Ereignis „auf der Grundlage intersubjektiver Konsensbildung und/oder qua theoretischer Setzung" (S. 28) zugeschrieben. Während bei der Erforschung kritischer Lebensereignisse bereits Methoden zur Bestimmung objektivierter Parameter (z.B. Expertenurteile; Einschätzungen durch Personen, die Erfahrungen mit entsprechenden Ereignissen haben; Klassifizierungen auf der Grundlage theoretischer Überlegungen) erarbeitet werden, stehen solche für unseren Inhaltsbereich noch aus. Wir werden im folgenden einige vorliegende Parameter für kritische Lebensereignisse darstellen (vgl. FILIPP 1981, S. 28 ff.) und auf unseren Themenbereich übertragen; bei einem Großteil der im folgenden genannten Gesichtspunkte handelt es sich um sehr vorläufige Kennzeichnungen. Folgende objektivierte Parameter, die als weitgehend unabhängig von individualspezifischen Tendenzen einer Person definiert sind, lassen sich stichpunktartig für Sozialereignisse beschreiben:

Kontrollierbarkeit: In welchem Ausmaß können Eintritt und Verlauf eines Sozialereignisses von den Beteiligten gesteuert werden (vgl. z.B. vom Lehrer initiierte vs. informelle Ereignisse).

Bekanntheit: Wie häufig ist das Sozialereignis in ähnlicher Form schon aufgetreten? Verfügen die Gruppenmitglieder bereits über erprobte Bewältigungsmuster? (Vgl. z.B. vertraute Spiele vs. Einführung einer neuen Sitzordnung).

Transparenz: Wie gut sind die Merkmale des Ereignisses für die Gruppe durchschaubar? Welches sind die Ziele? Gibt es eine spezifische Rollenverteilung? (Vgl. z.B. Ereignisse mit eindeutigen Spielregeln vs. offene Gruppensituationen).

Handlungsdruck: Geht von dem Ereignis ein starker Druck aus, sich aktiv am Fortgang des Geschehens zu beteiligen? Gibt es entsprechende Normen und Sanktionen für Beteiligung? (Vgl. z.B. Beteiligung an einer Gruppenarbeit vs. Beteiligung an einer Diskussion auf dem Schulhof über eine Fernsehsendung).

Beteiligte Personen: Welches soziale Beziehungsnetz verbindet die beteiligten Personen? (Vgl. z.B. eine Clique vs. ein zufälliges Zusammentreffen einzelner Gruppenmitglieder). Welchen Status schreiben die Schüler unserem Kind A zu? Dieser Aspekt ist von zentraler Bedeutung. In vielen Fällen werden Sozialereignisse unter dem Aspekt der Entwicklungschancen, als für **alle** Gruppenmitglieder gleich verteilte Partizipationsmöglichkeiten gesehen, ohne daß nach der zugeschriebenen, zuerkannten Stellung des einzelnen Kindes in der Gruppe differenziert wird. Besonders bei pädagogischen Interventionen hat diese häufig zu beobachtende, „nivellierende" Betrachtungsweise für sozial benachteiligte Kinder sehr ungünstige Folgen.

Normative Verbindlichkeit: Wie stark sind Prozesse der Auseinandersetzung und Bewältigung an vorgegebene Normen gebunden? (Vgl. z.B. ritualisierte Formen des sozialen Umgangs vs. Phantasiespiele).

Informell/formell: Sind Eintritt und Verlauf des Ereignisses weitgehend von institutionellen Vorgaben geprägt, oder erwachsen sie eher aus Initiativen der Gleichaltrigen? (Vgl. z.B. schulleistungsbezogene Wettbewerbssituationen vs. Vertrauensbeweise in Freundschaftsbeziehungen.)

Entwicklungsrelevanz: Hat das Ereignis eine besondere Bedeutung für die Entwicklung von sozialen Kompetenzen und Handlungsorientierung, die (nach Aussagen der Entwicklungspsychologie) für eine bestimmte Altersgruppe im Sinne einer Erweiterung des Handlungs- und Orientierungsrepertoires, z.B. auch als eine Zunahme an Verhaltensflexibilität bestimmt werden kann?

Anspruchsniveau: Welche Anforderungen stellt das Ereignis an soziale Kompetenzen der beteiligten Kinder? (Vgl. z.B. einfache Regelspiele vs. offene Gesprächssituationen, in denen Standpunkte, Beziehungsdefinitionen und strategisches Vorgehen für einen entsprechenden Erfolg eingebracht werden müssen.)

Diese Liste von objektivierten Ereignisparametern und die dort gestellten Fragen mögen deutlich machen, wie ungeklärt dieser Bereich ist und wie schwer es ist, entsprechende Antworten zu finden. Darüber hinaus wird die enge Verflechtung der einzelnen Parameter untereinander sichtbar. Gleichwohl scheint es wichtig, eine solche Beschreibung von Ereignissen anzustreben, „um Ereignisse auch unabhängig von den (mehr oder minder) individualtypischen Formen ihrer Wahrnehmung durch die betroffene Person kennzeichnen und beschreiben zu können" (FILIPP (1981, S. 31).

Fast alle objektivierten Ereignisparameter enthalten implizit auch Hinweise auf individuelle Prozesse der Wahrnehmung und Einschätzung, mit denen wir uns im weiteren beschäftigen werden.

Subjektive Ereignisparameter beziehen sich auf die subjektive Rekonstruktion des Ereignisses und die subjektive Erschließung von Ereignisqualitäten, wie sie bereits oben in Form von objektiven bzw. objektivierten Parametern beschrieben wurden. In entsprechenden Theorien (vor allem in der Streßforschung) wird postuliert, daß erst die jeweiligen Prozesse der Wahrnehmung und Einschätzung von Ereignissen „diese Ereignisse als für die Person kritisch, belastend, bedeutend, erfreulich, herausfordernd und vieles mehr qualifizieren" (S. 31). Dementsprechend scheint es notwendig, zur Prognose und Erklärung von sozialen Lernprozessen und daraus resultierenden Lerneffekten die subjektive Ereigniswahrnehmung als zentrales Element transaktionaler Prozesse bei der Auseinandersetzung des Kindes mit seiner Ökologie und den dort eingebundenen Sozialereignissen einer angemessenen Betrachtung zu unterziehen. Auf einzelne subjektive Ereignisparameter soll hier nur kurz eingegangen werden. Um sich ein Bild von der subjektiven Rekonstruktion eines Sozialereignisses zu machen, könnte man den folgenden, sehr vorläufigen Kriterien- und Fragenkatalog zugrunde legen:

Kriterium: affektive Qualität: Welche Gefühle entstehen bei dem einzelnen Kind, das mit einem bestimmten Sozialereignis konfrontiert wird und seine Bewältigungsmöglichkeiten antizipiert (Angst, Freude, Ärger, Wut, Trauer, Zufriedenheit)? Gegen wen sind diese Gefühle gerichtet (gegen sich selbst, gegen andere)?

Kriterium: Bedeutung: Welche Valenz besitzt das Ereignis für das Kind? Bei Valenz geht es „um persönliches Sich-hinein-Versetzen, Angesprochensein, Verwickelt-Sein und auch um Ziele und Werte, Bedürfnisse und Interessen, die tangiert sind" (HAUSSER 1983, S. 37).

Kriterium: Kontrollierbarkeit – Transparenz: In welchem Ausmaß fühlt sich das Kind in der Lage, Einfluß auf den Eintritt und Verlauf eines Ereignisses zu nehmen? Sieht es sich in der Lage, die bedeutsamen Ereignisqualitäten zu durchschauen und ist es von seiner Bewältigungskompetenz überzeugt?

Kriterium: Bedrohung: Fühlt sich das Kind durch den Eintritt eines Sozialereignisses „aus der Fassung gebracht", so daß es sich nicht mehr in der Lage sieht, sich z.B. gegen körperliche Angriffe oder gegen negative Fremdeinschätzungen zu wehren? Erlebt sich das Kind als inkompetent im Hinblick auf die Vermeidung von Hilflosigkeit und Bloßstellung?

Eine Bedrohung der positiven Selbstbewertung und des Wohlbefindens allgemein wird häufig dann eintreten, wenn gleichzeitig
– die Ereignisbewältigung als hoher Anspruch definiert,
– bindende Umstände aus der Sicht des Betroffenen als gerechtfertigt akzeptiert,
– eine hohe Diskrepanz zwischen eigener Bewältigungskompetenz und Anforderung (als Überforderung) erlebt und
– die Erfüllung dieser Ansprüche als subjektiv wertvoll eingestuft werden (vgl. LANDWEHR, FRIES & HUBLER 1983).

Kriterium: Neuigkeitsgehalt – Herausforderung: Sind dem Kind die Merkmale des Ereignisses bekannt? Inwieweit erlebt es neue Aspekte als Möglichkeit, sein Handlungsrepertoire zu erweitern?
Kriterium: normative Verbindlichkeit: Wie stark fühlt sich das Kind normativen Anforderungen verpflichtet? In welchem Maß sieht es sich von Sanktionen abhängig?
Kriterium: Beziehungen: Wie rekonstruiert das Kind die Beziehungsmuster der an dem Ereignis beteiligten Personen? Wie „lokalisiert" es sich dabei selbst? Inwieweit gehen Beziehungsdefinitionen in den Umgang mit dem Ereignis ein (z.B. Rücksichtnahme auf einen Freund vs. Revanche an einem Mitschüler als Vergeltung für ein zurückliegendes Ereignis)? Ist das Kind mit einem anderen befreundet oder ist ein Mitschüler beteiligt, zu dem das Kind eine besonders angespannte Beziehung erlebt?
Kriterium: Status der Beteiligten: Wie schätzt das Kind seinen Status im Vergleich mit den anderen, an dem Sozialereignis beteiligten Mitschülern ein? Wie nimmt sich das Kind in der sozialen Hierarchie der „Ereignisgruppe" wahr und wie rekonstruiert es die Erwartungen der anderen, denen es einen unterschiedlich hohen Status zuschreibt?

Bei der Betrachtung dieses Kataloges fällt auf, daß bei vielen subjektiven Parametern neben kognitiven Aspekten besonders emotionale Gesichtspunkte von Bedeutung sind. In zahlreichen Veröffentlichungen wird auf diese Sachverhalte aufmerksam gemacht (vgl. z.B. ZAHN-WAXLER u.a. 1982). Dementsprechend werden auch Prozesse der Bewältigung von Sozialereignissen wesentlich von emotionalen Komponenten mitbestimmt.

Es kann davon ausgegangen werden, daß jedes einzelne Kind das Sozialereignis entsprechend seiner sozialen Lerngeschichte und auf der Basis seiner sozialen Kompetenzen und Orientierungen (z.B. seiner Wertungsprioritäten) auf seine individuelle Weise rekonstruiert. Solche Rekonstruktionsweisen entwickeln sich auf der Grundlage von Erfahrungen mit Perspektiven anderer Personen. Dabei werden Deutungsmuster erworben, die dem Kind Alltagsplausibilität ermöglichen, d.h. sie können ihm helfen, die umgebende Wirklichkeit nach bekannten und bewährten Mustern zu ordnen, und verschaffen ihm Gewißheit darüber, „was wirklich ist und wie es sein Handeln entsprechend diesem Wissen ausrichten kann. Sie ermöglichen ihm unmittelbares, quasi-routiniertes Handeln auch und gerade unter Zeitdruck sowie angesichts problematischer Situationen" (vgl. HOLZAPFEL 1978, zit. nach ARNOLD 1983, S. 895). Es handelt sich dabei um mehr oder weniger zeitstabile Konzepte, die in alltäglichen Handlungs- und Interaktionsbereichen lebensgeschichtlich entwickelt wurden. Sie bilden ein „Orientierungs- und Rechtfertigungspotential von Alltagswissensbeständen in der Form grundlegender, eher latenter Situations- und Beziehungsdefinitionen, in denen das Individuum seine Identität präsentiert und seine Handlungsfähigkeit aufrechterhält" (ARNOLD 1983, S. 894). Wie in unserem Modell dargestellt, ist der Prozeß der Bestimmung subjektiver Ereignisparameter bereits als Teilaspekt der subjektiven Auseinandersetzung und Bewältigung zu interpretieren. Prozesse der Wahrnehmung und Interpretation des Ereignisses sind vorgeprägt von der subjektiven „Lesart" des Kindes. Solche Rekonstruktionsweisen, die der eigentlichen Auseinandersetzung vorauslaufen, bilden einen fließenden Übergang zwischen dem Sozialereignis und der subjektiven Bewältigung. LAZARUS (1981) argumentiert aus „transaktionaler Sicht", daß es in der Wahrnehmung und Bewertung eines Ereignisses zu einer „Verschmelzung" von Person, Ereignis und Ereignisbewältigung komme.

2.2.6

Soziales Lernen als Auseinandersetzung mit Sozialereignissen und Effekte Sozialen Lernens

Die Beschäftigung mit Prozessen der Auseinandersetzung mit und der Bewältigung von Sozialereignis X führt uns zum Mittelpunkt unseres Gegenstandsbereiches „Soziales Lernen". Die intraindividuellen Prozesse der Rekonstruktion und Bewertung des Ereignisses, der Bestimmung eigener Bewältigungsziele, der Einschätzung eigener Ressourcen, der zwischenzeitlichen oder abschließenden Bewertung der Bewältigung sowie die Bewältigungshandlung selbst sind wesentliche Aspekte Sozialen Lernens.

Wir beginnen mit intraindividuellen Prozessen der Auseinandersetzung mit und der Bewältigung von Sozialereignissen und konzentrieren uns danach auf Bewältigungshandlungen, die vor allem Teilprozesse von Interaktionen betreffen. Wenden wir uns der Frage zu, wie der Schüler mit Sozialereignissen umgeht, so ist es bei der Vielzahl von möglichen Ereignissen nur sinnvoll, sehr allgemeine Aussagen zu diesem Bereich zu machen, um danach durch Verknüpfung mit konkreten Ereignissen spezifische Bewältigungsprozesse abzuleiten. Wie schon bei der Beschreibung theoretischer Grundlagen des Modells (Kap. 2.2.1) dargestellt, ist Soziales Lernen als Auseinandersetzung mit Sozialereignissen als Teilaspekt einer übergeordneten Identitätsentwicklung zu sehen.

In Theorien der Selbstregulation, die Verhalten als durch Selbsterwartung und Selbstbewertung gesteuert sehen, enthalten selbstregulierte Handlungssequenzen folgende Grundelemente:

- „einen *Standard*, der Gütegrade eigenen Handelns spezifiziert" (BUTZ-MANN/ HALISCH/ POSSE 1979, S. 208); dieser Standard entspricht in etwa den o.g. handlungsleitenden Orientierungen;
- „die *Handlung* und die *Selbstbewertung*, in der das Handlungsergebnis gemessen wird" (S. 208).

MISCHEL (1973) nennt in diesem Zusammenhang Prozesse des selbstgesteuerten Einsatzes zielführender Handlungen und positive und negative Selbstverstärkungen (S. 275).

2.2.6.1

Allgemeine Hinweise zu Bewältigungsprozessen

Die theoretischen Hinweise zur Bewältigung von Streß und die dortigen Modellannahmen (vgl. vor allem LAZARUS 1981) erscheinen besonders geeignet, über den Bereich von Streßereignissen hinaus, transaktionale Prozesse des Umgangs mit Sozialereignissen näher zu bestimmen. Wir schließen uns den folgenden Grundannahmen an (LAZARUS 1981).
Bewältigungsprozesse für eher kritische Sozialereignisse besitzen zwei Grundfaktoren:

- Verbesserung der Situation, indem man seine eigenen Handlungen darauf einstellt oder die als bedrohlich, unerwünscht, das Selbstwertgefühl beeinträchtigend eingeschätzte Situation selbst verändert;
- Veränderung der physischen und erlebensmäßigen Komponenten, indem die durch das Ereignis erzeugten Emotionen „unter Kontrolle bleiben und nicht das Wohlbefinden und soziale Funktionen beeinträchtigen" (S. 217).

Folgende Bewältigungsformen wurden von LAZARUS & LAUNIER 1978 herausgearbeitet:

- **Informationssuche** beschreibt die Herausfilterung jener Charakteristika eines Ereignisses, deren Kenntnisse eine Person zur Wahl bestimmter Bewältigungsstrategien (vgl. subjektive Ereignisparameter) braucht.
- **Direkte Aktionen** sind alle Aktivitäten, mittels derer eine Person ein Sozialereignis in den Griff zu bekommen versucht. Sie können so verschieden sein, wie es die Sozialereignisse und die Handlungsziele von Personen sind. Sie können auf die eigene Person (z.B. sich auf die Suche nach einem neuen Freund begeben oder sich zum Überdenken eines Sachverhaltes zurückziehen) wie auch auf die an dem Ereignis beteiligten Personen gerichtet sein und in interaktionale Auseinandersetzungen einmünden. Sie können das aktuelle Ereignis betreffen oder sich auch auf künftige ähnliche Gescheh-

nisse richten und prophylaktisch auf antizipierte Ereignisse (z.B. Zusammentreffen mit einem Konfliktpartner) vorbereiten.
- **Aktionshemmung** als effektive Bewältigungsform meint die Unterdrückung eines Handlungsimpulses, der nur Schaden anrichten kann. Eine eigenen Standards gerecht werdende Handlung ist in den meisten Fällen nur möglich, „wenn starke Handlungsimpulse (wie bei Ärger oder Wut) zugunsten anderer Handlungsziele unterdrückt werden können" (LAZARUS 1981, S. 220).
- Mit **intrapsychischen Prozessen** meinen LAZARUS & LAUNIER (1978) vor allem jene Prozesse, die der Regulation von Emotionen dienen und im Sinne von Abwehrmechanismen oder von Versuchen der Distanzierung, welche das Gefühl subjektiver Kontrolle über die Anforderungen eines Ereignisses vermitteln. Wir erweitern die Kategorie intrapsychischer Prozesse durch alle jene Aspekte, die die interne, dem Beobachter nicht direkt zugängliche subjektive Bearbeitung des Ereignisses meint und sich auf unterscheidbare Phasen der Bewältigung (Wahrnehmung, Bewertung, Handlungsplanung, Bewertung der eigenen Handlung) bezieht.

Im folgenden soll aus Theorien zu individuellem Streßempfinden ein einfaches Modell abgeleitet werden, das über Streßsituationen hinaus wesentliche Prozesse der planenden Auseinandersetzung mit und der Bewältigung von Sozialereignissen beschreibt (Abb. 3). Ein solches Modell versucht, den Aspekt der Bewältigung in unserem Makromodell – gleichsam wie unter einer Lupe – in seinen feineren Strukturen und rekursiven Prozessen sichtbar zu machen und gleichzeitig die inhaltliche Vernetzung dieses „Modellbausteins" zu erhalten.

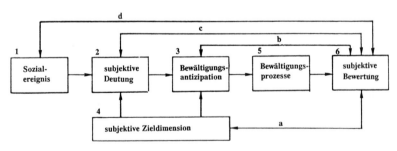

Abb. 3: Ein vereinfachtes Modell zur Darstellung von Teilprozessen der Bewältigung sozialer Ereignisse

Zur Beschreibung des Modells werden die über den Kästchen stehenden Nummern (1-6) und die zur Kennzeichnung der Pfeile (als Hinweis auf rekursive Prozesse) eingesetzten Kleinbuchstaben (a-d) verwendet.
Wie in Kap. 2.2.5 dargestellt, wird ein Sozialereignis (1) entsprechend seiner

Merkmale im Sinne subjektiver Parameter und „Kompetenz- bzw. Inkompetenz-Attribuierungen" (BELSCHNER & KAISER 1981, S. 180) gedeutet (2) und bildet die Grundlage für die der eigentlichen Handlung vorauslaufenden Antizipation von eigenen Bewältigungsmöglichkeiten und -absichten (3), die von „Ursache-Folge" bzw. „Ziel-Mittel-Überlegungen" begleitet sind (EDER 1987, S. 101).
Bei HOFER & DOBRIK (1979) finden sich Hinweise auf solche Antizipationen als Erwartungen bezüglich der Fortentwicklung des Ereignisses. Eine solche Ereignis-Folge-Erwartung beinhaltet das Insgesamt an Erfahrungen des Kindes darüber, welche Gegebenheiten bei Vorliegen eines bestimmten Ereignisses mit großer Wahrscheinlichkeit eintreten werden bzw. mit ihr verbunden sind (S. 8).
Zu einer wahrgenommenen „Ist-Lage" wird dabei eine zugehörige „Wird-Lage" projektiert, in die sowohl allgemeine „Wenn-Dann-Beziehungen" als auch spezifische, auf bestimmte Ereignisse herausgebildete Erwartungen eingehen.
Um die „Wird-Lage" in die sog. Soll-Lage zu überführen, muß der Schüler geeignete Handlungsstrategien entwickeln. Inhalte der „Soll-Lage" werden im Konzept der Zieldimension (4) zusammengefaßt; diese subjektive Zieldimension (vgl. dazu die o.g. Hinweise zur Selbstregulation) wird bereits bei dem Vorgang der Deutung wirksam.
Die Auswahl eines bestimmten Bewältigungshandelns aus einem Repertoire an Handlungsentwürfen wird bei HOFER & DOBRIK (1979) wie folgt dargestellt: Für jeden, der in Betracht gezogenen Handlungsentwürfe wird die wahrscheinlichste Reaktion der beteiligten Personen antizipiert (vgl. „Handlungs-Ergebnis-Erwartungen"). Diese Erwartungen werden mit dem „Erfolgsniveau" verglichen, einem Standard, der beinhaltet, welche Bewältigungsergebnisse von den einzelnen Schülern als Erfolg oder Mißerfolg bewertet werden. Ein Vergleich der jeweiligen Handlungs-Ergebnis-Erwartungen mit dem Erfolgsniveau ergibt den „antizipierten Erfolg" für den jeweiligen Handlungsentwurf. Die Handlungsentwürfe sind nur mit Hilfe eines bestimmten Aufwandes zu realisieren und können mit unerwünschten Nebeneffekten verbunden sein. Diese negativen Begleitumstände (Kosten) werden mit dem „Kostenniveau" – einem subjektiven Standard für das, was das Kind in bestimmten Situationen an Belastung in Kauf zu nehmen bereit ist – verglichen und als „antizipierte Kosten" des Handlungsentwurfes gewertet (S. 12). „Die Abwägung des antizipierten Erfolges gegen die antizipierten Kosten für jeden der einbezogenen Handlungsentwürfe wird schließlich die Entscheidung über die auszuführende Handlung bringen" (S. 12). Besonders in sozialen Situationen, in denen für das Kind nicht sicher gewährleistet ist, ob es mit bewährten Handlungsmustern erfolgreich sein wird, kann es zu einem „Tauziehen" kommen zwischen dem Hingezogensein zu anderen und zu neuen Kontakten und

dem Bedürfnis, seine eigene innere Kohärenz aufrechtzuerhalten (CAIRNS 1986). Diese Situation kann in vielen Fällen zu emotionalen Reaktionen führen, die widersprüchliches Verhalten begünstigen.
Nach dem eigentlichen Bewältigungshandeln (5), das wir im folgenden unter dem Aspekt interaktionaler Prozesse beschreiben werden, erfolgen zur Überprüfung des Erfolges eigener Handlungen subjektive Bewertungen (6) oder Kontrollen mit dem Bedürfnis, auf Gegebenheiten und Ereignisse der Umwelt Einfluß zu nehmen. Unter dem Aspekt von Identität geht es dabei darum, „inwieweit sich ein Mensch eine gemachte Erfahrung in der unmittelbaren Retrospektive erklärt, inwieweit er das Ereignis kommen sah und inwieweit er darauf einwirkte. Dies setzt vor, in und nach der Situation neben der Fähigkeit auch die Motivation voraus zu kontrollieren" (HAUSSER 1983, S. 47).
Der kognitive Charakter der bisher genannten Bewältigungsprozesse darf nicht als Hinweis gesehen werden, daß sie ausschließlich auf rationale Weise entstehen. Die Präferenz für bestimmte Kognitionen ist vermutlich in vielen Fällen das Ergebnis von Lernerfahrungen, die in hohem Maße affektiv besetzt waren, z.B. Erfolgs- und Mißerfolgserlebnisse, erfahrene Zuwendung oder Zurückweisung (EDER 1987, S. 101). Vieles ist darüber hinaus auch weniger geplantes und gezieltes, eher unbewußtes Handeln (außerhalb ständiger „Überwachung durch die Person"). Viele solcher unbewußten Prozesse sind von besonderer interpersoneller Bedeutung (CAIRNS 1986, S. 33).
Neben den beschriebenen intra-individuellen Prozessen kommt dem aktiven, nach außen gerichteten Bewältigungshandeln zentrale Bedeutung zu. Es kann sich dabei um Bewältigungsstrategien handeln, die als jene Rezepte, Taktiken und Handlungsweisen verstanden werden, von denen ein Schüler annimmt, daß sie für eine nach subjektiven Kriterien erfolgreiche und befriedigende Bewältigung der mit dem Ereignis verbundenen Anforderungen „wesentlich zielführend oder hilfreich sind" (EDER 1987, S. 101).

2.2.6.2

Interaktionale Bewältigungsprozesse

Im Zusammenhang mit Sozialem Lernen sind insbesondere solches Handlungsweisen interessant, die soziale Interaktionen betreffen. In ereignisbezogenen Verständigungs- und Abstimmungsprozessen wird dort versucht, Situationsdeutungen zu koordinieren, eigene Handlungsziele durchzusetzen oder auf andere abzustimmen. Soziale Interaktionen sind begleitet von vorausgehenden und nachfolgenden internalen Prozessen, die, wie oben beschrieben, Aspekte der Handlungsplanung oder Handlungsbewertung betreffen und dem Interaktionspartner nur indirekt zugänglich sind.

Interaktionen sind durch wechselseitige Beeinflussung zwischen den Beteiligten gekennzeichnet. Die einfache Aussage, Interaktion sei Wechselwirkung, ist durch weitere Annahmen derart zu erweitern, daß Interaktion als „komplexes Gewebe von Handlung und Gegenhandlung" (STRAUSS 1968, S. 63) beschrieben werden kann. Vor allem die internen Planungs- und Wertungsprozesse, die dem eigentlichen Verhalten vorangehen, erhöhen die Komplexität sozialer Interaktionen. „Ein beträchtlicher Anteil ist den unsichtbaren Reaktionen jedes Teilnehmers zuzuschreiben" (STRAUSS 1968, S. 59). Interaktionen sind nicht hinreichend durch die Merkmale der Interaktionspartner beschrieben, sondern bezeichnen ein soziales System, das durch die Dynamik des Austauschens und Abstimmens (CAIRNS 1986) eine eigene Qualität besitzt. Besonders bedeutsam sind dabei die Bemühungen der Beteiligten, „ihre Handlungen, Gedanken und Perspektiven intentional zu koordinieren (DAMON 1982, S. 115). Das Zusammenspiel der Partner ist geprägt von den jeweiligen Handlungen der Beteiligten, von ihrem Entwicklungsstand, ihren Rollen und von dem Kontext, in dem die Interaktion stattfindet (SCHMIDT-DENTER 1988, S. 307). Darüber hinaus sind auch die Art der Beziehung (z.B. Freundschaft vs. sachbezogene unterrichtliche Partnerarbeit) und das Stadium der Beziehung (Beginn, Festigung, Beendigung) zu beachten. Besonders im Umgang mit Peers kann in gleichberechtigten Beziehungen das gesamte „Lernpotential" der Interaktion ausgeschöpft werden. Im Prozeß des interaktiven Handelns „bildet sich ein Erfahrungswissen über Selbst und Andere, über Verläufe von Interaktionen zwischen Personen, über die Regeln, welche diese Interaktionen bestimmen, sowie über die Systeme der sozialen Organisation von Interaktionen und potentiellen Interaktionen, d.h. über Handlungs- und Interaktionsnormen (EDELSTEIN & KELLER 1982, S. 33).

Wenden wir uns Teilprozessen „dyadischer Interaktionen" zu, so können aus der Perspektive des einzelnen Schülers detailliertere Aussagen über Soziales Lernen gemacht werden. Wie in zahlreichen Interaktionsmodellen dargestellt, finden vor dem offenen Verhalten zweier Interaktionspartner A und B **Wahrnehmungsprozesse** statt, die von antizipatorischen **Erwartungen** determiniert werden; im Anschluß daran werden **Handlungsentwürfe** entwickelt. Vor dem eigentlichen Verhalten wird durch Antizipation der Reaktion des Interaktionspartners die Brauchbarkeit des Handlungsentwurfes im Hinblick auf die eigene Zielsetzung überprüft. Nach der eigentlichen **Handlung** erfolgen Prozesse der **Handlungsbewertung** im Sinne von Selbstbewertung und Evaluation der zur eigenen Zielsetzung eingesetzten Mittel. Dementsprechend wird die Interaktion als Beschreibung einer einfachen Wechselbeziehung durch die genannten Elemente erweitert und bedeutend komplexer gesehen. Wie in unserem Modell dargestellt, werden die Interaktionsprozesse neben ökologischen Aspekten durch Faktoren determiniert, die Merkmale der beteiligten Interaktionspartner (als vorauslaufende und konkurrente Bedingungen) betreffen. Im folgenden werden wir uns auf solche Merkmale konzentrieren, die Kompetenzen und interpersonale Handlungsorientierungen für soziale Interaktionen betreffen. Diese Fokussierung erfolgt lediglich zu analytischen Zwecken, ohne daß der Bezug zu dem ganzheitlichen Ansatz – Schüler aus ökologischer Perspektive und unter dem Aspekt ihrer Identitätsentwicklung zu sehen – aufgegeben wird.

Unter Kompetenzen verstehen wir u.a. Fähigkeiten, Fertigkeiten, Wissensbestände, Kreativitätsaspekte u.a., die zur Bewältigung sozialer Ereignisse notwendig sind (vgl. auch ARGYLE 1972). Das Konstrukt „soziale Kompetenz" ist aufgrund der Komplexität und Vielfalt sozialer Ereignisse und entsprechender Bewältigungsprozesse sehr schwer einzugrenzen und zu bestimmen. Es gibt zahlreiche Versuche, Kriterien für soziale Kompetenz zu benennen. In der Mehrzahl der Fälle handelt es sich dabei um Handlungskompetenzen, die im wesentlichen den interaktionalen Umgang mit anderen betreffen. Wir werden bei der Beschreibung von Teilprozessen von Interaktionen und der dort gestellten Anforderungen an Bewältigungskompetenzen auf das Konstrukt Soziale Kompetenz näher eingehen und darüber hinaus versuchen, durch Hinzunahme von Teilprozessen sozialer Interaktion, die der eigentlichen Handlung vor- oder nachgeordnet sind, zu einer systematischeren Darstellung des Konstrukts zu gelangen.

Zu interpersonalen Handlungsorientierungen als Sammelbegriff für psychologische Konstrukte interpersonalen Handelns können u.a. folgende Aspekte genannt werden: Kategorisierungsschemata (z.B. Kausalattribuierung, implizite Persönlichkeitstheorien, Gesichtspunkte des Selbstkonzeptes); „interpersonale Schemata" als strukturelle Einheiten, „in denen kognitive, affektive und verhaltensbezogene Grundlagen für die Beziehung zu bestimmten Personen vorliegen" (STÖCKLI 1989, S. 53); „Wertungsprioritäten" (HECKHAUSEN 1977); persönliche Wertesysteme (SILBEREISEN 1988); Motive; selbstregulative Systeme (Selbststeuerung, moralisches Urteil); selbstauferlegte Handlungsziele; Selbstbewertung (vgl. auch MISCHEL 1968).

Zwischen beiden Variablengruppen besteht eine Wechselbeziehung. Handlungsorientierungen wirken beim Erwerb von Kompetenzen etwa im Sinne von Entwicklungsorientierungen (BRANDTSTÄDTER 1985) mit; die Verfügung über Kompetenzen beeinflußt andererseits die Entwicklung von Orientierungen (z.B. Selbstkonzepte).

Durch eine Verbindung des Kompetenz- und Orientierungskonzeptes mit den genannten Teilprozessen (Performanzen) läßt sich eine vorläufige Systematik bedeutsamer personaler Variablen der Interaktion zwischen Schülern erstellen, die als Hinweis darauf gesehen werden können, welches „Lernpotential" Interaktionen zwischen Schülern beinhalten. Darüber hinaus ergeben sich präzisere Anhaltspunkte für die Benennung von Lernzielen, die eine individuell befriedigende Bewältigung von Interaktionen gewährleisten können.

	Teilaspekte der Interaktionsprozesse (Performanzbereich)				
	WAHR-NEHMUNG	ERWAR-TUNG	HANDLUNGS-PLANUNG	HANDLUNG	HANDLUNGS-BEWERTUNG
Kompetenz	Wahrnehmungs-kompetenz	Prognose-kompetenz	Planungs-kompetenz	Handlungs-kompetenz	Bewertungs-kompetenz
interne personale Handlungs-orientie-rungen	Kategorisie-rungsschemata	Kategorisie-rungsschemata, Wertungsprio-ritäten	Wertungs-prioritäten Motive	selbst-regulative Systeme	Bewertungs-prioritäten Selbstwert-gefühl

Abb. 4: Systematik zur Erfassung von Teilaspekten interaktiven Handelns

Im weiteren sollen die genannten Kompetenzen und Handlungsorientierungen aus Abb. 4 konkretisiert werden. Sie stellen einen Katalog von Variablen dar, der auch einer systematischen Aufstellung sozialer Lernziele zugrunde gelegt werden kann.

Wahrnehmung

Kompetenzen: Fähigkeit, ausreichende gegenwärtige Informationen über den Interaktionspartner in Verbindung mit gegenwärtigen Kontextinformationen aufzunehmen, Informationen zu speichern und bei Bedarf abzurufen; Erkennen von Handlungsabsichten, Bedürfnissen, Emotionen, Orientierungen anderer; „Wahrnehmungsrepertoire"; Fähigkeit zur Rollenübernahme, Empathie.
Orientierungen: implizite Persönlichkeitstheorien; „Selektionsprioritäten"; Attribuierungspräferenzen; Bereitschaft zur Rollenübernahme oder zur Empathie; Bereitschaft, Andersartigkeit zu tolerieren; Bereitschaft, Einstellungen durch neue Informationen zu revidieren; emotionale Reaktionstendenzen auf bestimmte Merkmale von Interaktionspartnern.

Erwartungen

Kompetenzen: Fähigkeit, zukünftige Handlungen des anderen auf der Grundlage angemessener Wahrnehmung vorauszusagen; Fähigkeit, zu erkennen, daß die eigene Person die Voraussage beeinflußt; Fähigkeit zur Benennung und Überprüfung von Hypothesen sowie zur Überprüfung der Richtigkeit von Prognosen.
Orientierungen: Überzeugung von der Genauigkeit eigener Prognosen; Bereitschaft, Erwartungen aufgrund von Interaktionsergebnissen zu revidieren; Ausmaß emotionaler Betroffenheit bei der Antizipation von Verhaltensweisen anderer; Strategien zur Legitimation eigenen Antizipationsverhaltens.

Handlungsplanung

Kompetenzen: Repertoire an Handlungsstrategien (z.B. bei sozialen Konflikten); Fähigkeit zur angemessenen Auswahl eines Handlungsentwurfes (partner- und situationsspezifisch); Fähigkeit, präzise „Handlungs-Erwartungen" zu treffen (vgl. HOFER, 1979, S. 11).

Orientierungen: Präferenzen für bestimmte Interaktionsergebnisse; bevorzugte Zielerreichungsstrategien; persönliches Anspruchsniveau bezüglich der Interaktionsergebnisse; Bereitschaft, Konflikte konstruktiv zu lösen; „Rollendistanz" (KRAPPMANN 1975); Akzeptieren von Bedürfnissen anderer; implizite Theorien über die Eigenschaften von Partnern, mit denen man bestimmte Ziele erreichen kann.

Handlung

Kompetenzen: Für den Bereich sozialer Handlungskompetenzen findet sich eine große Vielfalt von Einzelaspekten: z.b. das Repertoire an Handlungen; kommunikative Kompetenz; Flexibilität; Fähigkeit zu einer befriedigenden „Selbstrepräsentation" (WEINSTEIN 1969); die Fähigkeit, mit eigenen Emotionen umzugehen, mit den Emotionen anderer zurechtzukommen; die Fähigkeit, andere zu überzeugen, eigene Rollenvorstellungen durchzusetzen, „bei Bedarf andere zu Hilfeleistungen zu animieren und diese Hilfeleistungen anzunehmen" (LANDWEHR u.a. 1983, S. 140); „Zugangsstrategien", um Kontakt zu anderen Kindern, zu Teilgruppen zu bekommen (GURALNICK 1986).

HARTUP u.a (1967) stellen das Ausmaß an Initiative und eine angemessene Reaktion auf soziale Angebote in den Mittelpunkt ihrer Definition. Die Fähigkeit, andere für seine eigenen Ziele zu gewinnen, Leitungsfunktionen zu übernehmen und emotional angemessen zu reagieren, sind für DOYLE u.a.(1980) zentrale Gesichtspunkte. VAUGHN u.a.(1981) betonen die Fähigkeit, auf problematische, von anderen initiierte Situationen mit angemessenen Lösungsstrategien zu reagieren. GURALNICK (1986) nennt als entscheidenden Index die Fähigkeit zu sozialer Partizipation, die wiederum eng verknüpft ist mit kommunikativer Kompetenz und der Fähigkeit zur Rollenübernahme. Eine umfassendere Definition findet sich bei RINN & MARKLE (1979) : Soziale Kompetenz ist die Verfügbarkeit über ein „Repertoire an verbalen und nonverbalen Verhaltensmustern, durch die das Verhalten anderer beeinflußt wird. ... Dieses Repertoire beinhaltet die Möglichkeit, die Umwelt derart zu beeinflussen, daß man sich wünschenwerte Ergebnisse sichert und unerwünschte Folgen vermeidet... Das Ausmaß an erzieltem Erfolg und an vermiedenem Mißerfolg, das unter Vermeidung von Schaden für andere zustande gekommen ist, bestimmt das Maß für soziale Kompetenz" (S. 108). STRAYHORN & STRAIN (1986) benennen aus einer Vielzahl von Aspekten drei zentrale Bereiche:

- Die Fähigkeit, freundlich, kooperativ und angemessen nachgiebig statt überwiegend abweisend und feindselig zu sein.
- Die Fähigkeit, Interesse an anderen Personen zu zeigen und aktiv am Sozialleben zu partizipieren statt regressiv, ängstlich und schüchtern zu sein.
- Die Fähigkeit, mit Sprache gut umgehen zu können, einen großen Wortschatz zu besitzen, die Syntax zu beherrschen, so daß Gedanken verstanden und ohne Schwierigkeiten dargelegt werden können.

COMBS & SLABY (1977) definieren soziale Kompetenz als die Fähigkeit, „mit anderen in einem gegebenen Kontext in einer Form zu interagieren, die sozial akzeptabel ist und gleichzeitig individuell befriedigend und für beide Seiten vorteilhaft ist" (S. 162). Die Beschreibung von ECKERMANN & STEIN (1981, zit. nach SCHMIDT-DENTER 1988, S. 88) betont wie bei COMBS & SLABY den Aspekt der Gegenseitigkeit als wesentlichen Teilbereich sozialer Kompetenz und als Hinweis auf die Fähigkeit, sich mit anderen abzustimmen, um zu einer ausgewogenen Beziehung zu gelangen:

- Kontakte initiieren und aufrechterhalten können,
- die Aufmerksamkeit anderer gewinnen können,
- von anderen Zuneigung, emotionale Zuwendung, Lob, Information und Hilfe erhalten können,
- dasselbe anderen geben können,
- mit anderen kooperieren können,
- Lösungen bei Auseinandersetzungen finden können,
- Freundschaft gründen und unterhalten können".

Die genannten Kriterien weisen auf die Multidimensionalität des Konstruktes soziale Kompetenz hin. Faßt man die genannten Aspekte zu zentralen Dimensionen zusammen, so ergeben sich für eine erste, vorläufige Zusammenstellung von Kompetenzen für interaktionales Handeln folgende elementare Kompetenzbereiche:

- sich verständlich machen und andere verstehen können (kommunikative Kompetenz);
- Beziehungen aufnehmen und aufrechterhalten können (z.B. Freundschaftsbeziehungen);
- mit anderen zusammen arbeiten und spielen können, Handlungen koordinieren können;
- Konflikte bewältigen können;
- mit eigenen Emotionen und den Gefühlen anderer umgehen können;
- selbstbewußt und selbstbestimmt handeln können;
- sich in die Rolle eines anderen versetzen, sich in seine Lage einfühlen und das Ergebnis dieser Bemühung in das eigene Verhalten einbeziehen können;

- wichtige Regeln für eine Beziehung erarbeiten, beachten und gegebenenfalls revidieren können;
- soziales Handlungswissen über den interaktionalen Bereich besitzen.

Diese Liste sozialer Kompetenzen wird in Kap. 3 als ein „Baustein" für die Entwicklung eines Kataloges übergreifender Zielsetzungen verwendet.

Orientierungen: Die Bereitschaft, die verfügbaren Fähigkeiten in soziales Handeln einzubringen, ist einer der zentralen Gesichtspunkte Sozialen Lernens. Ergänzend dazu können genannt werden: die Bereitschaft, einen Handlungsplan durchzuhalten oder während der Interaktion zu variieren; das Ausmaß an Abhängigkeit von der Reaktion des Interaktionspartners; emotionale Reaktionen (soziale Ängste, Unsicherheiten); Abhängigkeit von Situationsvariablen (z.b. Publikumsreaktionen); „Qualität und Niveau der eigenen Ansprüche" (LANDWEHR u.a. 1983, S. 140).

Handlungsbewertung

Kompetenzen: Fähigkeit, einen angemessenen Bezug zwischen subjektiven Zielen und Zielerreichung herzustellen, Alternativen zu entwickeln, die Perspektive des anderen adäquat einzubeziehen u.a.

Orientierungen: Bereitschaft, neue Erfahrungen (z.B. auch Abweichungen von eigenen Vorstellungen) zu akzeptieren, Ausmaß an Selbstkritik, „Frustrations- und Ambiguitätstoleranz" (KRAPPMANN 1975), Selbstsicherheit, Tendenzen zu selbstdienlicher Veränderung zurückliegender Ereignisse u.a.

Neben der Benennung von Kompetenzen und Orientierungen ist weiterhin zu berücksichtigen, daß sich Interaktionen nach der **Art des Sozialereignisses** (vgl. Kap. 2.2.5), z.B. nach der Art der gemeinsamen Aktivität, der Beziehung und nach anderen spezifischen Ereignisparametern weiter ausdifferenzieren lassen.

Eine solche Differenzierung nach „Interaktionstypen" würde darauf verweisen, daß soziale Kompetenzen und Orientierungen eine Vielzahl von Aspekten betreffen, die nach Art der Beziehung, nach der Art der gemeinsamen Aktivität und nach spezifischen Situationen variieren. Dementsprechend bedeutet erfolgreiches Soziales Lernen aus der Sicht des Schülers den Erwerb eines umfangreichen und differenzierten Repertoires an Kompetenzen und Orientierungen zur Bewältigung unterschiedlicher Interaktionsbereiche. In diesem Zusammenhang ließe sich unterscheiden zwischen Basiskompetenzen und -orientierungen, die dem Handeln in den verschiedensten Bereichen zugrundeliegen und eher spezifischen Kompetenzen und Orientierungen. Auf diesen Gesichtspunkt wird bei der Benennung sozialer Lernziele noch näher eingegangen (vgl. Kap. 3).

Eine konsequente Verknüpfung von Teilprozessen der Interaktion mit der Vielfalt an unterscheidbaren Sozialereignissen würde zu einer fast unüberschaubaren Zahl von spezifischen Kompetenz- und Orientierungsaspekten führen. Diese Vielfalt reduziert sich, wie angenommen wird, dadurch, daß sich **ereignisübergreifende** individuelle Konzepte entwickeln, wie sie in sozialkognitiven Theorien (vgl. PIAGET, SELMAN, KOHLBERG) dargestellt werden. Solche „Basiskonzepte" sind zur Bewältigung von Umweltkomplexität notwendig (KLUCK 1978). Darüber hinaus entstehen im Verlauf von Interaktionen „Interaktionsschematismen" (vgl. LUHMANN 1979), d.h. es entstehen Wahrnehmungs-, Erwartungs-, Planungs-, Handlungs- und Handlungsbewertungsmuster (vgl. auch MAXEINER 1979), durch die auch erwartbare Regelmäßigkeiten im Handeln der Interaktionspartner gewährleistet sind.

Die Bewältigung von Sozialereignissen kann auf einer **Sequenz** beruhen, die als eine Aneinanderreihung und Überlagerung von interaktionalen und intraindividuellen Prozessen vorstellbar ist. Diese Prozesse sind gleichzeitig mit dem Ereignis selbst rekursiv verknüpft und greifen in verschiedenen Stadien der Bewältigung auf modifizierte Rekonstruktionen zurück.

Aussagen über die Güte von Bewältigungsprozessen sind in vielen Fällen explizit oder implizit von normativen Setzungen geprägt, die in der Regel auch konfundiert sind „mit verborgenen Annahmen darüber, was gutes psychisches Funktionieren ausmacht" (FILIPP 1981, S. 40). Wenn wir uns mit Sozialem Lernen beschäftigen, muß uns bewußt bleiben, daß wir zugleich mit allen Bemühungen um eine sachgerechte Darstellung des Gegenstandsbereiches auch normative Setzungen darüber treffen, wann ein Schüler ein bestimmtes Ereignis erfolgreich bewältigt hat oder nicht. Hat das Kind, das seinen Freund an einen Mitschüler verloren hat und noch lange Zeit dieser Beziehung nachtrauert und keine enge Bindung eingeht, das Ereignis schlechter bewältigt als ein anderes, das mit großer Energie versucht, eine neue intensive Freundschaft aufzubauen oder als ein drittes, das seinen Verlust durch eine engere Bindung an einen Erwachsenen zu kompensieren sucht? In vielen Fällen lassen sich Festlegungen über das Gelingen oder Mißlingen von Bewältigungsprozessen nicht eindeutig treffen.

2.2.6.3

Effekte Sozialen Lernens

Auf einem ähnlich unsicheren Boden wie bei der Benennung des Gütegrades von Bewältigungsprozessen bewegen wir uns auch weiterhin, wenn wir versuchen, Merkmale von **Effekten** Sozialen Lernens zu beschreiben sowie vermutete Wirkungszusammenhänge zu erklären und theoretisch zu klassifizieren.

Die Diskussion um soziale Lernziele bezieht sich in der Regel auf die Definition von erwünschten Effekten Sozialen Lernens in Form langfristig zu erwerbender Kompetenzen und Handlungsorientierungen (vgl. beispielsweise Kooperationsfähigkeit und -bereitschaft). Dabei wird in der Regel von Richtzielen (vgl. z.b. PRIOR 1976) ausgegangen, aus denen konkretere Zielaussagen entwickelt werden. Danach werden pädagogische Interventionen erörtert, die sich nach unserer Terminologie in Sozialereignisse konkretisieren und in Prozessen des Sozialen Lernens zu den gewünschten Effekten führen sollen. Allerdings fehlt es entsprechenden impliziten Wirkungsannahmen weitgehend an theoretischen und empirischen Grundlagen. Das vielfältige Spielangebot, die unterschiedlichen Sozialformen (von der Partnerarbeit bis zum Rollenspiel), der Schulalltag mit seinen geplanten und ungeplanten Sozialereignissen (vom Aufgreifen eines Konfliktes über die Thematisierung sozialer Normen bis zu schul- oder lehrerspezifischen Ritualen) im Primarbereich sind auf ihre sozialen Wirkungen nur äußerst unzureichend überprüft. Als besonders problematisch erweist sich dabei auch die Frage, welche Zeitspanne in die Betrachtung des Ereignis-Wirkungs-Gefüges eingeschlossen werden soll. Was sich als Effekt der Auseinandersetzung mit einem Ereignis zu einem gegebenen Zeitpunkt darstellt (z.B. Orientierungslosigkeit), „mag nur die Vorstufe zu einer Neuorganisation des Verhaltenssystems sein, die sich letztendlich in einer Erweiterung des Verhaltensrepertoires und in einer Erhöhung der Verhaltensflexibilität der Person manifestieren kann" (FILIPP 1981, S. 43).

So begnügen wir uns bei der Benennung von Effekten mit einer Unterscheidung nach Wirkungen, die die Person selbst, das Beziehungsrepertoire (als transaktionaler Effekt) und die Ökologie betreffen; darüber hinaus unterscheiden wir nach kurz- oder langfristigen Effekten. Wie in unserem Modell gezeigt, stellen solche Veränderungen gleichzeitig wiederum konkurrente Bedingungen für weitere Ereignisse und deren subjektive Verarbeitung dar. Die Aneinanderreihung solcher Sequenzen ergibt auf seiten der Person die biographische oder personal-subjektive und auf seiten der Ökologie die historische oder sozial-objektive Dimension Sozialen Lernens. Auf personaler Ebene kann idealtypisch zwischen Erfolg und Mißerfolg stabilisierenden Sequenzen unterschieden werden. Einerseits können Erfolge bei der Auseinandersetzung mit Sozialereignissen Erfolgszuversicht, die Erweiterung sozialer Kompetenzen sowie eine damit verbundene günstigere Situation in einzelnen Beziehungen oder in der Gruppe bewirken und somit für den zukünftigen Bewältigungsprozeß förderlich sein, so daß von einer „erfolgreichen Bewältigungsgeschichte" (DANISH & AUGELLI 1981, S. 164) gesprochen werden kann. Es entwickelt sich dabei ein hohes Maß an kognitiver Sicherheit, mit zukünftigen Ereignissen erfolgreich umgehen und dabei auf psychische und soziale Ressourcen zurückgreifen zu können. Andererseits können Mißerfolge zu einer Bewältigungsgeschichte führen, in der sich negative Sozialerfahrungen in einer Weise kumulieren, die dem betroffenen Kind die Möglichkeiten positiver sozialer Lernerfahrungen weitgehend entziehen. Mit diesen Überlegungen sind wir in den Bereich der sozialen Entwicklung gelangt, mit dem wir uns im folgenden beschäftigen werden.

2.2.7
Die soziale Entwicklung des Kindes im Primarbereich

In den folgenden Ausführungen unternehmen wir den Versuch, Hinweise auf solche Gesichtspunkte sozialer Entwicklung zusammenzustellen, die speziell den Primarbereich betreffen. Dabei werden auf der Grundlage vorliegender Forschungsbefunde sowohl strukturelle als auch prozessuale Aspekte berücksichtigt. **Strukturelle Erklärungen** betonen die Muster des kindlichen Denkens, Wahrnehmens, Interpretierens und beschreiben die fortschreitenden Veränderungen als Reorganisationen dieser Muster. Im Verlauf der Entwicklung umfassen dabei fortgeschrittene Strukturen die einfacheren und bilden neue, komplexere Muster. **Prozeßmerkmale** beziehen sich vor allem auf „kognitive Mechanismen, welche Entwicklungveränderung durch die Sammlung neuer Informationen, ihre Speicherung, Kodierung, Aufbereitung, ihren Austausch gegen alte Ideen usw. auslösen (DAMON 1984, S. 75). Dabei ist Entwicklung als Sequenz, d.h. als Abfolge bestimmter notwendiger Veränderungsschritte zu verstehen, die gleichsam aufeinander aufbauen und als zielgerichteter Prozeß verstanden werden können (NICKEL & SCHMIDT-DENTER 1980).
Entwicklungspsychologische Informationen sind aus verschiedenen Gründen für pädagogische Fragestellungen im Rahmen unseres Themengebietes wichtig: Im Bereich **pädagogischer Diagnostik** ist der Zusammenhang zwischen beobachtbarem Sozialverhalten und sozialen Kognitionen und die Abfolge des Erwerbes solcher Kognitionen besonders bedeutsam. Wir erhalten darüber hinaus Hinweise auf eine **entwicklungsgemäße** Intervention im Sinne von „dosierten" Anforderungen und pädagogisch sinnvollen Schwerpunktsetzungen in solchen Bereichen (z.B. die Förderung von „Basiskonzepten" wie Rollenübernahme und Empathie), die aufgrund entwicklungspsychologischer Überlegungen im Primarbereich besonderes Gewicht erhalten sollten. Weiterhin können wir ökologische Bedingungen und entsprechende transaktionale Prozesse kennzeichnen, die besonders entwicklungsrelevant sind.

2.2.7.1

Übergreifende Gesichtspunkte

Was heißt **soziale** Entwicklung? „Dieser Entwicklungsbereich bezieht sich im weitesten Sinne auf die Veränderung der Beziehungen eines Individuums zu anderen Menschen oder zu einer Gruppe von Menschen" (SCHMIDT-DENTER 1988, S. 3). Aus der kognitiven Perspektive ist der Gegenstand der Erforschung sozialer Entwicklung „im weitesten Sinne das Verständnis von Ereignissen in der sozialen Umwelt, d.h. das Verständnis von Personen und ihren Beziehungen zueinander, ihren Handlungen und den internalen Prozessen, die dem Handeln zugrundeliegen" (KELLER 1980, S. 91). Von besonderer Bedeutung ist dabei der Erwerb von Kompetenzen und Handlungsorientierungen, die diesen Bewältigungsprozeß betreffen. Aus ökologischer Perspektive werden subjektive Bewältigungsstrategien, „die funktionalen Leistungen des Individuums in Bezug auf die Umwelt sowie die Umwelteinwirkungen auf den Menschen" (SCHMIDT-DENTER 1988, S. 12) in den Mittelpunkt der Betrachtung gerückt.

Nach vorliegenden Befunden zur sozialen Entwicklung ist „allgemein die Plastizität sozialer Verhaltens- und Beziehungsmuster hoch einzuschätzen" (SCHMIDT-DENTER 1988, S. 310). Wie in unserem Modell dargestellt, prägen soziale Ereignisse, die zum Teil sehr individuell, aber auch gruppen- oder kohortenspezifisch sein können, den Entwicklungsverlauf. Dabei bleibt die bisherige Entwicklungsgeschichte von erheblichem Einfluß. „Veränderungsimpulse im Laufe des Lebens treffen jeweils auf ein bereits geformtes Verhaltens- und Beziehungssystem, das sich dann umbildet, jedoch nicht völlig neu entsteht" (S. 310). Während die Primacy-Hypothese von der prinzipiellen Dominanz des Früheren ausgeht, ist unter ökopsychologischer Perspektive die Frage, was an früheren Festlegungen beibehalten wird und was sich unter späteren Einflüssen verändert, schwerer zu beantworten." Es wird allgemein angenommen (und ist auf diese Weise in unser Modell eingegangen), daß sowohl im Individuum als auch im sozialen Kontext Voraussetzungen für die Stabilität und Veränderung sozialer Muster existieren. Zur intraindividuellen Kontinuität trägt bei, daß adaptive Muster und Bewältigungsstrategien durch Wiederholungen veränderungsresistenter werden, daß die Person durch die Bildung von Identität und Selbstkonzepten die Vorhersagbarkeit ihres eigenen Verhaltens erhöht, oder daß sie auch unter veränderten Bedingungen versucht, wiederkehrende soziale Netzwerke zu schaffen, die bestimmte zentrale soziale Funktionen erfüllen. Intraindividuelle Veränderungen gehen zurück auf biologische Mechanismen, auf kognitive Entwicklungsfortschritte und die Bewältigung unterschiedlicher Sozialereignisse.

„Der soziale Kontext produziert Stabilität durch die Vorgabe sozialer Strukturen, Rollen und Normen; er gibt Veränderungsimpulse durch sozial normierte Übergänge, altersspezifische Entwicklungsaufgaben, aber auch durch die intraindividuellen Veränderungen der Bezugspersonen im sozialen Netzwerk. Es sind schließlich Individuen, die die soziale Umwelt für andere Individuen bilden" (S. 311). Soziale Entwicklung kann demnach als aktiver Prozeß der Bewältigung von Sozialereignissen verstanden werden, der sowohl Aspekte der Anpassung der Person an neue Gegebenheiten als auch Veränderung der Umwelt durch die Person selbst betrifft. Es kann angenommen werden, daß sich soziale Weiterentwicklung im Sinne der Erweiterung sozialer Repertoires und differenzierter Sichtweisen „durch den grundlegenden Mechanismus des konzeptuellen Konflikts vollzieht. Ein konzeptueller Konflikt kann darin gesehen werden, daß dem Kind „äußere" Evidenzen auffallen, die mit seinem „inneren" Verständnis der sozialen Realität im Widerspruch stehen, oder darin, daß dem Kind plötzlich Aporien und Inkonsistenzen innerhalb seines (inneren) Systems von Überzeugungen und Werten bewußt werden" (SELMAN 1984, S. 76).

Wie unser Modell nahelegt, ist das Kind im Verlauf seiner Entwicklung kein passiver Rezipient dessen, was ihm sein soziales Umfeld vermittelt. Vielmehr trägt das Kind in Prozessen der Bewältigung von Sozialereignissen ein sich kontinuierlich entwickelndes System kognitiver Strukturen an neue Gegebenheiten heran, das es ihm erlaubt, seine Erfahrungen auf einem ihm zur Verfügung stehenden Niveau zu reinterpretieren (Assimilation). Gleichzeitig bietet der Umgang mit Sozialereignissen, die dem Kind auf einem bestimmten Verstehensniveau noch nicht ganz verständlich sind, Impulse zur Fortentwicklung seiner Verstehensstruktur im Sinne von Akkomodation (vgl. SELMAN 1984). Das systematische Konfrontiertsein mit neuen, das eigene Verstehensvermögen überschreitenden Ereignissen, die nicht leicht zu ignorieren sind, weil sie in der Ökologie des Kindes Relevanz besitzen, und die gleichzeitig auch nicht so hohe Anforderungen stellen, daß sie nicht mehr von der gegebenen Verstehensstruktur assimiliert werden können, stellen theoretisch Bedingungen dar, die die soziale Entwicklung optimal fördern können (vgl. REST 1974).

Bei CAIRNS (1986) finden sich Überlegungen, die soziale Entwicklung aus ganzheitlicher Sicht betrachten. Er versucht, die aus verschiedenen theoretischen Positionen gewonnenen Ergebnisse über das Wesen von Entwicklungsverläufen in ein Modell zu integrieren, um dadurch verständlich zu machen, „wie soziale Interaktionen entstehen, erfahren werden und sich ändern ... um dadurch die adaptiven Leistungen einer Person in einer, in ständigem Wandel befindlichen sozialen Welt sichtbar zu machen" (S. 44). Diese Sichtweise wird der in unserem Modell dargestellten Verknüpfung von personaler und ökologischer Entwicklung weitgehend gerecht. CAIRNS unterscheidet zwischen internen (biophysischen und kognitiven) und externen (ökologischen und interaktionalen) **Subsystemen**, die untereinander in einem wechselseitigen

Austausch ("bidirectional interplay") stehen. Soziale Entwicklung wird dementsprechend als die Veränderung einzelner Subsysteme und ihrer Interdependenzen ("wheels-within-wheels") beschrieben. Das Ineinandergreifen der Subsysteme wird u.a. dadurch gefördert, daß für eine bestimmte Altersgruppe spezifische gemeinsame Anforderungen existieren (vgl. beispielsweise den Schulanfang), die sich in entsprechenden Sozialereignissen niederschlagen, die wiederum spezifische interpersonale Strategien und Lösungen (auch auf der Grundlage von für die Altersgruppe gemeinsamen biophysischen Entwicklungen) nahelegen; diese sind zum Teil auch in der Ökologie als vorstrukturierte Muster in Verbindung mit formellen und informellen Normen vorfindbar. Eine daraus resultierende gemeinsame „Schnittmenge" von gleichen oder sehr ähnlichen Rekonstruktionen mag ein Potential an Sicherheit gebenden Bestätigungs- und Bestärkungsmöglichkeiten beinhalten, die die Genese alters- und gruppenspezifischer Gemeinsamkeiten begünstigen.

Empirische Befunde zum Verlauf sozialer Entwicklung während der Grundschulzeit beziehen sich fast ausschließlich auf den englischsprachigen Raum. Die im folgenden dargestellten Befunde sind nur unter Berücksichtigung der dort gegebenen ökologischen Bedingungen zu interpretieren und unter diesem Vorbehalt auf unseren Primarbereich zu übertragen.

Im Verlauf der Grundschulzeit, in der sich sowohl Qualität als auch Häufigkeit der Interaktionen verändern, vollzieht sich eine soziale Entwicklung, die bei entsprechenden förderlichen ökologischen Bedingungen die Möglichkeiten des Kindes erweitern, zielgerichteter und kompetenter an seinem sozialen Umfeld zu partizipieren (vgl. auch SEIFFGE-KRENKE 1981). Es kommt zu einer Ausweitung sozialer Beziehungen auf mehrere Interaktionspartner (LEWIS & ROSENBLUM 1975); der normative Grundrahmen für soziale Interaktionen wird differenzierter, die Dauer von Interaktionen nimmt zu (EMMERICH u.a. 1971). Durch Erproben vielfältiger Strategien und deren Kombination sowie Koordination mit anderen werden Interaktionen komplexer und subtiler (GURALNICK 1986, S. 96). Das Repertoire an sozialen Initiativen und Reaktionen auf soziale Angebote vergrößert sich (LA GRECA & STARK 1986). Mit zunehmenden kommunikativen Fähigkeiten vergrößern sich auch die Sprachanteile in Interaktionsprozessen; verbale Strategien und die Fähigkeit, die Sprache des anderen zu entschlüsseln, verfeinern sich (LA GRECA & STARK 1986).

Darüber hinaus wächst die Fähigkeit zu angemessenen Prognosen über das Verhalten anderer und über die Folgen eigenen Handelns (SCARLETT u.a. 1971). Das Wissen über die eigene Person wird – da es sich aus der Auseinandersetzung mit Sozialereignissen konstituiert – immer mehr zu relationalem Wissen (YOUNISS 1977). Kriterien für die Definition von Freundschaft ändern sich im Verlauf der ersten Schuljahre von äußerlichen und beobachtbaren Merkmalen zu psychologisch orientierten Charakterisierungen (BIGELOW &

LA GAIPA 1975). Strategien im Umgang mit Konflikten zwischen Gleichaltrigen werden verfeinert (WILEY 1983). Dies gilt auch für Taktiken, sich Zugang zu Gruppenaktivitäten zu verschaffen (LUBIN & FORBES 1981). Die sozialen Beziehungen verzeichnen eine Zunahme an Komplementarität (wechselseitiger Entsprechung), die aus der zunehmenden Fähigkeit zur Rollenübernahme (LA GRECA & STARK 1986) resultieren.

2.2.7.2

Die Entwicklung sozialen Verstehens

Im weiteren wenden wir uns **sozial-kognitiven** Prozessen und dabei der Entwicklung sozialen Verstehens zu, für deren Verständnis die Untersuchungen von PIAGET die Grundlage bilden. Die Entwicklung der **Rollenübernahme** ist dabei „fundamental für die Erklärung von Interaktions- und Kommunikationsprozessen" (KELLER 1976, S. 17).
Immer wenn Menschen miteinander in Beziehung treten, interpretieren sie Motive, Gefühle, Absichten, Ziele, Erwartungen und Standpunkte der Handlungspartner. Um diese Interpretationen vornehmen zu können, muß das Subjekt über die Fähigkeit verfügen, die Perspektive des anderen einzunehmen, eine Situation (einschließlich der eigenen Stellung darin) mit den Augen des anderen zu sehen bzw. aus der Perspektive des anderen zu rekonstruieren, um so das Verhalten des anderen verstehen und vorhersagen zu können. Insofern wird über Prozesse der Rollenübernahme die Teilhabe am sozialen Geschehen überhaupt erst möglich. BERGER & LUCKMANN (1974) begreifen den Prozeß der Rollenübernahme im Rahmen der Theorien sozialen Handelns und Verstehens – wie sie in der Tradition M. WEBERs, MEADs und SCHÜTZ' erarbeitet wurden – als die Erfassung subjektiver Vorgänge bei einem anderen, welche über die Möglichkeit der Teilhabe subjektiv sinnhaft werden. Die Theorie MEADs zeigt auf, wie dieser Prozeß der Teilhabe durch den Gebrauch des „signifikanten Symbolsystems" der Sprache – im Sinne zunehmender Internalisierung gesellschaftlicher Normensysteme – entsteht.
Bei SELMAN (1974) wird das Konzept der **Perspektivenübernahme** eingeführt, das die o.g. Überlegungen zur Rollenübernahme erweitert und konkretisiert. Der Begriff der Perspektivenübernahme bezeichnet dabei nicht nur die „Art, in der soziales oder psychologisches Wissen der einen vom Standpunkt einer anderen Person gesehen werden mag, wie dies der Begriff der Rollenübernahme tut, sondern umfaßt wesentlich das sich entwickelnde Verständnis dafür, wie verschiedene Blickwinkel zueinander in Beziehung stehen und miteinander koordiniert werden" (S. 30). Das Konzept geht über die komplexe Koordination dezentrierter kognitiver Operationen hinaus und schließt das sich entwickelnde Verständnis der intrinsischen Eigenschaften und Fähigkei-

ten von Personen mit ein. Diese soziale Komponente, die die Entwicklung eines für die Beziehung zwischen Selbst und Anderem fundamentalen Verständnisses erfaßt, stellt zugleich ein theoretisches Gerüst zur Verfügung, mit dem das Verständnis des Kindes von einer erheblichen Anzahl sozialer und psychologischer Beziehungen strukturiert werden kann: „Soziale Perspektivenübernahme kann sowohl als ein analytisches Instrument in den Händen des Forschers als auch als eine zentrale, im Kind sich entwickelnde sozialkognitive Fähigkeit gesehen werden" (S. 31).

Die Überlegungen von SELMAN und die entsprechenden empirischen Befunde sind ein wichtiger „Mosaikstein" für die Konkretisierung unseres Modells. Die soziale Entwicklung wird dort mit sozialen Themenbereichen in Beziehung gesetzt, die auch als übergreifende Themen der von uns genannten Sozialereignisse interpretiert werden können. Das dabei erworbene „soziale Verstehen" bildet die kognitive Grundlage für individuelle Bewältigungsprozesse, die sowohl den interpretierenden Umgang mit sozialen Phänomenen bestimmter Ereignisse als auch internale Prozesse im Sinne von Identitätsentwicklung betreffen. Dabei wird die soziale Entwicklung sowohl als Hinweis auf Veränderungen des Verstehens der Beziehungen zwischen Personen als auch auf Veränderungen der Konzepte von den Beziehungen innerhalb von Personen, z.B. zwischen Gefühlen, Gedanken und Handlungen verstanden. Wir widmen dementsprechend dem Ansatz von SELMAN einen breiten Raum, da die dort geäußerten Gedanken und empirischen Befunde eine Basis bilden für eine subtile Betrachtung der Prozesse Sozialen Lernens und für die Bewertung der Entwicklungsangemessenheit pädagogischer Interventionen.

Auf der Grundlage des „Schlüsselkonzeptes" Perspektivenübernahme untersucht SELMAN „deutlich voneinander unterscheidbare und universale Niveaus der Entwicklung des Verständisses des Kindes von der Beziehung oder Koordination zwischen den Perspektiven des Selbst und denen Anderer" (S. 22). Als „eines der mächtigsten und potentiell wirksamsten Instrumente" zur befriedigenden Partizipation an der sozialen Umwelt ist die Fähigkeit zu sehen, „in sich selbst hinein ebenso wie wechselweise zum anderen hinüber und von diesem wieder zurück zu schauen, zu wissen und über sie zu reflektieren" (S. 22).

Die Entwicklung eines solchen Verstehensvermögens wird an bedeutsamen Themen untersucht; aus unterschiedlichen Quellen (z.B. offene Interviews, projektive Verfahren, Gruppendiskussion) wurde folgende Liste an bedeutsamen Themen interpersonalen Verstehens entwickelt (S. 83):

Individuum	Freundschaft	Gleichaltrigengruppe
1. Subjektivität: innere Eigenschaften von Personen (Gedanken, Gefühle, Motive); Konflikte zwischen Gedanken oder Gefühlen innerhalb der Person	**1. Entstehung:** warum (Motive) und wie (Vorgang) Freundschaften geschlossen werden; der ideale Freund	**1. Entstehung:** warum (Motive) und wie (Vorgang) Gruppen sich bilden; das ideale Gruppenmitglied
2. Selbstbewußtsein die Fähigkeit, die eigenen Gedanken und Handlungen zu beobachten	**2. Nähe:** Arten von Freundschaftsbeziehungen; die ideale Freundschaft; Intimität	**2. Gruppenzusammenhalt** und Loyalität; Einheit der Gruppe
3. Persönlichkeit: überdauernde und vorhersagbare Charakterzüge (ein schüchterner Mensch etc.)	**3. Vertrauen:** für Freunde etwas tun; Reziprozität	**3. Konformität:** deren Grad und Begründung
4. Persönlichkeitswandel: wie und warum Personen sich verändern	**4. Eifersucht:** Gefühle bei Einmischung Dritter in neue oder bestehende Beziehungen	**4. Regeln und Normen:** Typen von Regeln und deren Begründungen
	5. Konfliktlösung: wie Freunde ihre Probleme miteinander lösen	**5. Entscheidungsfindung:** Prozesse der Zielsetzung, Problemlösung und Zusammenarbeit
	6. Beendigung: wie Freundschaften auseinandergehen	**6. Gruppenführung:** deren Eigenschaften und Funktionen für die Gruppe
		7. Auflösung: warum Gruppen sich auflösen oder Mitglieder ausgeschlossen werden

Im folgenden wird die Entwicklung sozialen Verstehens im Bereich der genannten Themen, soweit sie Relevanz für den Primarbereich besitzen, dargestellt. Bei der Benennung von Entwicklungsstufen (Niveaus) wird von folgenden grundlegenden Annahmen ausgegangen:

- daß sich Entwicklungsstufen in qualitativer Hinsicht voneinander unterscheiden;
- daß diese Stufen eine invariante Entwicklungssequenz bilden;
- daß verschiedene Stufenssysteme ein strukturiertes Ganzes bilden; und
- daß die Stufen hierarchisch geordnet sind.

Im weiteren werden wir mit der Beschreibung der einzelnen Niveaus der Perspektivenübernahme beginnen und diese danach mit weiteren sozial-kognitiven Konzepten so verknüpfen, daß die Parallelität der Entwicklung als „strukturiertes Ganzes" sichtbar wird. Wir stellen dabei lediglich diejenigen Niveaus dar, die für den Primarbereich relevant sind (Niveau 0-3). Die jeweiligen Altersangaben sind lediglich als „sehr allgemeine Alterstrends" (S. 78) vor dem Hintergrund eines großen Streuungsbereichs zu verstehen, die weiterhin der Einschränkung durch spezifische ökologische Entwicklungsbedingungen der befragten Kinder unterliegen.

Bei der Beschreibung der einzelnen Niveaus der Perspektivenübernahme wird jedes Niveau unterteilt in einen Abschnitt über Personen, in dem es um die Vorstellungen des Kindes vom psychischen Funktionieren eines Individuums und das Verständnis innerer Komplexität, und in einen Abschnitt über Beziehungen, in dem es um die damit eng verwandten Vorstellungen von der Art der Verknüpfung dieser individuellen Perspektiven, ihr gegenseitiges Verstandenwerden und ihre gegenseitige Koordination geht. Jedem Niveau sind zwei Titel gegeben, deren erster (z.b. ‚undifferenziert') den Typus der Vorstellungen von Personen und deren zweiter (z.B. ‚egozentrisch') den Typus der Vorstellungen von Beziehungen charakterisiert (S. 50).

Niveau 0
Undifferenzierte und egozentrische Perspektivenübernahme (ungefähr 3-8 Jahre)

Vorstellungen von Personen: Undifferenziert. Auf diesem Niveau unterscheiden kleine Kinder nicht deutlich zwischen den physischen und den psychologischen Eigenschaften von Personen. Gefühle und Gedanken können beobachtet werden, doch die Vermengung des Subjektiv-Psychologischen mit dem Objektiv-Physischen führt zu einem Vermengen der äußeren Aspekte einer Handlung mit den durch sie zum Ausdruck gebrachten Gefühlen bzw. von absichtlichem mit unabsichtlichem Verhalten (S. 50).

Vorstellungen von Beziehungen: Egozentrisch. Selbst und Andere werden nur als physische, nicht jedoch als psychische Identitäten voneinander differenziert. Subjektive Perspektiven bleiben undifferenziert: das Kind erkennt nicht, daß ein anderer dieselbe Situation anders als es selbst interpretieren mag. Den Vorstellungen von den Beziehungen zwischen Perspektiven werden dadurch Grenzen gesetzt, daß das Kind sie gar nicht erst klar zu unterscheiden vermag.

Niveau 1
Differenzierte und subjektive
Perspektivenübernahme (ungefähr 5-9 Jahre)

Vorstellungen von Personen: Differenziert. Der zentrale konzeptuelle Fortschritt des Niveau 1 besteht in einer eindeutigen Differenzierung der physischen von den psychischen Charakteristika von Personen. Daraus folgt das Vermögen, beabsichtigte von unbeabsichtigten Handlungen zu unterscheiden sowie ein Gewahrsein des je einzigartigen, subjektiven psychischen Innenlebens jedes einzelnen. Intrapsychische Vorgänge wie Denken, Meinen oder Fühlen werden jedoch als einheitlich, nicht als gemischt angesehen.

Vorstellungen von Beziehungen: Subjektiv. Die subjektiven Perspektiven des Selbst und der Anderen werden deutlich voneinander differenziert und als voneinander potentiell verschieden erkannt. Jedoch meint das Kind noch immer, das subjektive Befinden eines Anderen an dessen Äußerem einfach ablesen zu können. Die Beziehungen zwischen Perspektiven werden nur aus einer Richtung gesehen, einseitig aus der Perspektive eines Beteiligten und lediglich unter Berücksichtigung der Folgen der Interaktion für diesen einen.

Niveau 2
Selbstreflexive/ Zweite Person- und reziproke
Perspektivenübernahme (ungefähr 7-12 Jahre)

Vorstellungen von Personen: Selbstreflexiv/ Zweite Person. Der Hauptfortschritt des Niveau 2 besteht in der wachsenden Fähigkeit des Kindes, im Geiste aus sich herauszutreten und eine Zweite-Person-Perspektive auf die eigenen Handlungen und Gedanken sowie auf die eigene Erkenntnis, daß auch andere über dieselbe Fähigkeit verfügen, einzunehmen. Personen verfügen über eine doppelschichtige soziale Orientierung: einerseits das äußere Erscheinungsbild, das möglicherweise nur aufgesetzt wird, und andererseits die wahre, versteckte innere Realität.

Vorstellungen von Beziehungen: Reziprok. Da das Kind auf Niveau 2 die Einzigartigkeit der geordneten Menge von Werten und Zielen jedes Einzelnen anerkennt, betrachtet es die Unterschiede zwischen Perspektiven relativistisch. Das Charakteristikum dieses Niveaus ist eine neue zweiseitige Reziprozität. Sie ist eine der Gedanken und Gefühle, nicht mehr nur eine der Handlungen. Das Kind versetzt sich an die Stelle des Anderen und realisiert, daß der Andere dies ebenso tun wird.

Niveau 3
Dritte Person- und gegenseitige
Perspektivenübernahme (ungefähr 10-15 Jahre)

Vorstellungen von Personen: Dritte Person. Der entscheidende Fortschritt liegt in der Fähigkeit, eine Dritte-Person-Perspektive zu beziehen, d.h., nicht nur aus der unmittelbaren eigenen Perspektive, sondern aus dem Selbst als System oder Totalität herauszutreten. Es entsteht das ‚beobachtende Ich‘, das dazu befähigt, sich selbst (und auch andere) zugleich als Handelnde und als Objekte, als sowohl unmittelbar handelnd als auch die Auswirkungen der Handlung auf sich selbst reflektierend sehen zu können (S. 53).

Vorstellungen von Beziehungen: Gegenseitig. Die Dritte Person-Perspektive gestattet es, über das Einnehmen der Perspektive des Anderen auf das Selbst hinauszugehen. Sie erlaubt es, gleichzeitig die Perspektiven des Selbst und des Anderen miteinander zu koordinieren und deren gegenseitiges Aufeinanderwirken zu erwägen. Auf diesem Niveau denkende Personen sehen die Notwendigkeit, reziproke Perspektiven miteinander zu koordinieren, und glauben, daß soziale Befriedigung, Verständnis und Miteinanderauskommen notwendigerweise sein müssen, um wirklich realisiert werden zu können.

Die dargestellten Entwicklungsstufen für die soziale Perspektivenübernahme verdeutlichen, wie notwendig es ist, sowohl die hinter beobachteten Handlungen stehenden Aspekte des sozialen Verstehens als auch den Entwicklungsstand der Kinder bei einer entwicklungsgemäßen pädagogischen Intervention zu berücksichtigen.
Die Forschungen SELMANs (1974) machen deutlich, daß Perspektivenübernahme die Grundlage für das soziale Verstehen in verschiedenen sozialen Bereichen darstellt und entsprechende Entwicklungsfortschritte zu einem differenzierten Verstehen der eigenen Person, der Beziehung zu anderen und der Geschehnisse in der Gruppe führen. Umgekehrt fördern soziale Erfahrungen in den genannten Bereichen, besonders wenn sie zu einem konzeptionellen Konflikt führen, die Entwicklung qualitativ neuer Formen der Perspektivenübernahme im Sinne einer fundamentalen Restrukturierung.
Eine enge Beziehung besteht zwischen der Entwicklung sozialer Perspektivenübernahme und der Entwicklung des **moralischen Urteils**. Es wird angenommen, daß das Kind seine soziale Umgebung „qua sozialer Perspektivenübernahme strukturiert und versteht, und sein moralisches Urteil z.T. von seiner Fähigkeit zur sozialen Perspektivenübernahme abhängt" (SELMAN 1984, S. 48). Entsprechende Befunde legen die Vermutung nahe, es ließe sich eine ontogenetische Sequenz sozialer Perspektivenübernahme definieren, die strukturell den moralischen Stufen, wie sie von KOHLBERG (1969) formuliert sind, ähnelt. Für KOHLBERGs Theorie ist PIAGETs (1976) Konzeption grundlegend,

wonach die Entwicklung des moralischen Urteils an die Überwindung des Egozentrismus gekoppelt ist. Im egozentrischen Stadium der **heteronomen Moral** gelten Regeln und Gesetze als unveränderlich. Verbindlich ist das Prinzip der vergeltenden Gerechtigkeit, wonach jedes Vergehen bestraft werden muß; moralische Verfehlungen werden nach den Ergebnissen des Handelns und nicht nach den Absichten des Handelnden bewertet. In einem Zwischenstadium beginnt das Kind, sich von diesem moralischen Realismus zu lösen, bis es in das Stadium der **autonomen Moral** gelangt, in dem Regeln und Gesetze als Ergebnis sozialer Übereinkunft erkannt werden, das Prinzip der ausgleichenden Gerechtigkeit gilt (Fairneß, Rücksicht) (vgl. HALISCH 1988, S. 82).

Als weiteres wichtiges Konzept nennt DAMON (1984) das „**Gerechtigkeitsdenken**". In diesem Bereich können sich Ansprüche auf begehrte Güter (materieller Art, sozialer Art, wie z.B. akzeptiert oder an einer sozialen Aktion beteiligt zu werden) aus dem Bedürfniszustand, den physischen Eigenschaften, den Beziehungen zu der anderen Person, die über entsprechende Ressourcen in der Verteilungssituation verfügt, herleiten. Eine gerechte Verteilung verlangt ein Gleichgewicht zwischen dem angemessenen individuellen Anspruch und dem entsprechenden Anteil an dem betreffenden Gut. „Kinder demonstrieren schon früh beim Aufteilen ihrer Aktivitäten, daß sie dieser Reziprozität zwischen Anspruch und Erfüllung, des Wesens einer gerechten Verteilung gewahr sind. Aber auch bei diesem sozialen Konzept verändert sich die Qualität der kindlichen Wahrnehmung im Laufe der Entwicklung" (DAMON 1984, S. 124). Die Verteilungsrelation zwischen Anspruch und Zugeständnis wird mit der Entwicklung eines differenzierteren Gerechtigkeitskonzeptes umformuliert. Entsprechende Veränderungen finden parallel zur Entwicklung des moralischen Urteils und der Perspektivenübernahme statt.

Das kindliche **Wissen über soziale Regulierungen** kann als ein weiterer Aspekt sozial-regulativen Denkens mit den o.g. Konzepten in Beziehung gesetzt werden. Dabei beschreibt DAMON (1984) die Entwicklung des Kindes, das sich auf dem frühesten Niveau rein situational verstandenen Regulierungen fügt, über die Kalkulation von Sanktionen bis zur Einsicht in den Eigenwert von Regeln für die Aufrechterhaltung sozialer Ordnung.

SCHMIDT-DENTER (1988) legt dar, wie sich übergreifende Konzepte für interaktionale Regelungen entwickeln und stellt dabei den Begriff „der **Reziprozität**" in den Mittelpunkt der Betrachtung. Reziprozität meint dabei einen Zustand oder ein Ideal, das auf das Ziel ausgewogener Beziehungen zustrebt; dabei sind solche Beziehungen durch Prozesse des Aufeinanderabstimmens und durch das Prinzip des Austausches gekennzeichnet. Reziprozität zieht sich „wie ein roter Faden" durch alle die o.g. unterschiedlichen sozial-kognitiven Konzepte und findet sich auf den einzelnen Entwicklungsstufen in einer niveau- und themenspezifischen Ausprägung. „Jedes neue Niveau repräsentiert weniger eine Zunahme der reziproken Handlungen als eine neue Qualität

dieser Handlungen, die von den jeweiligen Kompensationserwägungen bestimmt wird" (DAMON 1984, S. 130).
Zur Erklärung von Freundschaft beispielsweise verwenden schon ca. vier- bis fünfjährige Kinder einen Reziprozitätsbegriff, der sich im Verlauf der Entwicklung verändert. „Die Jüngsten sehen in der Freundschaft einen Austausch von begünstigten Handlungen, wie zusammen spielen, oder den Austausch von Objekten, wie Süßigkeiten und Spielzeug. Auf der nächsten Stufe liegt der zentrale Austausch im gegenseitigen Vertrauen. Als Freunde werden nur noch die bezeichnet, denen man zutraut, daß sie Bedürfnisse erfüllen und Interessen nicht verletzen. Auf der dritten Stufe wird Freundschaft mehr psychologisch verstanden und exklusiver begrenzt auf die Mitglieder eines bestimmten Freundschaftskreises. Der Austausch von geheimen Gedanken und Gefühlen wird nun zum wesentlichen Merkmal der Freundschaft. Die Funktion der Reziprozität bleibt jedoch bei jeder Form von Interaktion gleich; wenn eine Partei ihren Beitrag zurückhält, wird die Interaktion unbalanciert und damit die Beziehung gefährdet" (SCHMIDT-DENTER 1988, S. 287).
Sicherlich ist eine bestimmte Form der Reziprozität Bestandteil jeder sozialen Interaktion; entsprechende Konzepte des Austausches und der Verteilung entwickeln sich im Verlaufe des Kindesalters. Bei der Diskussion normativer Aspekte Sozialen Lernens (vgl. Kap. 2.3) werden wir auf „Reziprozität" als ein „Schlüsselkonzept" des übergreifenden Kriteriums der **Gegenseitigkeit** für die Bestimmung sozialer Lernziele zurückkommen und dabei auf die oben dargestellten entwicklungspsychologischen Befunde zurückgreifen.
Neben diesen, von der Entwicklung bestimmten Variationen, spielen ökologische Bedingungen, wie sie in unserem Modell dargestellt sind, eine bedeutsame Rolle. Das konkrete Handeln ist also nicht nur vom Entwicklungsstand des Kindes, sondern auch vom Zweck und der Funktion des sozialen Ereignisses im Kontext spezifischer ökologischer Bedingungen bestimmt.

2.2.7.3

Soziales Verstehen und Handeln

An vielen Stellen finden sich meist implizite, manchmal explizite Annahmen, die einen monoton anstrengenden Zusammenhang zwischen sozial-kognitiven Entwicklungsfortschritten und der Entwicklung partnerbezogenen Handelns (z.B. dem Anderen helfen) postulieren (HALISCH 1988, S. 82). Bei SILBEREISEN u.a. (1988) z.B. wird angenommen, daß mit ansteigendem Niveau bei der Rollenübernahme und bei dem Moralischen Urteil die Bereitschaft zu helfen, ansteige. Demgegenüber ist im Vergleich zu solchen dezidierten Annahmen die Befundlage aber eher mäßig. Zusammenhänge zwischen sozial-kognitivem Entwicklungsstand und sozialem Handeln „sind in der Regel moderat" (HALISCH 1988, S. 82). Es scheint sinnvoll, den sozial-kognitiven Entwicklungsstand als wesentlichen, aber nicht hinreichenden Baustein zur Erklärung sozialen Handelns zu sehen und andere Teilparameter, die in komplexer Weise miteinander verknüpft sind, in ein entsprechendes Handlungsmodell einzubeziehen. In Abb. 5 wird der Sachverhalt, daß jede einzelne soziale Handlung „multideterminiert" ist, in vereinfachter Form dargestellt. Der sozial-kognitive Entwicklungsstand erscheint in unserem Schema als System interdependenter Teilkonzepte, bei denen einerseits die soziale Perspektivenübernahme als Basiskonzept zur Erschließung sozialer Phänomene und zur Koordination wechselseitiger sozialer Bezüge sowie andererseits das Reziprozitätskonzept als Einsicht in Prinzipien des sozialen Austausches und entsprechender normativer Regelungen, eine Schlüsselfunktion einnehmen. Es soll deutlich werden, welchen Stellenwert sozial-kognitive Aspekte haben und in welcher Weise sie mit anderen (konkurrenten) personalen und ökologischen Bedingungen verknüpft sind. Diese Bedingungen wiederum determinieren internale Prozesse, die der Handlung vorauslaufen. In Kap. 2.2.6 wurde bereits auf die dabei zu berücksichtigenden Teilprozesse und auf entsprechende sequentielle Vorgänge (vgl. auch das Modell in Abb. 4) eingegangen. Aber selbst bei Berücksichtigung aller relevanten Person- und Situationsparameter (einschließlich ihrer Ontogenese) könnte das soziale Handeln noch nicht hinreichend erklärt werden. Was dabei fehlt, ist das Bindeglied zwischen den subjektiven Zielbestimmungen und dem tatsächlichen Handeln. Um diese Brücke zu schlagen, wird noch einmal getrennt zwischen Prozessen, „die zur Bildung einer Intention führen, einerseits und Volitionsprozessen, die das Umsetzen einer einmal gebildeten Intention betreffen, andererseits" (HALISCH 1988, S. 83; vgl. auch HALISCH & KUHL 1987). Zu Volitionsprozessen gehört neben dem Willen zur Realisierung vor allem auch der Wille, die aus verschiedenen Alternativen getroffene Wahl gegen Widerstände (z.B. konkurrierende interne und externe Intentionen) in Handeln umzusetzen.

Darüber hinaus sind in unserem Modell diejenigen Handlungen, die spontan oder geradezu „automatisch" erfolgen, benannt. Sie sind für soziales Handeln von großer Bedeutung, ohne daß wir einen Aufklärungsbeitrag rational-kognitiver Prozesse zur Erklärung spezifischer Handlungsweisen erwarten können. CAIRNS (1986) argumentiert, daß die meisten internalen und externalen Handlungen aus guten Gründen außerhalb einer ständigen kognitiven Überwachung liegen: „As remarkable as the human brain may be, it has limits. These include restrictions on attention span, information channels available at any one instant in time, and memory storage" (S. 33). MOLCHO (1988) spricht von „unbewußtem Denken" als elementare Voraussetzung des Empfangs und Verarbeitens von Informationen. In sozialen Begegnungen sind in vielen Fällen blitzschnelle Entscheidungen zu fällen. Entsprechende Entscheidungsfragen

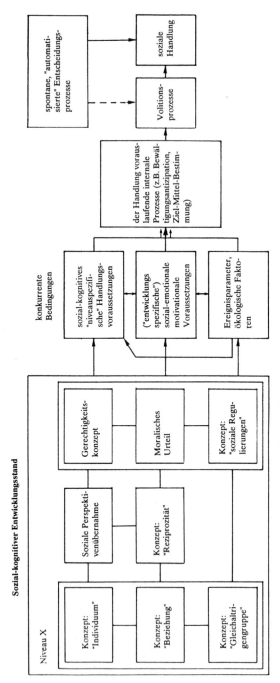

Abb. 5: Stellenwert sozialkognitiver Entwicklung im Rahmen eines Konzeptes für soziales Handeln.

könnten beispielsweise lauten: Gute Absicht – schlechte Absicht? Stärker – schwächer? Kontakt meiden – oder suchen? Und so weiter. Alle diese Fragen müssen gestellt werden, und zwar in einem Bruchteil von Sekunden; denn im nächsten Augenblick müssen schon Entscheidungen getroffen werden, die sich so schnell vollziehen, daß es dazu des unbewußten Denkens bedarf.

In Interaktionen wird die dort zu bewältigende Komplexität dadurch reduziert, daß „Interaktionsschematismen" (vgl. LUHMANN 1979) entwickelt werden, d.h. im Verlaufe sozialer Beziehungen, die in der Regel einen „kumulativen Charakter" (STRAUSS 1968, S. 65) haben, entstehen Wahrnehmungs-, Erwartungs-, Planungs- und Verhaltensmuster (vgl. auch MAXEINER 1979). Es entwickeln sich „stereotype Systeme" (DUMKE 1977, S. 98), oder es bildet sich eine Art „kognitives Modell, das die Fülle der auf die Person einströmenden Sinnesreize wie Mimik, Gestik, Sprachrhythmus, Stimmführung und ähnliches kognitiv verarbeitet, das heißt, sie hinsichtlich ihrer Relevanz für die Person auswählt und gewichtet" (MINSEL/ ROTH 1978, S. 99). Diese Systeme bzw. Modelle „führen zu einer vereinfachten Orientierung und befreien damit vom Druck unüberschaubarer Situationen" (DUMKE 1977, S. 98). Für Interaktionsabläufe werden verbindliche Spielregeln entwickelt, durch die erwartbare Regelmäßigkeiten in den Reaktionen des Interaktionspartners gewährleistet sind, so daß „Sicherheiten nicht immer wieder verunsichert, Vertrauen nicht immer wieder enttäuscht, die Normalität nicht immer wieder gestört werden kann" (PRIOR 1976, S. 158).

Viele Hinweise sprechen auch dafür, daß oft erst in der nachträglichen Bewertung von Handlungen ein komplexes System von vorauslaufenden Prozessen rekonstruiert wird, das der realen Situation nicht gerecht wird und eher die Funktion einer Handlungsrechtfertigung besitzt. Im Bereich der Selbstkonzeptforschung finden sich zahlreiche Hinweise zu solchen „selbstwertdienlichen Prozessen" (vgl. FILIPP 1979; BUTZMANN u.a. 1979; DOBRIK 1980).

Die soziale Entwicklung muß über kognitive Aspekte hinaus auch emotionale Entwicklungen einschließen. Zweifellos sind Sozialereignisse geprägt von Emotionen wie Ärger, Wut, Trauer, Freude, Zuneigung und Ablehnung, und diese Gefühle spielen eine entscheidende Rolle für das Wohlbefinden und die kindliche Entwicklung. Von frühester Zeit an sind Kinder mit einem komplexen Feld von Emotionen konfrontiert, die in den verschiedensten Kombinationen und „subjektiven Tönungen" auftreten können und der Deutung bedürfen. Gleichzeitig bringen sie eigene Gefühle in Beziehungen ein und signalisieren individuelle Deutungen und Handlungsabsichten. „Understanding of core emotions of distress and sorrow, fear, anger and pleasure (as well as the derivatives and blends of these emotions) is of fundamental importance for understanding basic questions of human existence and development" (ZAHN-WAXLER u.a. 1984, S. 45). Im Vergleich zu anderen Forschungsbereichen sind Emotionen und emotionale Entwicklung wenig erforscht. „The difficulties in conceptualizations, in the establishment of operational definitions, and in the implementations of adequate reserach designs have contributed to the relatively sparse research literature" (S. 46). Viele Untersuchungen beschäftigen sich mit der Entwicklung von Empathie. Dabei kann zwischen affektiver Perspektivenübernahme (vgl. BORKE 1971) und dem unmittelbaren Angerührtsein durch die Emotionen anderer Personen als stellvertretendes Miterleben dieser Emotionen unterschieden werden (vgl. EISENBERG 1986). Empathie versetzt das Kind in die Lage, Informationen über emotionale Aspekte zu erhalten, die für die Unvorhersagbarkeit des Verhaltens besonders verantwortlich sind. Mit solchen empathischen Fähigkeiten können kognitive Prozesse unterstützt und gefördert werden, indem sie Mehrdeutigkeiten im Verhalten entschlüsseln. „Andererseits können soziale Kognitionen den empathisch gewonnenen Eindruck verfeinern. Die Entwicklung besteht in einer ständigen Wechselwirkung zwischen affektiven und kognitiven Prozessen. Beide Prozesse korrigieren und fördern sich gegenseitig" (SCHMIDT-DENTER 1988, S. 297). Für den Bereich der affektiven Perspektivenübernahme lassen sich darüber hinaus Parallelen zu der oben beschriebenen kognitiven Entwicklung finden. Allerdings weisen Befunde beispielsweise von BRETHERTON, McNEW & BREEGHLY (1982) auf, daß entgegen der „Egozentrismus-These", Kindergartenkinder in der Lage sind, zwischen dem eigenen Gefühlszustand und dem anderer sowie zwischen Ursache und Folgen in emotionalen Situationen zu unterscheiden.

Allerdings stehen Informationen über intensives individuelles Gefühlserleben im Zusammenhang mit Sozialem Lernen weitgehend aus. Dabei sind etwa das Weinen eines Kindes, Wut in einem Konflikt, Trauer in einer Verlustsituation, Angst vor Versagenserfahrungen in den meisten Fällen nur der einfühlsamen (empathischen) Interpretation zugänglich und verlieren im Prozeß der nachträglichen verbalen Rekonstruktion zusätzlich an subtiler Verflochtenheit mit dem Ereignis selbst, an Nähe zu personaler Identität und damit an Authentizität, wie überhaupt das verbale „Übersetzen" von Emotionen letztlich nur in Ansätzen (etwa als „lyrisches Nachempfinden") zu leisten ist.

2.2.7.4

Entwicklung aggressiven und prosozialen Verhaltens

Im folgenden sollen in skizzenhafter Form Untersuchungsergebnisse zu altersgemäßen Veränderungen von aggresssivem, kooperativem und prosozialem Verhalten zusammengetragen werden. Diese Befunde werden unter dem Vorbehalt vorgetragen, daß sie sich in vielen Fällen auf personale Veränderungen konzentrieren und ökologische Variablen und transaktionale Prozesse, wie sie in unserem Modell postuliert werden, nur am Rande behandeln.

Im weiteren soll nicht näher auf Begriffsbestimmungen und Theorien aggressiven Handelns eingegangen werden (vgl. hierzu FESHBACH 1974; WERBIK 1974). Wir beschränken uns auf die Darstellung von empirischen Hinweisen zu altersabhängigen Unterschieden aggressiver Verhaltensformen und entsprechender auslösender Bedingungen. Allerdings ist die Forschungslage auf diesem Gebiet eher defizitär (SCHMIDT-DENTER 1988). In den ersten Lebensjahren scheinen Konflikte in der Regel in Form aggressiver Auseinandersetzungen zu verlaufen. Eines der beteiligten Kinder setzt sich dabei in vielen Fällen aggressiv durch, während das andere nachgibt oder sich zurückzieht. Dieses Verhalten zeigt sich bis zum Ende der Kindergartenzeit; Kompromißlösungen lassen sich nur selten finden (NICKEL & SCHMIDT-DENTER 1980).

ICHELSON & MANNARINO (1986) fassen die Ergebnisse zu Entwicklungsbedingungen aggressiver Kinder zusammen: Aggressiven Kindern scheint die Möglichkeit gefehlt zu haben, „Schlüsselfertigkeiten" zu erwerben, die für die Aufnahme und Aufrechterhaltung einer befriedigenden Beziehung notwendig sind. „In der Gleichaltrigengruppe werden aggressive Kinder gemieden, zurückgewiesen oder für ihr Verhalten bestraft und dementsprechend von Erfahrungen ausgeschlossen, positive Kontakte und grundlegende ‚social skills' zu erwerben" (S. 378). Häufig wirkt auch die Reaktion der Opfer (Nachgeben, Weinen, Rückzug) verstärkend auf aggressives Verhalten. „Erfahrungen des Erfolgs oder Mißerfolgs von Aggressionen gegen Peers formen auf die Dauer sowohl das Verhalten als auch das innere Selbstbelohnungssystem der Kinder. Erfolg in aggressiven Interaktionen kann als Quelle für persönlichen Stolz, Befriedigung und das Selbstwertgefühl dienen" (SCHMIDT-DENTER 1988, S. 227).

Für den pädagogischen Umgang mit aggressivem Verhalten scheint wichtig, daß in der Gleichaltrigengruppe Aggressionen sowohl bei statusniedrigen isolierten und abgelehnten Kindern aufgrund von Erfahrungsdefiziten als auch bei statushohen Schülern, die durch entsprechende Gruppennormen legitimiert sind, begünstigt werden können.

In der Familie scheint eine enge Beziehung zwischen dem Ausmaß an elterlichen Strafen und aggressivem Verhalten der Kinder zu bestehen. Zusammenfassend läßt sich feststellen, daß elterliche Wärme, konsistentes Erziehungsverhalten, hohe Erwartungen bezüglich positivem Sozialverhalten und wenig aggressives Verhalten im Hinblick auf Modellernen mit geringen Aggressionen bei Kindern verknüpft ist. HOFFMAN (1970) nimmt an, daß das Betonen der Konsequenzen eigenen Handelns für andere in vielen Fällen zu einer Moralorientierung führt, die destruktives Sozialverhalten reduziert.

Die Fähigkeit zu Kooperation nimmt im Laufe des Kindesalters zu, jedoch hängt die Realisierung kooperativen Verhaltens „wesentlich von normativen und erzieherischen Bedingungen des sozialen Kontextes ab" (SCHMIDT-DENTER 1988, S. 231). Eine wichtige Voraussetzung für kooperatives Handeln bil-

det neben motorischen, sprachlichen und kognitiven Fähigkeiten die soziale Perspektivenübernahme (vgl. Kap. 2.2.7.2).
Die genannten Fähigkeiten führen nicht direkt zur Kooperation, denn sie sind auch eng verknüpft mit „erfolgreichem" Wettbewerbsverhalten (z.B. die Strategie des „Rivalen" zu antizipieren). Vieles spricht dafür, daß mit Eintritt in die Schule Wettbewerbsverhalten zunimmt (vgl. Kap. 2.2.8). Es kann angenommen werden, daß die Förderung kooperativer Beziehungen im Kindergarten noch als ein zentrales Anliegen gilt. Mit Schulbeginn ändert sich oft dieses primäre Erziehungsziel „zugunsten individueller Leistungen" (SCHMIDT-DENTER 1988, S. 233). In der Familie scheint eine „emotional warme, kindzentrierte, aber auch Verhaltensstandards setzende Sozialisation die Entwicklung wünschenswerter Formen des Sozialverhaltens zu fördern" (S. 235).
Unter dem Begriff des prosozialen Verhaltens werden die verschiedensten Formen hilfreichen Verhaltens zusammengefaßt. In Kap. 2.3 wird näher auf einzelne Teilaspekte eingegangen. Die Arbeiten zur Entwicklung prosozialen Verhaltens vom 2. bis 6. Lebensjahr belegen „die komplexe Empfänglichkeit der Kinder für die Bedürfnisse und Nöte anderer und ihre individuelle Art, mit solchen Situationen umzugehen" (SCHMIDT-DENTER 1988, S. 247). Für den Altersabschnitt der Grundschüler liegen nur wenige Befunde vor. Die Annahme, die Häufigkeit prosozialen Handelns nehmen mit steigendem Alter zu, wird nicht bestätigt. Den Beobachtungen von KRAPPMANN & OSWALD (1988) zufolge, stellt sich das Helfen bei Grundschülern sowohl bei den Helfenden als auch bei dem Hilfempfänger in vielen Fällen als problematischer Prozeß dar . Oft hat auch das Schenken eine eher kontrollierende, die Stabilisierung des eigenen Status fördernde Funktion (STANJEK 1978).
Ein bedeutsamer Zusammenhang kann zwischen der Fähigkeit zur sozialen Perspektivenübernahme und prosozialem Handeln angenommen werden (vgl. STAUB 971; IANNOTTI 1978), während die Befunde zu Korrelationen zwischen Empathie und hilfreichem Verhalten nicht einheitlich, sondern teilweise sogar widersprüchlich sind (vgl. SCHMIDT-DENTER 1988, S. 251).
Bei SCHNEEWIND u.a. (1983) finden sich Hinweise auf die Bedeutung elterlicher Erziehung für die Entwicklung prosozialen Verhaltens. Unterstützendes und akzeptierendes Erzieherverhalten sowie eine entsprechende Vorbildhaltung der Eltern und eine Erziehung zur Selbstverantwortung begünstigen die Entwicklung dieses Handlungsaspektes. COIE & DODGE (1977) interpretieren ihre Befunde dahingehend, daß statushohe Kinder häufiger positive Zuwendungen durch Gleichaltrige erhalten undd darin bestärkt werden, sich selbst prosozial zu verhalten. Weiterhin ist einigen älteren Untersuchungen zu entnehmen, daß beliebte Mitschüler ein günstiges Sozialverhalten zeigen (vgl. z.B. ZAJONIC 1965; GOTTMAN u.a. 1975).
Die einzelnen Untersuchungen zu prosozialem und aggressivem Verhalten sind – der Tradition der Entwicklungspsychologie folgend – in vielen Fällen

auf das Individuum ausgerichtet. SCHMIDT-DENTER (1988) fordert zu Recht, daß größere Forschungseinheiten an Stelle des Individuums betrachtet werden müssen: Analog zu Aussagen unseres Modells (Kap. 2.2) müßte man sich damit auseinandersetzen, wie Individualfaktoren und Bedingungen des sozialen Netzwerkes bei der „Entwicklung prosozialen und nicht-prosozialen Handelns interagieren" (S. 255).

Viele Untersuchungsbefunde aus Längsschnittuntersuchungen sprechen dafür, daß das in der Kindheit erworbene Sozialverhalten und soziale Erfahrungen aus dieser Zeit das spätere Sozialverhalten entscheidend mitprägen. MICHELSON & MANNARINO (1986) fassen entsprechende Untersuchungen zusammen und stellen fest, daß die in der Kindheit erworbenen sozialen Kompetenzen und Handlungsorientierungen in bedeutsamer Weise mit dem Zurechtkommen im Erwachsenenalter verknüpft sind.

Zahlreiche Befunde lassen sich dahingehend zusammenfassen, daß soziale Fertigkeiten langfristige Entwicklungskonsequenzen haben: Kinder mit sozialem Erfolg fühlen sich zufrieden, bringen häufiger gute Leistungen in der Schule und haben auch als Erwachsene mehr Erfolg. Umgekehrt erhalten die sozial weniger erfolgreichen Kinder weniger positive Bestätigungen, leiden häufiger unter Leistungs- und Verhaltensproblemen und kommen auch als Erwachsene schlechter zurecht, was sich in Alkoholismus, unsozialem Verhalten und psychischen Störungen zeigt (vgl. MICHELSON 1981).

2.2.8

Schulische Ökologie und Soziales Lernen

In den nachfolgenden Ausführungen wird schulische Ökologie, analog zu den Vorstellungen, die im Rahmen des Modells entwickelt wurden, in Verbindung mit sozialem Lernen vor allem unter drei Aspekten betrachtet:

- schulische Bedingungen für den Eintritt spezifischer Sozialereignisse und für deren Verlauf;
- schulische Bedingungen für eine institutionsspezifische Interpretation von Sozialereignissen;
- schulische Bedingungen als kontextuelle Ressourcen für die Bewältigung von Sozialereignissen (Soziales Lernen).

Dabei soll schulische Ökologie so dargestellt werden, wie sie sich aus der Perspektive des Kindes als „individuelles Erfahrungsfeld" rekonstruieren läßt. Um das „Erfahrungsfeld Schule" in seiner Vielfalt und Komplexität überschaubar zu machen, wurde ein System entwickelt, das eine übersichtliche und umfassende Zusammenfassung schulischer Erfahrungsbereiche ermöglicht.

Unter besonderer Berücksichtigung sozialer Bezüge sind im innerschulischen Bereich drei zentrale Aspekte zu nennen, die das Erfahrungsfeld eines Schülers repräsentieren:

– die Schüler-Lehrer-Interaktion (mit Hinweisen auf Prozesse der individuellen Auseinandersetzung mit formellen Erwartungen),
– die Interaktion mit einzelnen Mitschülern (mit Hinweisen auf Prozesse des sozialen Kontaktes in „privaten", z.b. Freundschaftsbeziehungen),
– die Mitgliedschaft in der Schülergruppe (mit Hinweisen auf Prozesse der individuellen Auseinandersetzung mit informellen Erwartungen und mit Maßstäben, die im Vergleich mit der Leistungsfähigkeit anderer Gruppenmitglieder für eine Selbstbewertung herangezogen werden, etwa im Sinne von „Bezugsgruppeneffekten").

Diese Teilbereiche bilden ein System, das durch wechselseitige Bezüge gekennzeichnet ist. Dieses System ist eingebettet in institutionelle, normative Vorgaben und materielle, räumliche Bedingungen. Schematisch läßt sich dieser Sachverhalt, wie in Abb. 6 gezeigt, darstellen.

Das informelle Erfahrungsfeld kennzeichnet Schule als Ort der sozialen Begegnung Gleichaltriger. Die Zugehörigkeit zu der Mitschülergruppe und intensive Beziehungen, vor allem zwischen Freunden, prägen diesen, für die Identitätsentwicklung des Kindes wichtigen Erfahrungsbereich. Wir haben bereits an verschiedenen Stellen diesen Bereich beschrieben und dabei über die Bedeutung der Gleichaltrigengruppe (vgl. Kap. 2.2.4) berichtet. Dementsprechend wenden wir uns im folgenden dem formellen, institutionellen Erfahrungsfeld zu und beschäftigen uns mit schulischen Anforderungen an das Kind, mit der Funktion des Lehrers und mit der Mitgliedschaft des Schülers in einer unterrichteten Gruppe. Am Ende des Kapitels werden wir uns mit der Bedeutung räumlicher Gegebenheiten für Soziales Lernen beschäftigen.

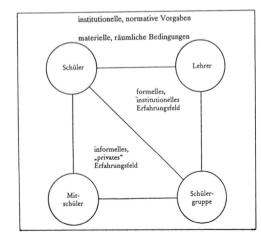

Abb. 6:
Schematische Darstellung des innerschulischen Erfahrungsfeldes

Das formelle Erfahrungsfeld Schule unterscheidet sich in wesentlichen Punkten von der Familie. Aus systemtheoretischer Sicht stellen sich strukturelle Unterschiede wie folgt dar: „Der persönlichen und vielfältigen Beurteilung sowie der Intensität der affektiven Kontakte in der Familie wird die Universalität der Beurteilung, die Ausrichtung der Interaktionen auf den Organisationszweck und die geringe Affektivität der Kontakte in der Schule gegenübergestellt" (PLAKE 1976, S. 565). Besonders zum Schulanfang hat das Kind diese Diskrepanz, die sich in einer Vielzahl von neuen, von bisherigen Erfahrungen abweichenden Sozialereignissen äußert, zu bewältigen. In der Schule werden die Kinder nicht mehr nach ihren persönlichen Qualitäten und Fähigkeiten beurteilt, sondern müssen Erwartungen und Forderungen gerecht werden, die an alle gleichermaßen gestellt werden; ihre Aktivitäten werden an institutionell festgelegten Leistungsstandards gemessen; ihre Individualität wird nur unter bestimmten, für den Unterricht und schulische Erziehung wichtigen Gesichtspunkten relevant und die – vor allem auch affektiven – Kontakte zu Erwachsenen sind eingeschränkter. Die Schule stellt deshalb die Identität der Kinder, die sie in den familiären Interaktionsprozessen errichtet haben und die als eine Art Balance interpretiert werden kann, in Frage (vgl. WELLENDORF 1977, S. 35).

2.2.8.1

Schule als formelles Erfahrungsfeld

Um die Gesamtheit von institutionellen Anforderungen zu systematisieren, verwenden wir ein Kategoriensystem, das WEIDEMANN (1978) für Lehrer konzipiert hat. Eine solche Anforderungsstruktur benennt Tätigkeitsbereiche, die so konstruiert sind, daß sie möglichst umfassend Situationen, denen sich der Lehrer ausgesetzt fühlt und die er zu bewältigen hat, repräsentieren. Diese Systematik soll im weiteren auf die Perspektive des Schülers angewendet und „adressatenbezogen" interpretiert werden. Dabei kann der Schüler in seiner subjektiven Befindlichkeit dargestellt und es kann gleichzeitig verdeutlicht werden, wie er versucht, eine subjektiv widergespiegelte Anforderungsstruktur individuell zu realisieren.

Nach folgenden Handlungsbereichen kann differenziert werden:

– **Qualifikation:** Der Schüler wird als Adressat von Unterricht im Umgang mit Sozialereignissen, die von Unterrichtsinhalten und -verfahren geprägt sind, dargestellt.
– **Integration:** Der Schüler als Adressat von Erziehung wird im Hinblick auf die Verarbeitung „angetragener Identität", die als normative Vorgaben in Sozialereignisse eingebettet sind, gesehen.

- **Selektion:** Der Schüler als Adressat von Leistungsanforderungen wird in seinem Bemühen um Bewältigung von Prüfungssituationen und der Verarbeitung von Leistungsrückmeldungen beschrieben.
- **Kontakt:** Der Schüler als Interaktionspartner des Lehrers wird in seinem Versuch, eine befriedigende zwischenmenschliche Beziehung zu gestalten, dargestellt.

2.2.8.2

Verknüpfung des formellen und informellen Erfahrungsfeldes

Eine Verknüpfung des formellen und informellen Erfahrungsfeldes ist u.a. auch dadurch herzustellen, daß man das Ausmaß an Übereinstimmung entsprechender Normsysteme analysiert. Dabei ist von besonderem Interesse, in welcher Form der einzelne Schüler mögliche Divergenzen zwischen den Anforderungen der Schule und der Gleichaltrigen wahrnimmt und in seiner Identitätsentwicklung aufarbeitet. In einer Reihe von Untersuchungen wird festgestellt, daß sich mit zunehmendem Alter die Normen der Schule und diejenigen der Gleichaltrigen mehr und mehr voneinander entfernen.

Dagegen besteht im Primarbereich noch ein enger Zusammenhang zwischen der Beliebtheit beim Lehrer, schulisch erwünschtem Verhalten und der Leistungsfähigkeit einerseits sowie sozialer Anerkennung in der Schülergruppe auf der anderen Seite. Neben den günstigen Auswirkungen, die ein befriedigendes Schüler-Lehrer-Verhältnis auf die Persönlichkeitsentwicklung der einzelnen Schüler hat, kommt der Beobachtung dieser Beziehung durch die Mitschüler eine besondere Bedeutung zu. Es kann angenommen werden, daß von der Schulklasse genau beobachtet wird, wen der Lehrer lobt und tadelt, von wem er sich distanziert und wen er ablehnt, wem er sich zuwendet, wem er Zuneigung zeigt. Durch das Verhalten des Lehrers zum einzelnen Schüler wird auch das Bild geprägt, das die Gruppe der Mitschüler von einzelnen Gruppenmitgliedern entwickelt. Die Beobachtung, daß sich vom Lehrer verhängte Strafen auf bestimmte Mitschüler konzentrieren, erhöht die Bereitschaft in der Klasse, die betroffenen Schüler abzulehnen oder von Interaktionen auszuschließen.

Idealtypisch läßt sich die Situation eines erfolgreichen Grundschülers durch die schematische Skizze (vgl. Abb. 7) darstellen. Diese Abbildung soll nur in ihren Grundzügen kommentiert werden.

Zu 1: Schüler, die schulische Normen akzeptieren und sich entsprechend verhalten, sind in der Grundschule in aller Regel erfolgreicher und beim Lehrer beliebter; gleichzeitig begünstigt eine gute Beziehung zum Lehrer die Auseinandersetzung mit Leistungsanforderungen in der Schule (vgl. z.B. Leistungs-

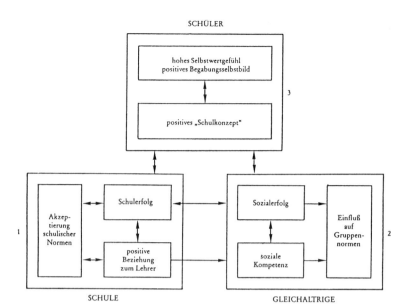

Abb. 7: *Idealtypische Darstellung der Situation erfolgreicher Grundschüler*

motivation), und leistungsstarke Kinder erleben mehr positive Kontakte zum Lehrer, auch im Sinne einer Akzeptanz ihrer gesamten Persönlichkeit (vgl. dazu auch die Ausführungen zur Schüler-Lehrer-Interaktion).

Zu 2: Sozial erfolgreiche Kinder (im Einfluß-, Kommunikations- und Beliebtheitsbereich) nehmen stärkeren Einfluß auf Gruppennormen; gleichzeitig haben sie mehr Gelegenheit, soziale Kompetenz zu erwerben, was wiederum ihre Einflußmöglichkeiten im normativen Bereich erhöht. In den meisten Fällen dient die Setzung von Normen auch der weiteren Erhaltung eines positiven Status in der Gruppe (vgl. Kap. 2.2.4: Mitgliedschaft in der Schülergruppe).

Zu 3: Es ist davon auszugehen, daß Schüler, denen sowohl im formellen wie auch im informellen Bereich der Schule ein hohes Selbstwertgefühl (und ein positives Begabungsselbstbild) vermittelt wird, ein sehr günstiges Konzept der Schule (z.B. in der Bejahung schulischer Normen) entwickeln, das die Identitätsentwicklung in weiten Bereichen (vgl. etwa subjektive Wertvorstellungen, Entwicklungsorientierungen) beeinflussen kann.

Zu den zwischen den Bereichen 1 bis 3 dargestellten Beziehungen kann folgendes angemerkt werden:

1-2: Schüler, die schulische Normen akzeptieren und dadurch im Leistungs- und Sozialbereich Erfolg haben, werden auch informelle Gruppennormen dahingehend mitgestalten, daß hohe schulische Leistungsfähigkeit und eine gute Beziehung zum Lehrer den Erwerb eines hohen Gruppenstatus fördern.

2-3: Der selbstbewußte Schüler wird sich in der Gruppe eher durchsetzen und seine subjektiven Vorstellungen in die Normen einbringen können, gleichzeitig bestärkt ihn der soziale Erfolg in der Gruppe im Sinne einer kontinuierlichen und selbstsicheren Identitätsentwicklung.

1-3: Die Akzeptierung schulischer Normen „belohnt" den Schüler auf vielfältige Weise (z.B. positive Wahrnehmung durch Lehrer und Mitschüler, Gefühle der Befriedigung bei der Bewältigung von Leistungsanforderungen). Eine Stärkung des Selbstwertgefühles begünstigt gleichzeitig den selbstbewußten Umgang mit Leistungssituationen und auch die befriedigende Verarbeitung gelegentlicher Mißerfolge.

Beim Übergang in weiterführende Schulen werden in den Gymnasien diejenigen Schüler deutlich überrepräsentiert sein, die in der Grundschule erfolgreich waren und entsprechend den Erläuterungen zu Abb. 7 schulische Normen – als Teilaspekt ihrer Identität – eher bejahen. Nach eigenen Untersuchungen sind es über 70% aller soziometrischen „Stars" (bei den Gleichaltrigen sehr beliebte Kinder in einflußreichen Gruppenpositionen), die von der Grundschule in das Gymnasium überwechseln und in neu zusammengesetzten Gruppen auf die normativen Setzungen Einfluß nehmen (vgl. PETILLON 1978). So konnte auch in verschiedenen Untersuchungen festgestellt werden, daß in Schularten mit höher bewerteten Abschlüssen die intellektuelle Leistungsfähigkeit und in der Schule sichtbar werdender Lernerfolg weitaus wichtiger für die soziale Anerkennung sind als in anderen Schultypen (vgl. z.B. KREUTZ 1972). Besonders zu beachten sind solche Schüler, die als ehemalige erfolgreiche Grundschulkinder schulische – und damit häufig auch soziale – Mißerfolge erleben, ohne daß es ihnen aufgrund ihrer Identitätsentwicklung möglich ist, sich von schulischen Maßstäben – im Sinne der Erhaltung eines positiven Selbstwertgefühles – zu distanzieren.

2.2.8.3

Die Bedeutung sozial-räumlicher Gegebenheiten

„Raum ist Medium des menschlichen Lebens, ist der vom Menschen ‚erlebte' und ‚gelebte' Raum" (BURK 1979, S. 15). Er ist als Medium für persönliches und kollektives Leben zu verstehen und kann prinzipiell in pädagogischen Überlegungen nicht ausgeklammert werden.

Im Rahmen humanökologischer Forschung wird die Relevanz dinglich-räumlicher Faktoren als Handlungs- und Sozialisationsbedingungen besonders betont (vgl. GUKENBIEHL 1989). Räume sind „erlebte" und „gelebte" Spiel-Bewegungs-Handlungsräume (vgl. MONTESSORI 1930). Die Wirkung eines Raumes kann dabei „bedrohend, fördernd, bewahrend" sein. Subjektive

Gestimmtheit und objektive Gegebenheiten sind „untrennbar miteinander verwoben" (BURK 1979, S. 15). Die räumliche Gestaltung der Schule ist der greifbare Ausdruck des Lehr- und Lerngeschehens, das in diesen Räumen stattfindet (vgl. KASPER 1979).

- Subjektive Parameter: Sind für das Kind Strukturen des Klassenzimmers eher transparent oder eher undurchschaubar? Fühlt sich das Kind durch die Vielzahl neuer Aspekte verunsichert oder empfindet es die Bewältigung der Situation als Herausforderung, der es sich gewachsen fühlt? Wie sind aus der Perspektive des Kindes Objekte und Raumzonen normativ definiert: Was darf man in bestimmten Bereichen, was ist verboten (z.B. Sitzplatz vs. Spielecke)?
- Objektive Parameter: Wie groß ist der Raum? Wie ist er ausgestattet? Welche Funktionen haben einzelne Ecken und Objekte? Welche Beziehung besteht zwischen der Anzahl der Kinder und dem „Handlungspotential" (z.B. Bewegungs-, Begegnungs- und Veränderungsmöglichkeiten)? Was ist funktional möglich und was normativ zulässig?
- Prozesse der subjektiven Auseinandersetzung mit sozial-räumlichen Gegebenheiten: Prozesse des Lesens, Nutzens, Selegierens, Organisierens von Strukturen. Wichtig wären dabei auch Prozesse der interaktionalen Auseinandersetzung: Vermittlung neuer Strukturen durch den Lehrer, die Eltern und Peers.
- Als Effekte der Auseinandersetzung mit der Ökologie des Klassenzimmers wäre der Erwerb von Strukturierungsfähigkeiten, z.B. spezifische „Les- und Nutzungsarten" oder emotionale Aspekte (personenseitige Effektmerkmale) ebenso bedeutsam wie transaktionale und ökologische Effektmerkmale als Ergebnisse individueller Gestaltungshandlungen.
- Zum Verständnis der aktuellen Situation müßten in die Analyse vorauslaufende Bedingungen einbezogen werden: die Entwicklung der beteiligten Personen (z.B. bisherige Lesarten räumlicher Strukturen, Nutzungs- und Organisationsfähigkeiten und Orientierungen), die „Lerngeschichte" des Raumes (wer hat das Klassenzimmer, mit welchen Intentionen und in welchem normativen Kontakt gestaltet?) und der zurückliegende Verlauf transaktionaler Prozesse.
- Ebenso wie die vorauslaufenden Bedingungen müssen konkurrente Bedingungen Beachtung finden. Die Art und Weise, wie der Schüler mit dem neuen Klassenzimmer umgeht, wird bestimmt von Fähigkeiten und Orientierungen, die er zur Bewältigung neuer ökologischer Strukturen mitbringt.

In einigen Felderkundungen in ersten Schuljahren konnte gezeigt werden, daß Klassenzimmer eindeutig auf unterrichtliche Funktionen hin ausgestattet und auf lehrerzentrierte Aktivitäten ausgerichtet sind (PLACKENHORN 1976). KASPER (1979) stellt zusammenfassend fest: Im Normalfall trifft man Grundschulklassenzimmer mit rechteckigem oder quadratischem Grundriß an. Kompakte Raumformen mit günstigen Sichtbedingungen werden angestrebt; die Maße orientieren sich an Schulbaurichtlinien (zum Beispiel an dem in den sechziger und siebziger Jahren gängigen Standard-Maß von 72 qm für Klassenräume in Formaten für drei oder vier Schülertischreihen). „Anordnung von Tischen, Stühlen, Wandtafel und anderen Ausstattungsgegenständen einschließlich der sichtbaren (meist nur spärlichen) Medien und Materialien lassen erkennen, daß die Lernsteuerung für alle zur gleichen Zeit (in gleicher Art?) durch Regieanweisung des Lehrers von vorne erfolgt. In Zonen gegliederte, differenzierte Klassenzimmer sind in der deutschen Grundschulrealität selten" (S. 34).

In einer eigenen Erkundungsstudie in 80 ersten Klassen (PETILLON 1989) kamen wir zu ähnlichen Ergebnissen. Die Möglichkeiten der Räume werden nur selten für eine schülergerechte Gestaltung genutzt. Die Kinder werden nur in sehr seltenen Fällen in die Planung der Raumgestaltung einbezogen. Nur wenige Lehrer halten eine Aufteilung des Klassenzimmers in einzelne Zonen für wichtig und notwendig.

Faßt man die Forderungen nach einem schülergerechten Klassenzimmer, das besonders Soziales Lernen fördert, zusammen, so lassen sich folgende Gesichtspunkte nennen:

– Übergreifend nennt MAIER (1979) die Notwendigkeit der „Verlagerung vom einzigen Aktivitätszentrum und der einzigen Perspektive des Lehr-Raums hin zur Ermöglichung vielfältiger Lernsituationen, zur Berücksichtigung personaler Bedürfnisse und zum Ernstnehmen individueller Ausgangslagen innerhalb des Lern-Raums" (S. 151).

– Der Raum muß grundlegenden Bedürfnissen der Grundschüler Rechnung tragen. „Dazu gehört das Bedürfnis, die Umwelt nach dem jeweiligen Vorhaben mitgestalten zu können, Bezirke vorzufinden, die in unterschiedlichen Graden lenken oder freisetzen, die Rückzugs- oder Darstellungsgelegenheiten zulassen, für Gegenseitigkeit aufschließen oder Für-sich-Sein ermöglichen" (KASPER 1979, S. 23).

– Besonders wichtig ist dabei die Gestaltung funktionsdifferenzierter Zonen: z.B. Leseecke, Informationsecke, Ruhezone, Zone für gestalterische und experimentelle Betätigungen (vgl. BURGER 1979). Weiterhin sollte relativ einfach eine Freifläche für motorische Aktivitäten, Spiele und Gesprächskreise erstellbar sein.

– Die Beteiligung der Kinder an der Gestaltung des Klassenzimmers kann über das Bewußtsein, in einem mitgestalteten Raum zu leben, zur Mitverantwortung und Zuständigkeit für die Einrichtung und zur Respektierung der „Raumnutzung" der Mitschüler führen.

– Zu differenziert gestalteten Räumen gehören von der Gruppe entwickelte Spielregeln für die Nutzung, die verschiedene Bereiche Sozialen Lernens betreffen: z.B. leise sein, weil andere Ruhe zum Lernen brauchen; Spiele und Bücher so behandeln, daß andere „noch etwas damit anfangen können", gerechte Nutzungsregeln für besonders attraktive Ecken einhalten, Kompromisse über Gestaltungsvorschläge akzeptieren.

Durch eine Umgestaltung der Klassenzimmer werden folgende wechselseitig aufeinander bezogene Dimensionen berührt: „Schulklima und Klassenatmosphäre, psycho-somatisches Wohlbefinden, soziales Verhalten, aktives und kreatives sowie individualisierendes und differenzierendes Lernen" (KASPER 1979, S. 31).

Übereinstimmend berichten Lehrer davon, daß eine Veränderung im Klassenzimmer (z.B. durch Einrichtung von speziellen Zonen) das soziale Verhalten einer Klasse mitverändert: „Soziale Wahrnehmungen sind offensichtlich mit differenzierten, sensibel erfahrenen und Identifikation ermöglichenden Raum- und Dingbezügen gekoppelt" (KASPER 1979, S. 33).
EISENSCHMIDT (1979) wandelte ein Klassenzimmer (3. Schuljahr) mit der üblichen Ausstattung (Bänke in Omnibusform, Schränke an der Rückfront u.a.) – "die Schüler schön geordnet und aufgereiht, gut disziplinierbar, frontalen, lehrerzentrierten Unterricht herausfordernd" (S. 93) – in einen „schülergerechten" Raum mit vielen neuen Dingen, wie z.B. Mecker- und Lobecke, Kommunikationsecke, Spiel- und Infoecke, Entdeckungstisch, Klassenbücherei um. Nach einem Jahr stellte sie weniger Raufereien und Verletzungen fest. Ein Soziogramm machte deutlich, daß die Anzahl von Außenseitern zurückgegangen ist. Die Kinder zeigten mehr Kontakt- und Kooperationsbereitschaft.
Ähnlich wie beim Klassenzimmer läßt sich auch für den Schulhof die Bedeutung der humanökologischen Perspektive erläutern. Ein wichtiger neuer Aspekt ist hier der größere Einfluß informeller Normen. Interessant sind dabei die subjektiven Deutungsmuster von Raum und „zugelassenen" Handlungen im Sinne von Nutzungsregeln, „Tabuzonen" als territoriale Abgrenzungen zwischen älteren und jüngeren Schülern oder zwischen Mädchen und Jungen. Der Schulhof als „Bühne" für die bedeutsamen Szenarien, die die soziale Entwicklung des Kindes prägen: Konflikte austragen, Informationen austauschen, spielen, Einfluß nehmen und akzeptieren, „Banden bilden", Absprachen treffen für das Klassenzimmer, zu einem Publikum gehören oder vor einem Publikum agieren, vorgegebene Räume mit eigenen Sinndefinitionen „besetzen", Grenzen bestimmen, Zuständigkeiten regeln. Einschränkungen als objektive Elemente können mit subjektiven Aspekten in Beziehung gesetzt werden. Ein weiterer wichtiger Gesichtspunkt sind „Deutungskonkurrenzen" zwischen den Kindern (z.B. eine Bank als Sportgerät oder als Möglichkeit intensiven Sozialkontaktes zu definieren) und die Formen, in der diese ausgetragen werden. Weiterhin können „Deutungsdifferenzen" (z.B. zwischen Lehrern und Schülern) analysiert werden.

2.3

Diskussion von Zielperspektiven Sozialen Lernens

Wie bereits oben dargestellt, konzentrieren wir uns auch bei der Analyse von Zielsetzungen auf soziale Beziehungen in der Schülergruppe. Dabei wird die Hinwendung zu den „Nahräumen", d.h. dem unmittelbaren Erleben, Wahrnehmen und Handeln, ergänzt durch die Perspektive für größere Bereiche, indem Soziales Lernen als über den engen Bereich der zwischenmenschlichen Beziehungen hinausgehend betrachtet wird.

2.3.1

Vorliegende Ansätze

Bei der Frage nach wünschenswerten Formen des sozialen Umgangs zwischen Schülern und daraus abgeleiteten inhaltlichen Bestimmungen von sozialen Kompetenzen und Orientierungen trifft man auf einen Themenbereich, der durch besondere Unschärfe, Vielfalt und Uneinheitlichkeit der Begrifflichkeit gekennzeichnet ist. Unter dem Leitbegriff des prosozialen Handelns beispielsweise findet sich eine breite Palette von Begriffen, die von den verschiedenen Formen des Teilens und Tröstens über Opfer von Zeit und Interventionen in bedrohlichen Situationen bis zu den unterschiedlichen Aspekten des Helfens reicht, für die beispielsweise PEARCE und AMATO (1984, S. 364) „a list of well over 100 helping behaviors" vorlegen. „Die Formen, die Motive, die erforderlichen Kompetenzen und Möglichkeiten, die Kosten und vieles andere mehr variieren" (MONTADA & BIERHOFF 1988, S. 2). Darüber hinaus scheint der Begriff des Prosozialen besonders anfällig für die „Verbrämung" menschlichen Handelns und menschlicher Motive. So wird bei entsprechenden Begriffsbestimmungen in vielen Fällen neben den Elementen der Freiwilligkeit und des Nutzens für den Partner vor allem auch an Vorstellungen von Uneigennützigkeit und Selbstlosigkeit festgehalten, ohne daß kritische Einwände berücksichtigt werden (vgl. SCHMIDT-DENTER 1988; SCHNEIDER 1988). HOMANS (1968) wendet sich besonders entschieden gegen solche Sichtweisen und bezeichnet die sog. Altruisten „als einige der größten Profitmacher, die wir kennen" (S. 67). Neben der inhaltlichen Fragwürdigkeit solcher eher aus pädagogisch begeisterter Intuition als aus der Analyse von Tatsachen entstandenen pädagogischen „Ideen" von Selbstverzicht o.ä. tragen diese ihren Teil dazu bei, daß unrealistische Forderungen an Schüler und Lehrer herangetragen werden und Soziales Lernen einen geradezu metaphysischen Anstrich erhält. Wie noch zu zeigen sein wird, begünstigt dieser Sachverhalt auch die Formulierung unverbindlicher Zielvorstellungen in Richtlinien und Lehrplänen. Allerdings finden sich im Bereich der Theorie und Forschung zu prosozialem Verhalten wertvolle Hinweise auf Formen des Helfens und des einfühlsamen Miteinanderumgehens, die für unsere weiteren Überlegungen wichtig sind (vgl. BIERHOFF & MONTADA 1988). Vor allem der Vorgang des „Gebens" in seinen vielfältigen Formen und die Rolle der Person, auf die prosoziales Handeln gerichtet ist, werden sehr subtil rekonstruiert. Die interaktionalen Prozesse des Gebens und Nehmens und die dabei zu berücksichtigenden kognitiven, emotionalen und motivationalen Gesichtspunkte sind für die Diskussion einer übergreifenden Zielperspektive von großer Bedeutung.

Neben diesen inhaltlich sehr offenen Forderungen nach der Vermittlung prosozialen Handelns gibt es zahlreiche Versuche, Soziales Lernen als „soziale Elementarerziehung" (PRIOR 1975, S. 109) zu beschreiben und dabei den Erwerb einer „sozialen Grundausstattung" näher zu bestimmen. Diesem Ansatz liegen Ausführungen im Strukturplan zugrunde, in denen die „Ausbildung der elementaren kulturellen und sozialen Fähigkeiten, Verhaltens- und Denkweisen" (DEUTSCHER BILDUNGSRAT 1970, S. 108) postuliert wird. Für die Benennung einer solchen sozialen Grundausstattung liegt eine Vielzahl unterschiedlicher Zielkataloge vor. Es fehlen dabei in den meisten Fällen Hinweise auf übergreifende Kriterien, aus denen einzelne Ziele abgeleitet wurden. Ebenso bleiben Fragen nach der Systematik und nach der Vollständigkeit entsprechender Kataloge weitgehend offen. Viele dieser Zielkataloge enthalten wichtige Differenzierungen in Teilbereichen, die wir bei der Präzisierung eines eigenen Zielkataloges (vgl. Kap. 3) wieder aufgreifen werden.

Bei HIELSCHER (1974) findet sich ein Versuch, die Vielzahl von Zieldefinitionen auf übergreifende Dimensionen zu reduzieren und dabei ein systematisches Konzept vorzulegen. Dort wird ein „an gesellschaftlichen und anthropologischen Bezugspunkten orientiertes Strukturgitter entworfen" (S. 15), das der Findung und Überprüfung von sozialen Lernzielen dienen soll. Folgende Dimensionen und Kategorien werden genannt:

Gesellschaftliche Dimensionen : Emanzipation und Menschlichkeit.
Anthropologische Dimensionen: Rationalität, Soziabilität und Emotionalität.
Dimension Fertigkeiten   : Techniken und Lösungsmodelle.

Kritisch ist bei diesem Ansatz anzumerken, daß mit sehr weitreichenden Begriffen gearbeitet wird, die ausgesprochen offen für unterschiedliche Interpretationen sind. Dadurch wird auch die Verknüpfung zu einem Strukturgitter zu einer schwer nachvollziehbaren Systematik, die nur unzureichende Möglichkeiten bietet, Teilziele adäquat einzuordnen. Darüber hinaus sind die Ziele für den Elementarbereich konzipiert und können nicht direkt auf den Primarbereich übertragen werden. Allerdings bietet die Sammlung der Ziele in ihrer

Akzentuierung nach emotionalen und kognitiven sowie nach spezifischen Fertigkeiten in ihrer Anbindung an konkrete Inhalte wertvolle Hinweise für die Erarbeitung übergreifender Zieldimensionen.

Im folgenden soll eine analytische Kategorie sozialen Handelns vorgestellt werden, die einem zu entwickelnden Lernzielkatalog als zentrales Kriterium zugrunde gelegt werden kann. Das Kriterium der Gegenseitigkeit erscheint in vielen Zielkatalogen explizit oder implizit als „Grundmuster" sozialen Umgangs und erweist sich als besonders geeignet, wünschenswerte Formen sozialen Handelns, in ihrer Einbindung in ein mehrperspektivisches Konzept, zu beschreiben. Dieses Grundmuster äußert sich auf individueller Ebene als Ich-Identität im Sinne einer Balance zwischen den Erwartungen anderer und eigenen Bedürfnissen; in Interaktionsprozessen als „gerechter Austausch" zwischen den Beteiligten; bei Gruppenmerkmalen in Normen der Gleichbehandlung und entsprechenden strukturellen, klimatischen Bedingungen; in der schulischen Ökologie in normativen, strukturellen und klimatischen Rahmenbedingungen, die die Realisierung von Gegenseitigkeit auf individueller und interaktionaler Ebene fördern; in außerschulischen Bedingungen von der familialen Ökologie bis zu gesellschaftlichen Bedingungen (z.B. in der Realisierung der Grundrechte, die Ausgewogenheit zwischen der individuellen Entfaltung im Rahmen zugestandener persönlicher Freiheit und der Berücksichtigung der Entfaltungsrechte anderer verlangen).

2.3.2
Gegenseitigkeit als übergreifendes normatives Kriterium

„Le droit humain ne peut être fondé en aucun cas sur ce droit de nature; et le grand princip, le princip universel de l'un et de l'autre, est dans tout la terre: ne fais pas ce que tu ne voudrais pas qu'on te fit" (VOLTAIRE 1763, S. 48). Ähnliche Leitsätze finden sich immer wieder in den verschiedensten Zusammenhängen, z.B. bei Konfuzius: „Is there one word upon which the whole life may proceed? The Master replied, Is not reciprocity such a word? – What you do not yourself desire, do not put before others" (zit. nach CAIRNS 1986, S. 43). Ein bekanntes Sprichwort beschreibt diesen Sachverhalt in ähnlicher Weise: „Was du nicht willst, das man dir tu', das füg' auch keinem andern zu". Ins Positive gewendet würde dieser moralische Imperativ bedeuten: „Was du an Berücksichtigung deiner Empfindungen, Bedürfnisse, Eigenheiten willst, das gib auch dem Anderen!" (SCHREINER 1975, S. 116).

Bei der Durchsicht von Erörterungen über soziale Lernziele findet sich als normatives Kriterium an vielen Stellen der Aspekt der Gegenseitigkeit, der als „Grundmuster" Sozialen Lernens explizit oder implizit benannt wird.

Gegenseitigkeit als Wesensmerkmal des Sozialen stellt die Dialektik von Alter und Ego, von Selbstentfaltung und den Ansprüchen anderer in den Mittelpunkt der Betrachtung. Die individuelle Entfaltung des Einzelnen stützt sich dabei auf die Bereitschaft, dem Partner einen Freiraum einzuräumen, der in seinem Umfang in einem ausgewogenen Verhältnis zu eigenen Entfaltungsansprüchen steht. GÖSSLING (1984) spricht dabei von „einer Grenzziehung der eigenen Freiheit an der anderer" (S. 187). Unter dem Aspekt der Gegenseitigkeit befähigt Soziales Lernen zu der Erkenntnis, daß die Realisierung der eigenen Chancen eng gebunden ist an die Realisierung der Chancen anderer (vgl. OSTERWALD 1976). PIAGET (1976) definiert Moral als den Respekt, den Menschen einander gegenseitig sowie den Regeln entgegenbringen, nach denen sie sich in ihren Interaktionen richten (S. 96). Zwischen Geben und Nehmen soll für alle Gruppenmitglieder ein ausgeglichenes Verhältnis hergestellt werden. SCHREINER (1973) spricht in diesem Zusammenhang von „zwischenmenschlicher Reversibilität": eine zentrale Prämisse bei der Bestimmung von sozialen Lernzielen ist die Forderung nach humaner Selbstverwirklichung, wobei der Doppelsinn dieses Begriffes erhalten bleiben soll: Ziel Sozialen Lernens soll es sein, „Selbstverwirklichung der Menschen für die Menschen zu ermöglichen" (S. 415). Dabei ist Selbstverwirklichung nicht nur als isolierte Stärkung des einzelnen Individuums zu sehen, sondern dessen Einbettung in soziale Bezüge muß in Betracht gezogen werden: „Es gilt die paradoxe Erkenntnis, daß die Entwicklung der emanzipierten Persönlichkeit nur möglich ist in gesellschaftlicher Abhängigkeit" (S. 416).

In ausgewogenen Beziehungen sind Geben und Nehmen nicht scharf von einander getrennt, sie fließen eher ineinander über. Als wichtiges Ziel unter dem Kriterium der Gegenseitigkeit kann die Überwindung einer kalkulatorischen Haltung gelten, bei der eine direkte Gegenleistung für den eigenen Interaktionsbeitrag erwartet wird. An die Stelle dieser Haltung sollte das Vertrauen darauf treten, sich auf andere in der Gruppe verlassen zu können, so daß „Gegenseitigkeit personell nicht auf eine Dyade und quantitativ nicht auf strikten Ausgleich beschränkt ist" (BIERHOFF & MONTADA, 1988, S. 3).

Mit der Akzentuierung des Aspektes der Gegenseitigkeit wird bewußt eine Position vertreten, die ein Gegengewicht zu Tendenzen starker Ich-Bezogenheit und bedenkenlosen Umgangs mit den Bedürfnissen anderer (vgl. Kap. 1.1.2) zu schaffen versucht, ohne daß gleichzeitig Ansätze, die die Förderung von Selbstbewußtsein und kritischer Distanz betonen, vernachlässigt werden. Gegenseitigkeit meint dabei auch eine innere Grundhaltung, die sich von einer Fixierung auf die eigene Person löst, um „Freude am Geben und Teilen, Ehrfurcht vor dem Leben, liebende Zuwendung, Entfaltung der eigenen Persönlichkeit, Selbstbestimmung, Anerkennung der anderen um ihrer selbst willen, Kritik bzw. Kritisierbarkeitsfähigkeit" (FROMM 1979, S. 163) praktizieren zu können.

Als Ergebnis individueller und kollektiver Bemühungen um Ausgewogenheit, Koodination und um einen gerechten Ausgleich können unter dieser übergreifenden Zielsetzung spezifische Zielzustände auf verschiedenen Ebenen definiert werden:

— Auf der Ebene der Person: Ich-Identität als Balance zwischen einem personalem Pol (im Sinne von Selbstbestimmung, Selbstbehauptung und Selbstbewußtsein) und einem sozialem Pol (im Sinne eines Eingehens auf die personale Identität und die Erwartungen anderer).
— Auf der Ebene der Interaktion: wechselseitige Kontingenz als Zustand der Ausgewogenheit und Symmetrie auf der Grundlage der Berücksichtigung personaler Identität der Beteiligten (vgl. dabei Prozesse der Rollenübernahme und Empathie).
— Auf der Ebene der Gruppe: Normen des gerechten Ausgleiches, Strukturen gerechter Verteilung von Einfluß, Anerkennung und Selbstentfaltung sowie ein Klima, das durch Kooperation, Solidarität und Toleranz gekennzeichnet ist.
— Auf der Ebene der Institution: analoge Aspekte wie bei der Gruppe unter Einbezug der beteiligten Personen (Schulleiter, Lehrer, Schüler als soziales Netzwerk) und normative Vorgaben (Verordnungen, Erlasse, Lehrpläne u.ä.).
— auf gesellschaftlicher Ebene: Normen sozialer Gerechtigkeit, Strukturen, die ein gleichberechtigtes Miteinander ermöglichen und ein Klima, das eine Ausgewogenheit zwischen Selbstbehauptung und Berücksichtigung der Perspektive des Anderen begünstigt.

Es erscheint sinnvoll, das von uns als Schlüsselbegriff und als klar faßbares Kriterium eingeschätzte Konzept der Gegenseitigkeit im Sinne eines analytischen Bezugsrahmens für den oben beschriebenen Komplex Sozialen Lernens (vgl. das Modell in Kap. 2.2) im folgenden näher zu betrachten und auf seine Tragfähigkeit und Reichweite hin zu überprüfen. Bei allen weiteren Ausführungen handelt es sich in vielen Fällen um Zielvorstellungen, die eher den „Horizont" lernbarer Phänomene beschreiben, deren Vervollkommnung als Desiderat lebenslangen Lernens zu sehen ist.

Um Mißverständnissen vorzubeugen, sei bereits an dieser Stelle deutlich darauf verwiesen, daß das Kriterium der Gegenseitigkeit die Spannungen in Sozialbeziehungen, den Kampf um die Durchsetzung eigener Interessen, die ungerechte Behandlung des anderen, die Brutalität in körperlichen Auseinandersetzungen, Diskriminierungen von Außenseitern, Wut, Trauer und Enttäuschungen nicht ausschließt. Es geht nicht unbedingt um Ruhe und Ordnung, nicht um Harmonie um jeden Preis, sondern auch um „Aufbegehren, Herausforderung und Auseinandersetzung" (IMHOF 1987, S. 21). In Beziehungen zwischen Kindern ist der andere „zugleich emotional notwendig und ein Anlaß für die Unterdrückung von Triebwünschen, er ist Wunschobjekt und Widersacher" (BECK 1978, S. 44). Der befriedigende Umgang mit dieser Ambivalenz steht im Mittelpunkt Sozialen Lernens. Dabei ist die entwicklungsfördernde Funktion vorübergehender Krisen in der Dialektik zwischen sozialer Umwelt und dem Kind besonders zu beachten. Gerade kognitive Konflikte, die aus der Unähnlichkeit in den Perspektiven, Wünschen und Interessen zwischen einzelnen Kindern resultieren, stellen den Anreiz dar, „sich des eigenen Denkens bewußt zu werden und so den Egoismus zu überwinden" (KELLER 1976, S. 63). Nach unserer Ausfassung beinhaltet Gegenseitigkeit außerdem Fähigkeiten und Bereitschaft, Konflikte konstruktiv aufzuarbeiten, eigene Betroffenheit auszudrücken und Anteil an der Betroffenheit anderer zu nehmen.

2.3.3
Gegenseitigkeit und theoretischer Kontext

Der Gedanke der Gegenseitigkeit findet seinen Niederschlag u.a. in der Austauschtheorie (HOMANS 1968; BLAU 1964) und in der darauf aufbauenden Equity-Theorie (WALSTER; WALSTER & BERSCHEID 1978), die einen entwickelten Rahmen zum Verständnis reziproken Handelns bietet. Eine gerechte, ausgeglichene Interaktion wird als Austauschbeziehung definiert, die jedem Interaktionspartner gleich hohe Erträge, d.h. eigenen Nutzen aus der Interaktion minus eigene Kosten, einbringt. Unausgeglichene Ertragsbilanzen gelten als instabil. Dieser mit dem eigenen Verhalten verbundene Ertrag stellt eine subjektive Größe dar; dementsprechend können zwei Personen in identischen Situationen zu völlig unterschiedlichen Kosten-Nutzen-Einschätzungen, zu unterschiedlichem Verhalten und zu unterschiedlicher Bewertung über die Ausgewogenheit der Beziehung kommen (SCHNEIDER 1988, S. 10). Dieser Theorie wird häufig unterstellt, sie verkürze soziales Handeln auf einen rein kalkulatorischen Aspekt. Diese Kritik ist nur teilweise berechtigt. Es kann entgegengehalten werden, daß es sich um einen Erklärungsansatz handelt, der u.a. im Hinblick auf die Definition von Nutzen und Kosten offen ist, so daß beispielsweise die gemeinsame Bilanz einer Beziehung auch Ausgewogenheit im Sinne von gegenseitiger Anerkennung, von gegenseitigem Verständnis, von gegenseitiger Empathie bedeuten kann. Es erscheint uns dementsprechend möglich, durch Einbezug der vielfältigen Implikationen Sozialen Lernens auf den oben beschriebenen Ebenen von Person, Interaktion und Gruppe das Prinzip reziproker Austauschbeziehungen differenziert zu beschreiben und für den normativen Aspekt unseres Themas nutzbar zu machen.
MÜLLER (1985) beschreibt Theorien, die Gegenseitigkeit (Reziprozität) nicht als Ergebnis von Verstärkungsmechanismen oder taktischem Verhalten sehen, sondern aus handlungstheoretischer Position, d.h. unter dem Aspekt der indi-

viduellen Entscheidung und der Einsicht in die Notwendigkeit gegenseitigen Handelns. Im Gegensatz zu den „robusten" Interaktionsannahmen austauschtheoretischer Ansätze handelt es sich dabei um kognitive Interaktionstheorien, für die „diffizilere Verhaltenssteuerungsprozesse" (S. 42) von Interesse sind. Dabei rücken die Einzelperson und intraindividuelle, latente Prozesse stark in den Vordergrund. Parallel dazu sind Theorien zu beachten, die die Beziehung selbst analysieren und Gedanken und Gefühle der Beteiligten als „ko-konstruiert" betrachten (vgl. PIAGET 1976; SULLIVAN 1953; YOUNISS 1982). Ein solches gemeinsames Konstruieren stellt Argumentations-, Verhandlungs- und Kompromißbildungsprozesse in den Mittelpunkt der Betrachtung.

Wir begnügen uns mit diesen kurzen Hinweisen auf theoretische Implikationen von Gegenseitigkeit. Im folgenden wird in konkreten Ausführungen auch der theoretische Hintergrund weiter geklärt.

2.3.4
Gegenseitigkeit auf personaler Ebene

Aus der Perspektive des Interaktionspartners geht es dabei auf personaler Ebene um die Überbrückung des sozialen und personalen Poles von Identität, d.h um die Balance zwischen den Anforderungen der anderen und eigenen Bedürfnisse, zwischen eigenen und Selbstbehauptungsansprüchen des anderen sowie „zwischen dem Verlangen nach Darstellung dessen, worin er sich von anderen unterscheidet und der Notwendigkeit, die Anerkennung der anderen für seine Identität zu finden" (KRAPPMANN 1975, S. 9). Identitätsfindung im Hinblick auf die subjektive Erarbeitung einer Abstimmung zwischen personalen und sozialen Aspekten der eigenen Identität bedeutet, „den Anspruch der anderen in der je einzelnen Situation zu vernehmen, sich ändernd ihm zu entsprechen und dennoch im Wechsel der Situationen derselbe zu bleiben" (RAUSCHENBERGER 1985, S. 309). In Prozessen der Assimilation (Aneignung) und Akkommodation (Anpassung) können Formen des Gleichgewichtes (Äquilibration) konstituiert werden, die zunehmend stabiler werden (vgl. PIAGET 1976). Eine individuelle Unterordnung unter die Norm der Gegenseitigkeit heißt dementsprechend nicht „Gleichmacherei" oder fügsame Anpassung aus Angst vor den Folgen von Normverletzungen. Vielmehr bedeutet Gegenseitigkeit nicht Gleichheit im Sinne der Aufhebung individueller Verschiedenartigkeit, sondern eher das subtile Zusammenspiel des Aufeinanderabstimmens von Unterschieden. Die Forderung nach angemessener Berücksichtigung des Interaktionspartners bedeutet nicht „totale Egalität", sondern „lebbare" Beziehungsformen unter Ungleichen.

Ein wichtiger Aspekt von Gegenseitigkeit auf personaler Ebene ist die Bereitschaft und Fähigkeit, sich aktiv dem Vergleich mit anderen zu stellen. Wir umschreiben diesen Gesichtspunkt mit Validierung des Selbst und beziehen dabei verschiedene Formen konsensueller Bestätigung mit ein: Sich dem Urteil anderer stellen, sich mit anderen messen, sich in Prozessen der Rollenübernahme „mit den Augen anderer sehen", Andersartigkeit und Gleichheit eruieren, eigene Fähigkeiten in die Kooperation einbringen und seinen Kooperationsbeitrag an dem gemeinsamen „Werk" messen. Erst die Fähigkeit zum Perspektivenwechsel ermöglicht es dem Kind, „sich selbst zum Objekt der Erkenntnis zu nehmen und reflexive Distanz zu seinen eigenen Handlungen zu gewinnen" (FURTH 1982, S. 214). Dabei können Kinder in symmetrischen Interaktionen lernen, „daß sie, so wie sie sind, mit ihren relativen Vorzügen und Mängeln wertvoll sind" (YOUNISS 1982, S. 105). Eine befriedigende Identitätsfindung kann „nur vom Anderen her und durch andere geleistet werden" (LODDENKEMPER & SCHIER 1979, S. 196). Sich in einem anderen Menschen zu spiegeln und sich mit seiner Andersartigkeit auseinanderzusetzen, enthält zentrale Entwicklungsmöglichkeiten. Erst durch den intensiven Kontakt mit anderen Vorstellungen ist es möglich, das eigene Identitätskonzept als eine Variante unter anderen zu erkennen, als ein Gegengewicht gegen die Überbewertung eigener und die Abwertung anderer Sichtweisen. Das Kind, das sich einer Validierung seiner Person nicht stellt, gerät in die Gefahr, eine instabile Identität zu entwickeln, die mit einem geringen Selbstwertgefühl verknüpft ist. Dieses Kind wird das Risiko, sich einer Fremdbewertung durch Gleichaltrige zu stellen, immer häufiger meiden und eine Selbstbezogenheit praktizieren, die in ihren extremsten Ausprägungen zu „Selbstherrlichkeit" oder zu intensiven Erleben von Minderwertigkeitsgefühlen führen kann.

In einer Reihe von Untersuchungen finden sich Hinweise, daß nur solche Personen, die sich selbst positiv einschätzen, anderen Wertschätzung entgegenbringen können (vgl. BALL 1962; WILLIAMS 1962; PETILLON & WAGNER 1979). Interessant sind auch theoretische Überlegungen, die erklären können, wie sich dieser Zusammenhang zwischen Selbst- und Fremdakzeptanz durch stabilisierende Prozesse im Verlauf der Entwicklung gestaltet. Realistische Selbsteinschätzung und Selbstvertrauen sind eng verknüpft mit dem Bewußtsein von Interdependenz, das ein Eingehen sozialer Bindungen bei gleichzeitiger persönlicher Selbständigkeit ermöglicht. „Nur der Mensch, dem Gelegenheit gegeben wurde, seine Persönlichkeit zu entfalten, sein Selbst als Wert zu erleben, kann im sozialen Zusammensein einer Gruppe die zugleich gebende und nehmende Rolle spielen, die ihm selbst und der Gemeinschaft förderlich ist" (KNOLL-JOKISCH 1981, S. 95). Eigenes Vertrauen zu anderen wird auch von den Erfahrungen beeinflußt, daß einem selbst Vertrauen entgegengebracht wird (PLATTNER 1988, S. 455).

Jede Selbstwahrnehmung ist in besonderer Weise vom Standpunkt des

Betrachters geprägt und enthält dementsprechend den durch ihn bedingten blinden Flecken. „Es bedarf daher zur Selbsterfahrung neben der Bereitschaft zu Selbstreflexion der ergänzenden und korrigierenden Rückmeldung durch außenstehende Betrachter, welche die unbewußte Ausblendung sichtbar machen (oder, wie es heißt, spiegeln)" (GARLICHS 1984, S. 366). Dieser Prozeß des Spiegelns vermittelt auch eine größere Sicherheit in einem bewußteren Umgang mit der eigenen Person und entsprechend auch mit anderen. Dabei kann die Selbstoffenbarung anderer zu einer intensiven Selbstwahrnehmung anregen. Im Vergleich mit anderen kann dann bewußt werden, wie unterschiedliche eigene Erfahrungen und Erlebnisweisen von denen anderer sind. In dem Maße in dem es dem Kind gelingt, auf diesem Weg seine eigene „innere Welt" besser kennenzulernen, bringt es auch anderen (als Auslöser für „Selbstentdeckung") zunehmend mehr Aufmerksamkeit entgegen (vgl. STORCH 1976).

Gegenseitigkeit als übergreifendes soziales Lernziel würde bedeuten, die Schüler dazu zu befähigen und zu motivieren,

- sich auf einen intensiven und aufgeschlossenen Umgang mit Mitschülern einzulassen;
- aktiv und selbstbewußt Sozialereignisse zu gestalten;
- die Wirkung des eigenen Handelns auf andere zu berücksichtigen und andere in sein eigenes Handeln einzubeziehen;
- sich mit anderen abzustimmen, Rücksicht zu nehmen und zu erwarten;
- sich gegen asymmetrische Beziehungen zu wehren;
- sich auf Andersartigkeit einzulassen und Sensibilität für Ungleichheit zu zeigen;
- die daraus gewonnenen sozialen Erfahrungen in das eigene Identitätskonzept zu integrieren;
- daraus ein mit hohem Selbstwertgefühl verbundenes Konzept eigener Individualität und subjektiver Zielperspektiven zu entwickeln, das mit der Akzeptanz für gleichwertige Bedürfnisse auf der Seite des Partners verknüpft werden kann.

Als Antezedenzien individuellen Handelns, das Prinzipien der Gegenseitigkeit folgt, können Kompetenzen genannt werden, wie sie u.a. in Konzepten des interpersonalen Verstehens (EISENBERG 1986) und der Fähigkeit zur Rollenübernahme dargestellt sind (vgl. dazu die Ausführungen in Kap. 2.2.7) sowie motivationale Steuerungen oder interpersonale Handlungsorientierungen, die der Norm eines gerechten Ausgleiches folgen.

2.3.5

Gegenseitigkeit auf der Ebene der Interaktion

Als wesensbestimmende Merkmale sozialer Interaktion sind „Wechselseitigkeit und Aufeinanderbezogenheit von Geben und Nehmen, Aktion und Reaktion, Einfluß und Beeinflußtwerden" (MÜLLER 1985, S. 43) anzusehen. Zunächst bezieht sich Gegenseitigkeit auf den Sachverhalt einer sich im Gleichgewicht befindenden Beziehung, in der die beteiligten Partner selbstbestimmt und gleichberechtigt handeln können. Es wird dabei die Erfahrung vermittelt, daß beide Interaktionspartner gleichrangige Handlungen beitragen können. Hierbei ist die Kontrolle bilateral (YOUNISS 1982, S. 78). Das besondere Problem symmetrischer Reziprozität besteht darin, daß sie nicht notwendigerweise zu Ordnung und Stabilität sozialen Handelns und des daraus erwachsenden sozialen Verstehens führt (man denke z.B. an einen Streit zwischen Kindern, der bei strenger Symmetrie der Handlungen zu einem endlosen Regreß führen kann). „Als ein effektives Mittel, soziale Ordnung und ihr Verständnis zu erreichen, kann sie nur dienen, wenn sie in einer speziellen Weise, nämlich kooperativ eingesetzt wird" (WAGNER 1989, S. 27).
In Beziehungen zwischen Gleichaltrigen können sich auf einer partnerschaftlichen Ebene Kooperation und Gegenseitigkeit eher entfalten als im Umgang mit Erwachsenen, deren „Machtüberschuß" reziproke Interaktionen nur in seltenen Fällen zuläßt (YOUNISS 1980; SULLIVAN 1953; PIAGET 1976). Solche Erfahrungen der Gegenseitigkeit, die vor allem in Freundschaftsbeziehungen beobachtet wurden, schaffen günstige Voraussetzungen für den Erwerb von „Konzepten wie Gerechtigkeit, Freundlichkeit und Sorge um das Wohlergehen anderer" (DAMON 1984, S. 82).
Symmetrische Interaktionen sind durch wechselseitige Kontingenz (vgl. MINSEL & ROTH 1978) gekennzeichnet, wobei die beteiligten Interaktionspartner versuchen, ihre Handlungspläne auf der Grundlage der Norm der Gegenseitigkeit aufeinander abzustimmen und Handlungen einander anzugleichen. Interpersonaler Einfluß richtet sich dabei mehr nach der Aussicht auf Zusammenarbeit als auf einseitige Leistung (YOUNISS 1982). Durch ein solches ausgewogenes Verhältnis von Geben und Nehmen im Sinne einer gerechten Verteilung entstehen häufig intensive Bindungen (vgl. DAMON 1982). In vielen Fällen findet sich eine solche Ausgewogenheit allerdings nur in exklusiven Beziehungen (z.B. in Freundschaften).
Neben dem auf Ausgewogenheit der Beziehung zielenden Aspekt von Gegenseitigkeit beinhaltet die entsprechende Norm auch einen Zeitaspekt, weil aus Handlungen in der Gegenwart auch Erwartungen über zukünftige Verhaltensweisen abgeleitet werden (BIERHOFF 1988). Die Erfahrung aus der „Geber-Perspektive" kurzfristig auf die Einlösung eines Ausgleiches verzichten zu können

und sich als Nehmender ohne Gefühle der Abhängigkeit oder Unterlegenheit wegen uneinlösbarer Verpflichtungen bedroht zu fühlen, bilden die Grundlage sozialen Vertrauens und sind dementsprechend auch ein Kernstück reziproken Sozialen Lernens.

Wenden wir uns den Inhalten sozialen Handelns in reziproken Beziehungen zu, dann kann jeweils zwischen zwei Komponenten unterschieden werden, die als Pendants die Perspektive der beiden beteiligten Interaktionspartner und das Moment der Gegenseitigkeit im Sinne von Geben und Nehmen repräsentieren. Zur Verdeutlichung dieses Sachverhalts und als Hinweis auf den „Gehalt" von ausgewogenen Interaktionen seien einige Beispiele angeführt:

- sprechen und zuhören;
- helfen und sich helfen lassen;
- sich für den anderen zuständig fühlen und Fürsorglichkeit des anderen annehmen;
- Einfluß geltend machen und sich unterordnen;
- Zustimmung erhalten und Zustimmung geben;
- akzeptiert werden und akzeptieren;
- Kritik am Partner üben und Kritik über die eigene Person annehmen;
- Offenheit erfahren und Offenheit zeigen;
- Zuwendung erhalten und geben;
- Verläßlichkeit erfahren und zeigen;
- Begriffe wie Kooperation, Konflikt, Teilen schließen diese wechselseitig aufeinander bezogenen Komponenten bereits implizit in sich ein.

Diese noch sehr übergreifenden, eher pauschalen Beschreibungen können dadurch erweitert werden, daß Prozesse des Gebens und Nehmens zu einer Interaktion verknüpft werden. Am Beispiel des Helfens soll die Interaktion zwischen Helfer und Hilfeempfänger als subtiles und für die Beteiligten oft sehr problematisches Wechselspiel des Gebens und Nehmens verdeutlicht werden. Den nachfolgenden Überlegungen liegen Modelle zur Helferseite (SCHWARTZ & HOWARD 1982) und zur Seite des Hilfeempfängers (FISHER, NADLER & WHITCHER-ALAGNA 1982) zugrunde, die zu einem Interaktionsmodell vereinigt werden.

Helfen wird üblicherweise dem Bereich des prosozialen Verhaltens zugeordnet, und es wird dabei der Eindruck vermittelt, „daß Hilfen ein ausschließlich freundliches, verbindendes Element der Kinderwelt sind und positive Erfahrungen mit Hilfen für die Übernahme dieses Verhaltens sorgen" (KRAPPMANN & OSWALD 1988, S. 207). In Beobachtungen an Grundschulen fanden sich auch „viele Szenen schöner Hilfsbereitschaft, einfühlsamen Tröstens und geteilter Schwierigkeiten" (S. 219). Eine Interpretation einzelner Hilfeszenen machte allerdings deutlich, daß es im Bereich des Helfens „eine unerwartet große Zone von Konflikten gibt" (S. 220).

Helfen stellt immer eine soziale Interaktion zwischen Helfer und Hilfeempfänger dar oder impliziert sie (BIERHOFF 1988, S. 227).

Es scheint sinnvoll, am Beispiel der „Hilfe-Interaktion" Prozesse des Gebens und Nehmens näher zu betrachten und zu verdeutlichen, daß erst durch das Prinzip der Gegenseitigkeit verhindert wird, daß Hilfeleistungen die Asymmetrie zwischen Helfer und Hilfeempfänger weiter steigern und der Helfer sich dabei „erhöht oder den anderen erniedrigt" (KRAPPMANN & OSWALD, S. 217). In Abb. 8 wird die Hilfe-Interaktion vereinfacht dargestellt. Es soll deutlich werden, daß in asymmetrischen Beziehungen der Helfer beim Gewähren oder Verweigern von Hilfe versucht, seinen Einfluß zu Lasten des Hilfeempfängers zu erweitern und sich der Hilfesuchende dagegen wehren muß, als unterlegen zu erscheinen und eine Beeinträchtigung seines Ansehens zu erleiden.

Das Modell enthält jeweils drei Stufen des Entscheidungsprozesses, der bei dem Helfer (H) mit der Wahrnehmung der Notlage beginnt und bei der Leistung oder der Verweigerung von Hilfe endet; auf der Seite des Hilfeempfängers (E) werden Prozesse der Deutung der Hilfehandlung bis zur Annahme oder Ablehnung des Hilfeangebotes dargestellt. Je nach Komplexität der zu treffenden Entscheidung können die einzelnen Stufen mehrfach durchlaufen werden, bis eine definitive Entscheidung getroffen ist.

Der Entscheidungsprozeß über eine mögliche Hilfeleistung beginnt mit der Wahrnehmung (1) einer Notlage. Dabei wird die Hilfesituation – als spezifisches Sozialereignis (vgl. Kap. 2.2.5) – in verschiedenen Facetten wahrgenommen: Schweregrad der Notlage; Art der potentiellen Hilfe (z.B. Unterstützung bei einer schulischen Aufgabe, Beistand bei einem körperlichen Konflikt); Hilfe erbeten oder nicht erbeten; Reaktionen anderer bei einer möglichen Hilfeleistung; Beziehung zu dem Hilfesuchenden u.a. Dieser subjektiven Rekonstruktion folgt eine Bewertung (2), die vor allem die Motivierung zu eigenem Eingreifen betrifft. In die Bewertung fließen mehrere Teilprozesse ein:

– Entwicklung eines Wertes, den der potentielle Helfer (H) dem Hilfehandeln „für die Erreichung eines für eine gegebene Situation selbstdefinierten Zieles beimißt" (BOEHNKE 1988, S. 23). Dabei werden „die persönlichen Werte, denen man sich verpflichtet fühlt, aktiviert, ebenso wie die sozialen Normen, die an die vermuteten Erwartungen der Umwelt gebunden sind" (SCHNEIDER 1988, S. 25).
– Erwartungen, die H hinsichtlich der Erreichbarkeit des Zieles durch sein Handeln in der gegebenen Situation hegt.
– Zuschreibung der Verantwortung für eine Hilfehandlung.
– Bewertung der eigenen Fähigkeiten und des Aufwandes für die Hilfeleistung.
– Bewertung der Beziehung zu dem Hilfeempfänger und der zu erwartenden Gegenseitigkeit.

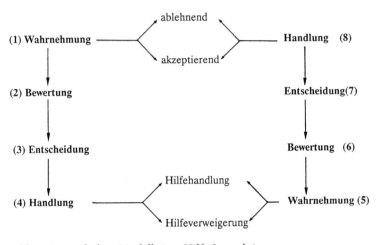

Abb. 8: Vereinfachtes Modell einer Hilfe-Interaktion

Diese Abwägung von moralischen, sozialen und materiellen Gesichtspunkten mündet in Prozesse der Entscheidungsfindung (3) ein und „begleitet" diese bis zur Handlungsausführung. Es ist zu entscheiden, ob Hilfe gegeben oder verweigert wird und in welcher Form dies jeweils geschieht. Nach den Vorstellungen von POMAZAZAL & JACCARD (1976) werden zunächst Informationen darüber gesammelt, welche Konsequenzen mit einer Hilfeleistung für H und E verbunden sind. Erweisen sich diese Folgen vor allem für H als günstig, so wird H die Bewertung seiner Hilfeleistung durch wichtige andere Personen (z.B. Mitschüler, Lehrer) unter Einbezug vorliegender sozialer Normen abschätzen. Wenn auch hier ein positives Ergebnis zustandekommt, entsteht in vielen Fällen die Absicht zu helfen. Im umgekehrten Fall kommt es zu einer Hilfeverweigerung. Bei einer Verweigerung von Hilfe steht H häufig vor einer internen und externen Handlungsrechtfertigung. Das Leugnen der Notlage von E, der Erfolgswahrscheinlichkeit eigenen Handelns, der eigenen Hilfemöglichkeiten und der eigenen Verantwortung für die Bewältigung der Situation werden bei SCHWARTZ & HOWARD (1982) als mögliche „Verteidigungsformen" für das eigene Handeln genannt. Vor der Ausführung der Hilfeleistung erfolgt eine weitere Entscheidung über die Hilfestrategie. Am Ende der Entscheidungskette steht die ausgewählte Handlung (4).

KRAPPMANN & OSWALD (1988) haben sich speziell mit den Handlungen und den dahinter stehenden Strategien von Grundschulkindern beschäftigt. Neben Hilfen, die für die Beteiligten unproblematisch waren, findet sich eine Vielzahl von Hilfeleistungen, die auf die Bitte eines Mitschülers erfolgen und als sehr problematisch einzustufen sind (S. 216):

- H erhebt sich über E oder setzt E herab;
- H läßt E „lange zappeln" bis er die Hilfe gewährt;
- H gibt Lösungen „besserwisserisch";
- H unterstreicht die „Verfügungsmacht" (über Wissen oder bestimmte Gegenstände) und macht „despektierliche Auflagen";
- H versucht E zu demütigen und kommt der Bitte von E nur zögerlich nach.

In fast der Hälfte aller Fälle wird Hilfe unerbeten gegeben. Auch dabei wird „gönnerhaftes" Verhalten und Überheblichkeit (vor allem bei nicht erbetenem Rat) gezeigt: H versucht E „klein zu machen"; auf Fehler wird in einer Weise aufmerksam gemacht, „daß es sich geradezu um eine Bloßstellung handelt" (S. 216).

Auch die Verweigerung erbetener Hilfe wird in vielen Fällen durch weitere Kränkungen von E begleitet:

- H nennt auch auf Rückfragen keinen Grund für die Verweigerung, „er hat es nicht nötig";
- E wird persönlich gekränkt, herabgesetzt, verhöhnt;
- H streicht seine Verfügungsmacht über potentielle Hilfemöglichkeiten heraus;
- Hilfeverweigerung erfolgt als Ausschluß: Hilfe wird E verweigert und gleichzeitig einem anderen Mitschüler „demonstrativ" zugestanden; diese Handlung „erhellt schmerzlich, daß die Ablehnung der Person des Bittstellers galt" (S. 215).

Betrachten wir die Seite des Hilfeempfängers, so werden in dem Modell in Abb. 8 zunächst Prozesse der Wahrnehmung (5) genannt, die die unterschiedlichen Aspekte der Hilfehandlung oder der Hilfeverweigerung von H betreffen. Diese Rekonstruktionen von E wiederum werden einer Bewertung (6) zugeführt. Danach wird eine Entscheidung (7) darüber getroffen, ob die Hilfe akzeptiert oder abgelehnt wird und in welcher Weise dies jeweils geschehen soll.

Es liegt nahe, die Interaktion zwischen H und E als besonders „sensitiv für die Entwicklung des Selbstwertes zu betrachten" (BIERHOFF 1988, S. 229). Folgt man den Überlegungen von FISHER, NADLER & WHITCHER-ALAGNA (1982), so ist die Reaktion von E davon abhängig, ob die Begleitumstände des Helfens den Selbstwert von E eher unterstützen oder bedrohen. Es ist zu „erwarten, daß negative und abwehrende Reaktionen der Hilfeempfänger immer dann auftreten werden, wenn die Begleitumstände den Aspekt der Selbstwertbedrohung in den Vordergrund rücken, während positive und dankbare Reaktionen erwartet werden, wenn durch die gegebenen Umstände der Aspekt der Selbstwertunterstützung hervorgehoben wird" (BIERHOFF 1988, S. 226). Neben der Vermeidung von Selbstwertverlusten haben ablehnende Reaktionen von E auch die Funktion, die soziale Stellung in der Gruppe zu bewahren und Abhängigkeiten in der Beziehung zu H zu verhindern.

KRAPPMANN & OSWALD (1988) beobachteten die Reaktionen von Kindern, die in prekären Hilfesituationen versuchen, „Abhängigkeit vom Helfer und Verletzung ihres Selbstbildes zu vermeiden oder wieder auszugleichen" (S. 217). Sie sprechen von Gegenstrategien, „weil Kinder sich mit ihnen gegen eine nachteilige Behandlung durch den Helfer und gegen die unterlegene Stellung in der Hilfesituation wehren" (ebda.). Es fanden sich drei Gruppen von Strategien, mit denen die „mißliche Seite der Hilfesituation überwunden werden soll" (S. 218):

– Versuche, die Hilfsbedürftigkeit zu leugnen oder die Hilfe als nicht zustandegekommen zu erklären. Die Hilfe wird als „überhaupt" überflüssig oder als ziemlich unbedeutend ausgegeben.
– E versucht, trotz seiner Hilfsbedürftigkeit die Situation zu dominieren. Er erweckt den Eindruck, das zu Erbittende stünde ihm zu, er habe die Lage „voll im Griff"; er versucht, die dominierende Rolle von H zu untergraben. „Die dominierende Rolle des Helfers wurde manchmal dadurch untergraben, daß er mit besonders gestelzten Redewendungen um Hilfe gebeten wurde oder der Empfänger der Hilfe sich überschwenglich oder alleruntertänigst bedankte. Durch die Übertreibung wurde signalisiert, daß in Wirklichkeit nichts geschehen war, woraus der Helfer besondere Ansprüche ableiten sollte." Abgewiesene Bittsteller probierten die Situation dadurch zu „kippen", daß sie hartnäckig nachsetzten, um H zu dem gewünschten Verhalten zu bringen.
– Bestimmte Vorgehensweisen waren darauf angelegt, das Gesicht durch geeignete Selbstdarstellung zu wahren: „So stöhnte der auf die anderen Angewiesene, daß er heute nicht zurechtkomme, oder klagte, daß er eigentlich selbst wisse, nur im Augenblick falle ihm das Wort oder die Regel nicht ein. Fehler wurden als Versprecher ausgegeben. Auch die schon erwähnten Albereien und die Situationskomik zielten darauf, sich durch das Lachen der anderen wieder positive Aufmerksamkeit zu sichern."

Mit der Wahrnehmung der Reaktion von E auf das Hilfehandeln von H „schließt sich der Kreis" der Hilfe-Interaktion. Neben den berechtigten Abwehrstrategien von E auf soziale Zumutungen von H können auch Situationen entstehen, in denen eine gut gemeinte Hilfe zurückgewiesen wird, weil E die Hilfehandlung falsch interpretiert oder H nicht das Recht zugestehen will, ihm zu helfen. In solchen Fällen entstehen für H Probleme, die sein Selbstwertgefühl betreffen und seine Motivation beeinträchtigen, zukünftig zu helfen. Nach den Beobachtungen von KRAPPMANN & OSWALD (1988) treten in Hilfe-Situationen relativ häufig Probleme auf. In 41% aller Fälle gestaltet sich Hilfe von mindestens einer Seite problematisch (S. 211). Wir gehen davon aus, daß die Struktur der Beziehung eine entscheidende Determinante der Hilfsbereitschaft und der Reaktion auf den Erhalt von Hilfe darstellt. Probleme für die Beteiligten treten in den meisten Fällen in asymmetrischen Beziehungen auf. Eine Hilfeleistung erhält eine völlig andere Bedeutung, je nachdem ob sie als Teil eines gerechten Austauschs mit einer Perspektive von Gegenseitigkeit und Gleichberechtigung verstanden oder ob sie als einseitige Zuwendung interpretiert wird, wobei möglicherweise H als überlegen und stark und E als schwach und abhängig erscheint. „Ob die Hilfeleistung eine solche Bedeutung von Schwäche und Unterlegenheit für den Hilfempfänger annimmt, hängt nicht zuletzt auch davon ab, auf welche Interpretationen und Absprachen über Formen der Gegenseitigkeit sich die Beteiligten einigen" (BIERHOFF 1988, S. 230). Unproblematische Hilfeleistungen und ihre Annahme setzen generell voraus, daß eine Bedrohung der Partner durch ein asymmetrisches Verhältnis von Helfer und Hilfeempfänger überwunden werden kann. Zur Aufrechterhaltung eines positiven Selbstbildes ist es für den Hilfeempfänger notwendig, den Hilfeerhalt im Rahmen der Norm der Gegenseitigkeit interpretieren zu können, die ihm eigene Gegenleistungsmöglichkeiten einräumt. Ähnlich verhält es sich auch mit dem Helfer, der aus einer sicheren Erwartung zukünftiger Hilfen durch den Anderen solche Formen des Gebens wählt, die ihm selbst als Adressat von Hilfeleistungen angenehm wären. Untersuchungen zeigen, daß H positiver durch E bewertet wird, wenn E sicher sein kann, daß er H oder anderen eine Gegenhilfe leisten kann. Diese Sicherheit erhöht auch die Bereitschaft, H in der Zukunft um Hilfe zu bitten. Eine Hilfe, die auf der Grundlage eines wechselseitigen Austausches definiert werden kann erleichtert es E, Helfen als Teil einer reziproken Handlungsorientierung zu interpretieren und die Hilfe ohne Probleme anzunehmen. Gleichzeitig ist H stärker motiviert, weniger problematisch und „beziehungsgefährdend" zu helfen (vgl. BIERHOFF 1988). Kinder benötigen die Erfahrung, daß eine Interaktion nur dann befriedigend aufrechterhalten werden kann, wenn die Beteiligten ungleiche Fähigkeiten wechselseitig kompensieren und sich diese nicht immer wieder vorhalten. „Dort, wo klar ist, daß man längerfristig miteinander zu tun haben wird, kann die Erwartung entstehen, daß der andere mir demnächst helfen wird, wie ich ihm eben geholfen habe" (KRAPPMANN & OSWALD 1988, S. 222). Hilfe-Interaktionen enthalten für die Beteiligten ein großes Lernpotential, das Möglichkeiten bietet, den Wert gegenseitiger Beziehungen zu erfahren. Problemloseres Helfen resultiert aus einer Vielzahl sozialer Erfahrungen, umgekehrt können bei partnergerechter Hilfeleistung soziale Kompetenz erworben und Beziehungskonzepte erschlossen werden. Sich von der Bitte eines Hilfesuchenden „anrühren" zu lassen, verwickelt Helfer und Hilfsbedürftigen in die Mühen um angemessene Hilfe unter akzeptablen Bedingungen. „Bittere Erfahrungen mit Maßregelungen und Gegenwehr lassen nach den Möglichkeiten suchen, ohne Verletzung zu geben und freundlich zu bekommen. Das läßt den Wert der längerfristigen Beziehung erkennen, in der man hoffen kann, daß sich auf Dauer Leistung und Gegenleistung ausgleichen" (S. 222).

Viele der zur Hilfe-Interaktion genannten Gesichtspunkten gelten auch für übergreifende Vorstellungen von Geben und Nehmen. Für Prozesse der Kommunikation, der Kooperation und der Konfliktaustragung können ähnliche interaktionale Verknüpfungen zwischen Gebenden und Nehmenden beschrieben und in ihrem spezifischen Wechselspiel dargestellt werden. Um dabei Formen der Gegenseitigkeit zu entwickeln, bedarf es für die Kinder eines langen und mühsamen Weges, der mit dem Aufarbeiten von Widersprüchen und Anpassungsschwierigkeiten verbunden ist. Es gehört zu den prägnanten Erfahrungen jedes Kind, daß Einigung bei der Feststellung von Uneinigkeit beginnt (RAUSCHENBERGER 1985). Viele fruchtbare Momente Sozialen Lernens entstehen aus Widersprüchen zwischen der eigenen und einer fremden Perspektive. Nach PIAGET (1976) ist anzunehmen, daß Entwicklungsfortschritte besonders durch solche Interaktionen gefördert werden, die Kinder vor kognitive Konflikte stellen. Meist wird dabei unter Konflikt im sozialen Sinne der wahrgenommene Widerspruch zwischen der Meinung einer Person und den Meinungen anderer verstanden, wobei auf seiten des Subjektes ein Bewußtsein der Nichtübereinstimmung angenommen wird, das interne Prozesse der Umstrukturierung in Gang setzt. SULLIVAN (1953) und YOUNISS (1980) sehen Entwicklungsfortschritte im Bereich des Sozialen Lernens mehr unter dem Aspekt des gemeinsamen Aufbaus, der „Ko-Konstruktion" in Prozessen der Kooperation, der „konsuellen Validierung" und der vertrauten Kommunikation. Das Moment der Gegenseitigkeit äußert sich dabei als eine fortgesetzte Orientierung der Interaktionspartner an gemeinsam erarbeiteten und akzeptierten Formen der Zusammenarbeit. Konkret ist dabei dann „der Austausch von Vorschlägen, die Bereitschaft zum Kompromiß und der Versuch wichtig, eher Übereinstimmung zu erhalten als auf getrennten, konfligierenden Positionen und unnachgiebigen Argumenten zu beharren (DAMON 1984, S. 84). Bei WITKIN (1978) findet sich ein Modell, das davon ausgeht, das sowohl konflikthafte wie versöhnliche, auf Gemeinsamkeit ausgerichtete Interaktionen die Entwicklung in unterschiedlichen Bereichen fördern können : „Konflikt steigert eher die kognitive Problemlösung, während Ausgleich eher Aspekte der Sozialkompetenz des Kindes unterstützt" (DAMON 1984, S. 84).

2.3.6

Gegenseitigkeit auf Gruppenebene

Es wird davon ausgegangen das die Gruppe über ein „Entfaltungspotential" verfügt, das von einzelnen Gruppenmitgliedern unterschiedlich genutzt werden kann. Eine solche Ungleichverteilung führt in den meisten Fällen zu offenen oder latenten Spannungen sowohl bei denen, die in ihren Handlungsbedürfnissen eingeengt sind, als auch bei denen, die ständig Energie dafür aufwenden müssen, ihre übergroßen Partizipationsansprüche gegenüber anderen zu verteidigen. Es wäre die Erfahrung zu vermitteln, daß die Bereitschaft des einzelnen Gruppenmitgliedes, zu Gunsten einer gerechten Verteilung eigene „Entfaltungsanteile" abzugeben, nicht zu einer tatsächlichen Einschränkung führen muß, sondern der erweiterte Handlungsspielraum des anderen (z.B. höhere Redeanteile) als Bereicherung der eigenen Perspektive erlebt werden kann.

Wie oben bereits angedeutet, fördern Gegenseitigkeitsnormen in der Gruppe symmetrische Interaktionen. Solche Regeln können eng oder weit gefaßt sein, sowohl was den zeitlichen Abstand zwischen Gabe und Gegengabe als auch was situations-und inhaltsspezifische Angaben über die Verbindlichkeit reziproker Normen betrifft. Gegenseitigkeit in einem weit gefaßten Sinn begünstigt als normativer Rahmen eine generelle Bereitschaft zu partnerbezogenem Handeln, das sich nicht auf eine Dyade und einen strikten Ausgleich beschränkt.

Im Verlauf vielfältiger Interaktionen entwickeln die Gleichaltrigen Vorstellungen darüber, wie man untereinander zu handeln, zu denken und zu fühlen hat. Dabei wirken Begegnungen innerhalb (während des Unterrichts, in Pausen, Freistunden u.a.) und außerhalb der Schule (Schulweg, Freizeitgruppen, Spielgruppen u.a.) auf die Entstehung von Normen ein, die häufig noch weitere Verhaltensbereiche abdecken als die formellen Erwartungen. In vielen Fällen handelt es sich um „ungeschriebene Gesetze", deren Verletzung durch den Entzug von Sympathie, von sozialer Anerkennung, Zugehörigkeit und Teilnahme an gemeinsamen Aktivitäten bestraft wird.

Soziale Strukturen in Schulklassen bezeichnen ein mehr oder weniger stabiles Beziehungsmuster zwischen den Gruppenmitgliedern. Mit der Zunahme von Interaktionen entsteht eine einzigartige Konstellation von gegenseitigen Beziehungen, wobei soziale Abläufe dazu tendieren, bestimmten Mustern zu folgen. Je nach Beobachtungsgesichtspunkt (Sympathie, Einfluß, Kommunikation, Erwartungen u.a.) lassen sich unterschiedliche Beziehungen beschreiben; dementsprechend lassen sich in Gruppen auch sehr unterschiedliche Strukturen finden: Neben Mustern unterschiedlichen Einflusses bilden sich sog. Kommunikationsnetze; es entstehen dauerhafte Erwartungsmuster sowie Muster

gegenseitiger Anerkennung und Sympathie. Es handelt sich bei diesen Mustern um dynamische und flexible Systeme.
Um Gegenseitigkeit auf Gruppenebene näher zu kennzeichnen, bietet es sich an, das Sozialklima mit den o.g. Aspekten der Gruppenstruktur zu verknüpfen und Beziehungsmuster zu benennen, die eine positive soziale Atmosphäre begünstigen. Die nachfolgende Aufzählung trägt stark utopische Züge. Trotzdem erscheint es uns sinnvoll, das Spektrum der Möglichkeiten eines vom Prinzip der Gegenseitigkeit bestimmtes soziales Klima dadurch zu beschreiben, daß wir den extrem positiven Pol charakterisieren. Obwohl uns die Begrenztheit sozialerzieherischer Möglichkeiten bekannt ist (vgl. Kap. 2.2.8), stellen wir diesen „idealistischen" Katalog vor, damit der Blick über die momentanen Grenzen des schulischen Handlungsspielraumes hinaus auf eine anzustrebende humane und demokratische Schulsituation gelenkt werden kann.

Bereich: Entscheidungen – Einfluß – Macht
Sehr viele Schüler werden an Gruppenentscheidungen beteiligt, Unterdrückung Schwächerer ist gering; kreative Einfälle werden zur Entscheidungsfindung herangezogen; bestimmte „Gruppenämter" werden nur über die Zustimmung der Mehrheit der Gruppe vergeben; Kriterien zur Besetzung dieser Ämter sind möglichst aufgabenspezifisch; Minderheiten können jederzeit zu Wort kommen; die Delegation von Entscheidungsrechten ist kurzfristig und entspringt einem Gruppenkonsens; Sensibilität gegenüber unberechtigten Machtansprüchen ist sehr ausgeprägt; Personen, die dem Zusammenhalt der Gruppe und der Förderung konstruktiver Konfliktlösungen dienen, werden von den Mitgliedern besonders geschätzt; Vorrechte einzelner Schüler werden nicht akzeptiert. „Mitläuferverhalten" ist eher verpönt.

Bereich: Kommunikation
Das Kommunikationsnetz ist wenig zentralisiert, d.h. es besteht prinzipiell für jeden Schüler die Möglichkeit, mit allen Mitschülern Informationen auszutauschen; kreatives und aktives Zuhören wird praktiziert, indem man versucht, sich in die Rolle des Sprechers einzufühlen; nichtverbale Signale werden angemessen interpretiert. Probleme, die die Schüler beschäftigen, können öffentlich geäußert werden; es kommt zu Metakommunikation, d.h. es werden nicht nur Informationen ausgetauscht, sondern Gefühle, Absichten, Erwartungen des „Senders" thematisiert, und es erfolgt Rückmeldung durch den „Empfänger"; Versuche, durch Unwahrheit zur Befriedigung eigener Bedürfnisse zu kommen, sind seltener; Spielregeln für gemeinsame Gespräche und Diskussionen existieren und gewährleisten eine gerechte Beteiligung und Rededauer; Konflikte werden aufgegriffen, gemeinsam erörtert, „Tribunale" kommen nicht vor. Redeinhalten und den dahinterstehenden Absichten wird mehr Aufmerksamkeit gewidmet als der Pose und der Perfektion des Vortrages.

Bereich: Erwartungen – Rollen – Vorurteile
Erwartungen über das zukünftige Verhalten entspringen intensiven Interaktionen mit einzelnen Mitschülern. Erwartungen sind jederzeit revidierbar; sie beziehen sich fast ausschließlich auf soziale Erfahrungen mit dem betroffenen Mitschüler; die Zuordnung bestimmter Schüler zu bestimmten Kategorien erfolgt sehr selten; negative Typisierungen verstoßen gegen die Gruppennormen der „fairen Interaktion"; es besteht die Tendenz, Mitschülern zu helfen, negative Rollen abzulegen; jeder Schüler verfügt über genügend Handlungsspielraum, um die Erwartungen der Gruppe über seine Leistungsfähigkeit und Attraktivität als Interaktionspartner zu verbessern; die Schulklasse als Publikum zeigt Verhaltensweisen, die den einzelnen Schüler ermutigen, seine Fähigkeiten weitgehend zu entfalten; zur Erklärung einzelner Verhaltensweisen werden Bestimmungsgrößen im Umfeld der beobachteten Person herangezogen.

Bereich: Sympathie – soziale Anerkennung
Es werden Kontakte zu allen Schülern der Klasse, unabhängig von Geschlecht, sozialer Herkunft, schulischer Tüchtigkeit u.a. gesucht; die Chancen, soziale Anerkennung zu finden, konzentrieren sich nicht auf einige wenige Persönlichkeitsmerkmale, sondern leiten sich ab aus den Eigenschaften der gesamten Persönlichkeit; die Bereitschaft zur Zusammenarbeit ist sehr ausgeprägt; im Kontakt zu „andersartigen" Schülern ist man geneigt, eine Ergänzung und Bereicherung der eigenen Einstellungen, Fähigkeiten und Fertigkeiten zu erwarten; Außenseiter und Schüler, „um die sich alle reißen" treten nur kurzfristig auf, die Gruppe bemüht sich um deren Integration; Gefühle der Zuneigung können offen geäußert werden; die Angst, durch eine solche Offenheit soziale Anerkennung zu verlieren, ist wenig ausgeprägt; an gemeinsamen Aktionen können prinzipiell alle Schüler teilnehmen u.v.a.m.
Wie oben beschrieben, schließt Gegenseitigkeit die Personen-, Interaktions- und Gruppenebene als interdependente Bereiche ein,

– indem Personen internalisierte Normen in Interaktionen realisieren,
– indem befriedigende Sozialerfahrungen in symmetrischen Beziehungen entsprechende individuelle Normen (als Teilaspekt der Identität) festigen und
– damit wiederum den persönlichen Einsatz zur Stützung und Stabilisierung der Gruppennorm fördern.

Im folgenden Kapitel 3 wird versucht, die Überlegungen zu dem Kriterium „Gegenseitigkeit" weiter zu differenzieren und in Verbindung mit den Überlegungen im Rahmen des Modells zu Sozialem Lernen (Kap. 2.2) in einen Katalog übergreifender sozialer Lernziele umzusetzen.

3
Entwicklung eines Kataloges übergreifender Lernziele

Der nachfolgende Zielkatalog basiert zunächst auf einer Synopse der Zieldiskussion zu Sozialem Lernen (vgl. hierzu auch die Kap. 2.2.6 und 2.3.1). Er geht über die vorliegenden Ansätze hinaus, indem das übergreifende Kriterium der Gegenseitigkeit zugrunde gelegt und dadurch eine systematischere Deduktion möglich wird. Weiterhin werden Überlegungen im Rahmen des Modells zu Sozialem Lernen in Verbindung mit entsprechenden empirischen Befunden bei der Bestimmung von Lernzieldimensionen berücksichtigt.

3.1
Funktion des Zielkataloges

Der Zielkatalog hat im Rahmen dieser Arbeit unterschiedliche Funktionen:
– Er versucht, in überschaubarer Weise die Komplexität der Zieldiskussion zu reduzieren und die vielfältigen Zielformulierungen auf zentrale Bereiche zu verdichten.
– Er kann auch als Orientierungshilfe dienen. Orientierung bedeutet aus der Sicht des „Benutzers" das bessere Zurechtfinden im Bereich des Sozialen Lernens, das Verorten von Wissen und die Strukturierung eigenen Handelns.
– Er wird als Instrument zur Überprüfung der Realisierung Sozialen Lernens benutzt, indem gefragt wird, inwieweit die institutionellen Bedingungen ausreichen, welche Rolle dem Lehrer zukommt und an welchen Voraussetzungen kindlicher Entwicklung angeknüpft werden kann.
– Er dient im weiteren als Suchraster für eine Lehrplananalyse (Kap. 5) und hat dabei die Aufgabe, auf Gewichtungen, Auslassungen und inhaltliche Konkretisierungen aufmerksam zu machen.
– Im Rahmen einer Lehrerbefragung (Kap. 6) kann überprüft werden, in welchen Zielbereichen in der Praxis Schwerpunkte gesetzt werden und welche Kompetenzen und schulischen Voraussetzungen vorhanden sind.
Durch eine Expertenbefragung (Kap. 4) wird versucht, den Zielkatalog zu „validieren" und Informationen über die Funktion eines solchen Kataloges einzuholen.

3.2
Vorarbeiten für die Auswahl der Zielbereiche

Welche Vorarbeiten liegen für die Entwicklung des Zielkataloges in dieser Arbeit bisher vor? Verschiedene Teilaspekte des Modells tragen zur Entscheidung über die Auswahl und Definition einzelner Ziele bei, wobei wir hier keinen Anspruch auf Vollständigkeit erheben. Die Beschreibung von Sozialereignissen (vgl. Kap. 2.2.5) vor allem unter dem Aspekt der dort genannten Anforderungen (als objektive und subjektive Parameter) weist auf die Sozialbereiche hin, die für die soziale Entwicklung des Kindes relevant sind und dementsprechend in unsere Zielüberlegungen einbezogen werden müssen. Prozesse der Bewältigung solcher Sozialereignisse (vgl. Kap. 2.2.6) enthalten detaillierte Hinweise auf notwendige Bewältigungskompetenzen und entsprechende Handlungsorientierungen. Dabei kommt der Analyse interaktionaler Auseinandersetzungen besondere Bedeutung zu. Informationen zur sozialen Entwicklung (vgl. Kap. 2.2.7) bilden die Grundlage für Überlegungen zu Gesichtspunkten der Altersgemäßheit und Entwicklungsrelevanz einzelner Zielsetzungen: Z. B. wurde die zentrale Rolle von sozialer Sensibilität (besonders Empathie und soziale Perspektivenübernahme) im Rahmen der Entwicklung sozialen Verstehens herausgearbeitet. Die Berücksichtigung ökologischer Faktoren (besonders der Gruppe) und entsprechender transaktionaler Prozesse (vgl. Kap. 2.2.4) führt zu weiteren Hinweisen auf die Bedingungen des individuellen Erwerbes sozialer Kompetenzen und Handlungsorientierungen.
Das übergreifende Kriterium der Gegenseitigkeit wurde besonders auf der personalen Ebene (vgl. Kap. 2.3.4) und im Bereich der Interaktion (vgl. Kap. 2.3.5) in einer Weise elaboriert, daß die Grundstruktur des folgenden Kataloges bereits vorentwickelt ist. Dadurch kann an vielen Stellen auch auf Herleitungshinweise verzichtet werden.

3.3
Beschreibung der Zielbereiche

Im folgenden sollen wichtige Facetten, die das Kriterium der Gegenseitigkeit kennzeichnen, in Form von Lernzieldimensionen bestimmt werden. Dabei liegt die Bedeutung des Kataloges in seinem ganzheitlichen Ansatz. Auch wenn einzelne Lernziele nicht in allen Fällen eindeutig deduzierbar sind und inhaltliche Überlappungen entstehen, erheben sie dennoch – additiv zusammengefaßt – den Anspruch einer plausiblen Repräsentanz für den Bereich Sozialen Lernens. In Kap. 3.5 wird näher auf Aspekte der Ganzheitlichkeit des Kataloges und die Interdependenz der Zieldimensionen eingegangen.

Die folgenden Zieldimensionen sind übergreifend formuliert und von einer großen inhaltlichen Breite, auf die in Kap. 3.5 in Form von Differenzierungen konkreter eingegangen wird. Es soll ein Zielkatalog entstehen, der gleichzeitig durch eine größtmögliche Konkretheit und Interpretationsfähigkeit im Interesse einer situationsgerechten Anwendung gekennzeichnet ist. Die Formulierung der Ziele erfordert dementsprechend sowohl die Benennung konkreten, das „Elementare" eines Zielbereiches betreffenden Handelns als auch eine ausreichende Offenheit für die individuelle und „sinngemäße" Ausgestaltung etwa im Sinne situations-, schul- und altersspezifischer Konkretisierungen.

Bei den folgenden Zieldefinitionen wird jeweils nach Fähigkeit und Bereitschaft differenziert; diese Begriffe repräsentieren die an verschiedenen Stellen unserer Ausführungen genannten Kompetenzen und Handlungsorientierungen als Voraussetzungen für soziales Handeln. Weiterhin enthalten die Ziele explizit oder implizit Hinweise auf das Kriterium der Gegenseitigkeit, indem jeweils die Perspektive des Gebens und Nehmens angesprochen ist.

Bei der folgenden Bestimmung von übergreifenden Zieldimensionen werden Sozialereignisse in der Schülergruppe und die Anforderungen an individuelle Bewältigungsprozesse der Kinder mit dem Konzept der Gegenseitigkeit verknüpft. Es werden 11 Zielbereiche benannt. Nach einer kurzen inhaltlichen Skizzierung wird eine Definition dieser Bereiche gegeben.

Kommunikation: Gegenseitigkeit ist nur durch angemessene Formen der Kommunikation zu realisieren. Die partnerbezogene „Verwendung, Wahrnehmung und Interpretation von Zeichen, d.h. sowohl von Sprachsymbolen als auch von nicht-verbalen Zeichen der Körpersprache" (STANGE 1977, S. 43) bilden eine Grundlage für symmetrische Interaktionen. Besondere Bedeutung kommt dabei aktivem Zuhören zu. Gegenseitigkeit äußert sich in Prozessen der Koordination zwischen „Sender" und „Empfänger" im Sinne partnergerechten Gebens und Nehmens von Informationen sowie in der Erarbeitung eines gemeinsamen kommunikativen Repertoires. Es kann folgende Zieldefinition bestimmt werden:

> Kommunikation: *Fähigkeit und Bereitschaft, sich verständlich zu machen und andere zu verstehen.*

Kontakt: Im Mittelpunkt dieses Bereiches steht die Fähigkeit und Bereitschaft, Kontaktangebote zu machen und anzunehmen, sowie sich intensiv und ohne soziale Angst auf Beziehungen mit anderen einzulassen. Es gilt zu lernen, die Anzahl von Kontakten in der Schülergruppe zu vergrößern und Vorbehalte gegenüber Mitschülern in Interaktionen zu überprüfen. Zu diesem Zielbereich gehört weiterhin die Fähigkeit, sich in der Gruppe einen befriedigenden Status zu erwerben, der vielfältige Sozialkontakte und die Zugehörigkeit zu Arbeits- und Spielgruppen ermöglicht. Es soll die Erfahrung vermittelt werden, in neuen Beziehungen eine Bereicherung der eigenen Perspektive zu sehen. Wir definieren diesen Zielbereich wie folgt:

> Kontakt: *Fähigkeit und Bereitschaft, mit anderen Kontakt aufzunehmen.*

Kooperation kann als komplexer, zwischenmenschlicher Prozeß verstanden werden, in dem die Beteiligten im Sinne von Gegenseitigkeit miteinander Handlungsziele und -mittel absprechen und diese in konkrete Handlungsschritte umsetzen (vgl. auch Kap. 2.3.5). In dieser Beschreibung zeigen sich die beiden Hauptakzente von Kooperation: Bewältigung der Gruppensituation und der gestellten Aufgabe, für die entsprechende Kompetenzen und Handlungsorientierungen erworben werden müssen. Es soll gelernt werden, daß Zusammenarbeit auch für den einzelnen nützlicher als Einzelarbeit und gemeinsames Arbeiten mit angenehmen emotionalen Erfahrungen verbunden sein kann. Daraus leitet sich folgende Zieldefinition ab:

> Kooperation: *Fähigkeit und Bereitschaft, mit anderen zusammenzuarbeiten.*

Solidarität beinhaltet über Kooperation hinaus „eine auf der Erkenntnis der gemeinsamen Lage aufbauende Handlungsbereitschaft emanzipatorischer Art" (BECK 1975, S. 94). Dieser Zielbereich ist besonders umstritten, da hier die propädeutische Funktion des Sozialen Lernens im Hinblick auf politisches Handeln besonders deutlich wird. Als wesentliches Moment unserer Zielvorstellungen sind folgende Gesichtspunkte zu sehen: Den Widerspruch zwischen Prinzipien der Gegenseitigkeit und Gegebenheiten des institutionellen und gesellschaftlichen Kontextes zu thematisieren, Bereiche zu benennen, in denen durch Solidarität Änderungen herbeigeführt werden können und tatsächliches solidarisches Handeln. Dabei sollten solche Themenbereiche aufgegriffen werden, die den Kindern erfahrbar sowie kognitiv und emotional zugänglich sind. Die in der pädagogischen Praxis vertrauten Begriffe „Wir-Gefühl" und „Gruppenbewußtsein" sind die „pädagogische Umformung des Solidaritätsbegriffs in seiner emotionalen und seiner kognitiven Dimension" (PRIOR 1974, S. 98). Es kann folgende Zieldefinition bestimmt werden:

> Solidarität: *Fähigkeit und Bereitschaft zu gemeinsamen Handlungen in kleineren und größeren Gruppen; Bewußtsein der Zusammengehörigkeit und Erkenntnis der gemeinsamen Lage.*

Konflikt: Dem Umgang mit Konflikten, als eine „Hauptgegebenheit menschlicher Erfahrung" (IMHOF 1987, S. 19), kommt im Rahmen der Identitätsentwicklung besondere Bedeutung zu. „Das Erleben von Diskrepanz wird zur motivierenden Kraft der Entwicklung" (KELLER 1982, S. 269). In Sozialkontakten bildet die erfolgreiche Bewältigung von Konflikten zwischen den Partnern eine wesentliche Grundlage für die Stabilität und Intensität der Beziehung. Zu einem befriedigenden Umgang mit Konflikten gehören verschiedene Aspekte „interpersoneller kognitiver Problemlösefähigkeiten" und -orientierungen: z.b. alternative Lösungen zu finden, Konsequenzen sozialen Handelns zu bedenken, eine Sequenz zu durchdenken im Sinne einer Folge von Schritten, die zu einem bestimmten Ziel führen können, Problemsensitivität (PETERMANN 1987). Diese eher kognitiven Gesichtspunkte von Konfliktlöseverhalten sind durch motivationale und emotionale Aspekte (Umgang mit Wut, Ärger, Trauer, Enttäuschung) zu ergänzen: z.B emotionale Sensibilität gegenüber Konfliktfolgen; über einen längeren Zeitraum Vertrauen und Motivation zu wechselseitigen Klärungsprozessen. Es kann folgende Zieldefinition bestimmt werden:

> Konflikt: *Fähigkeit und Bereitschaft, konstruktives Konfliktlöseverhalten zu praktizieren.*

Ich-Identität: Auf Definitionen und theoretische Implikationen im Zusammenhang mit Gegenseitigkeit wurde bereits an anderer Stelle (vgl. Kap. 2.3.4) eingegangen. Im Sinne des personalen Poles von Identität geht es dabei um Selbstbejahung, Angstfreiheit, Durchsetzungsvermögen, Urteils- und Entscheidungsfähigkeit.

Eigene Bedürfnisse wahrzunehmen, zu akzeptieren und auf eigene Fähigkeiten zu vertrauen, diese selbstkritisch zu beurteilen und dabei ein hohes Selbstwertgefühl zu entwickeln, sind dabei wichtige Gesichtspunkte. Der soziale Pol von Identität verweist auf die Notwendigkeit, die verschiedenartigen Ansprüche, Erwartungen und Forderungen, wie sie sich für das Kind subjektiv widerspiegeln, miteinander zu vergleichen, zu bewerten, zu einer sinnvollen Einheit zu integrieren und in „lebensdienliche" Handlungsstrukturen zu übersetzen. Es kann folgende Zieldefinition bestimmt werden:

> Ich-Identität: *Fähigkeit und Bereitschaft, Fremderwartungen und eigene Bedürfnisse so zu verarbeiten, daß ein eigenes selbstbestimmtes Rollenverhalten entwickelt und praktiziert werden kann.*

Soziale Sensibilität läßt sich allgemein als Empfänglichkeit für soziale Reize beschreiben. Sie zeigt sich innerhalb des sozialen Geschehens in den verschiedenen Phasen einer Interaktion: „Als vorausschauende soziale Phantasie, als Einfühlungsvermögen innerhalb der Interaktion und schließlich als nachfolgende Reflexion des Verhaltens" (PRIOR 1974, S. 100). Neben der Empathie kommt dem sozialen Verstehen und dabei der sozialen Perspektivenübernahme zentrale Bedeutung zu (vgl. Kap. 2.2.7.2). Auch in diesem Zielbereich ist die Bedeutung des übergreifenden Kriteriums der Gegenseitigkeit deutlich sichtbar. Soziale Sensibilität zu praktizieren und von anderen sensibel wahrgenommen zu werden, sind Prozesse, die zu intensiveren ausgewogenen Beziehungen führen können, indem sich das Repertoire an gemeinsam erarbeiteten Deutungen erweitert und das Vertrauen in die Verläßlichkeit anderer vor allem auch in Konfliktsituationen größer werden kann. Es kann folgende Zieldefinition bestimmt werden:

> Soziale Sensibilität: *Fähigkeit und Bereitschaft, sich in die Rolle eines anderen zu versetzen, sich in seine Lage einzufühlen und das Ergebnis dieser Bemühung in das eigene Verhalten einzubeziehen.*

Toleranz bezieht sich auf die Fähigkeit und Bereitschaft, eigene Maßstäbe nicht zu verabsolutieren, andere Gruppen zu akzeptieren und Andersartigkeit in Verbindung mit den eigenen Auffassungen als eine Hilfe für die Bewältigung gemeinsamer Aufgaben zu sehen (vgl. HEUER 1974, S. 81). Der Abbau von Vorurteilen ist eine notwendige Voraussetzung für die Entwicklung einer Toleranzhaltung. Die Realisierung von Gegenseitigkeit erfordert aktive Toleranz gegenüber anderen, gleichzeitig eröffnet eine symmetrische Beziehung Nähe und Akzeptanz im Hinblick auf den Partner, so daß der Erwerb einer toleranten Haltung gefördert wird. Es kann folgende Zieldefinition bestimmt werden:

> Toleranz: *Fähigkeit und Bereitschaft,*
> *die Andersartigkeit, Eigentümlichkeit, Hilfsbedürftigkeit usw. anderer*
> *zu erkennen und zu respektieren, Vorurteile zu hinterfragen.*

Kritik: Der Aspekt der Kritik ist in allen anderen Lernzielen als wichtiges Moment enthalten. Kritikfähigkeit betrifft kognitive Voraussetzungen, um kritische Punkte zu erkennen und zu benennen und Änderungsvorschläge machen zu können. Kritikbereitschaft bedeutet, sich betroffen zu fühlen von einer Sache und zur Kritik aufgerufen zu sein. Kritikbereitschaft ist ebenfalls Teil einer „Konfliktverarbeitungsstrategie" (PRIOR 1976, S. 94). Von außen herangetragene Standards, Meinungen und Normen sollen nicht einfach als geltend angesehen werden, sondern auf ihre Notwendigkeit und Legalität vor allem im Hinblick auf die Realisierung von Gegenseitigkeit hin kritisch überprüft werden. Besonders zu betonen ist die Bedeutung kritischen Engagements als Alternative zu Gehorsam, Resignation, Rückzug oder ausschließlich theoretischer Kritik (vgl. FAUSER & SCHWEITZER 1985). Es kann folgende Zieldefinition bestimmt werden:

> Kritik: *Fähigkeit und Bereitschaft, Informationen, Normen, Handlungen, feststehende Urteile kritisch zu hinterfragen und gegebenenfalls Alternativen zu entwickeln.*

Umgang mit Regeln: Als übergreifende Regel kann das Kriterium der Gegenseitigkeit genannt werden, das sich nach verschiedenen Interaktionsbereichen (Sprechen, Arbeit, Spiel, Auseinandersetzung) konkretisieren läßt und implizit als Norm in allen Zielsetzungen vertreten ist. In Prozessen der Regelbildung, als offenes und bewußtes Aushandeln von Übereinkünften, sollen alle Gruppenmitglieder die Chance haben, Einfluß zu nehmen. Teilregeln sind an der übergreifenden „Gegenseitigkeitsregel" zu überprüfen. Die Einsicht in die Notwendigkeit sinnvoller Regeln sowie in die prinzipielle Möglichkeit, Regeln zu ändern und neuen Entwicklungen und Situationen anzupassen, ist zu vermitteln. Es kann folgende Zieldefinition bestimmt werden:

> Umgang mit Regeln: *Fähigkeit und Bereitschaft, wichtige Regeln des Zusammenlebens zu erarbeiten, zu beachten und gegebenenfalls zu revidieren.*

Gruppenkenntnisse: Dieser Zielbereich stellt die „Wissenskomponente" von Gegenseitigkeit in den Mittelpunkt der Betrachtung. Wissen kann sich dabei u.a. auf die einzelnen Mitschüler, Interaktionsprozesse, Gruppenstrukturen, Normen und die Stellung der eigenen Person im Gruppengeschehen beziehen. Es erscheint sinnvoll, neben fächerübergreifenden, die Gestaltung des gesamten Schullebens betreffenden Aspekten auch Themenbereiche, die in einzelnen Lernzielbereichen enthalten sind, in den Unterricht aufzunehmen. Dabei könnten beispielsweise soziale Themen wie Kenntnisse über Konflikte, Gruppenstrukturen, die Außenseiterproblematik oder Vorurteile vermittelt werden. Es kann folgende Zieldefinition bestimmt werden:

> Gruppenkenntnisse: *Fähigkeit und Bereitschaft, Kenntnisse über wesentliche Aspekte der sozialen Gruppe Schulklasse zu erwerben.*

Im folgenden werden die Definitionen für die einzelnen Zieldimensionen zu einem Katalog zusammengetragen.

Katalog übergreifender Zielbereiche für Soziales Lernen

Kommunikation: *Fähigkeit und Bereitschaft, sich verständlich zu machen und andere zu verstehen.*
Kontakt: *Fähigkeit und Bereitschaft, mit anderen Kontakt aufzunehmen.*

Solidarität: *Fähigkeit und Bereitschaft zu gemeinsamen Handlungen in kleineren und größeren Gruppen; Bewußtsein der Zusammengehörigkeit und Erkenntnis der gemeinsamen Lage.*
Konflikt: *Fähigkeit und Bereitschaft, konstruktives Konfliktlöseverhalten zu praktizieren.*
Ich-Identität: *Fähigkeit und Bereitschaft, Fremderwartungen und eigene Bedürfnisse so zu verarbeiten, daß ein eigenes selbstbestimmtes Rollenverhalten entwickelt und praktiziert werden kann.*
Soziale Sensibilität: *Fähigkeit und Bereitschaft, sich in die Rolle eines anderen zu versetzen, sich in seine Lage einzufühlen und das Ergebnis dieser Bemühung in das eigene Verhalten einzubeziehen.*
Toleranz: *Fähigkeit und Bereitschaft, die Andersartigkeit, Eigentümlichkeit, Hilfsbedürftigkeit usw. anderer zu erkennen und zu respektieren, Vorurteile zu hinterfragen.*
Kritik: *Fähigkeit und Bereitschaft, Informationen, Normen, Handlungen, feststehende Urteile kritisch zu hinterfragen und gegebenenfalls Alternativen zu entwickeln.*
Umgang mit Regeln: *Fähigkeit und Bereitschaft, wichtige Regeln des Zusammenlebens zu erarbeiten, zu beachten und gegebenenfalls zu revidieren.*
Gruppenkenntnisse: *Fähigkeit und Bereitschaft, Kenntnisse über wesentliche Aspekte der sozialen Gruppe Schulklasse zu erwerben.*

3.4
Struktur des Zielkataloges

In dem folgenden Kapitel sollen noch einige Anmerkungen zu dem Katalog als ganzheitliches Konzept gemacht werden. Zunächst ist festzustellen, daß die einzelnen Zielsetzungen in unterschiedlicher Weise inhaltlich miteinander verknüpft sind. Dementsprechend ließe sich der Katalog in eine Matrix umgestalten, in der sich alle dyadischen Beziehungen zwischen den Zielsetzungen abbilden lassen. Eine Analyse der einzelnen Verknüpfungen zwischen jeweils zwei Zielbereichen würde inhaltliche Überlappungen und die enge Verflochtenheit verdeutlichen. Es würde sichtbar, daß es sich bei den einzelnen Bereichen eher um Akzentuierungen im Rahmen eines größeren Komplexes handelt und jeder Zielbereich in seiner dimensionsspezifischen Ausprägung in jedem anderen enthalten ist. Bei einer näheren Betrachtung wären die einzelnen Verknüpfungen wie folgt zu kennzeichnen:

— A bildet eine der Voraussetzungen für B (z.B sind *Kommunikation* und *Kontakt* die Voraussetzung für alle übrigen Bereiche)

- Lernfortschritte in A bilden eine der Voraussetzungen für Fortschritte in B (z.B. fördert die Realisierung von *Kooperation* Kompetenzen und Orientierungen im *Umgang mit Regeln*)
- A äußert sich in spezifischen Formen von B (z.B. äußern sich *Toleranz* und soziale Sensibilität in spezifischem *Kommunikations- und Kontaktverhalten*).

Der Zielkatalog ist nur als Ganzheit zu sehen, als Komplex eng verwobener Dimensionen, die eine vollständige inhaltliche Ausprägung nur durch ihre Anbindung an alle anderen Dimensionen finden. Jede einzelne Dimension kann gleichzeitig als abhängige und als unabhängige Variable für alle anderen betrachtet werden.

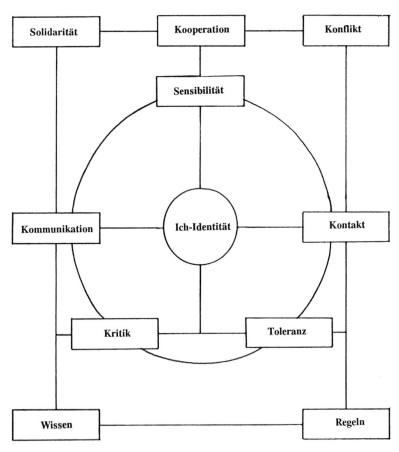

Abb. 9: Versuch einer graphischen Darstellung der Struktur des Zielkataloges

In Abb. 9 wird der Versuch unternommen, die Struktur des Kataloges so darzustellen, daß ein Zielbereich in den Mittelpunkt gerückt wird und danach eine Zuordnung erfolgt, die diesem als zentral definierten Bereich gerecht wird. Bei einer solchen Darstellungsweise kann allerdings nur ein begrenzter Beitrag zur Aufklärung der Struktur des Kataloges geleistet werden. Bei unserem Strukturierungsversuch wird dem Bereich der „Ich-Identität" eine strukturierende Funktion eingeräumt. Dies scheint uns deshalb gerechtfertigt, weil in diesem Zielbereich der soziale und personale Pol von Gegenseitigkeit, der sich auch in allen anderen Bereichen findet, besonders klar erkennbar ist. Weiterhin vereinfacht sich die Zuordnung auch dadurch, daß wir uns bei der Darstellung ausschließlich auf der Personenebene bewegen können.

Zunächst verdeutlicht die graphische Darstellung, daß Ich-Identität mit allen anderen Zielbereichen durch direkte oder indirekte „Pfade" verbunden ist. Wir gehen weiterhin davon aus, daß es Zielbereiche gibt, die in besonders engem Zusammenhang zu Identität stehen und die man als „Basiskonzepte" betrachten könnte. Die Art, zu kommunizieren und auf andere kommunikativ einzugehen, Kontakte aufzunehmen und aufrechtzuerhalten, sozial sensibel und tolerant zu reagieren sowie eine kritische Haltung gegenüber anderen und Selbstkritik sind „identitätsnahe" Konzepte, die das Kind gleichzeitig in seiner Individualität und in seiner Eingebundenheit in einen normativen Kontext kennzeichnen. Kooperation, Solidarität und Konflikt können als spezifische Interaktionsbereiche gesehen werden, in die sich das Kind mit seiner Identität einbringt. Der Umgang mit Regeln und soziales Wissen sind Konzepte, die die individuelle Form des Zurechtkommens in den spezifischen Interaktionsbereichen prägen und gleichzeitig die subjektive Rekonstruktion von Gruppennormen und Gruppenstrukturen darstellen.

Bereits dieser einfache Strukturierungsversuch verdeutlicht die Kompliziertheit der Zusammenhänge. Würden wir mit einem anderen Zielbereich beginnen, so würde sich eine weitgehend neue Struktur bilden, die neue Einsichten in die Verwobenheit und gegenseitige Abhängigkeit der einzelnen Elemente des Kataloges vermitteln könnte.

Das Fehlen einzelner Zielbereiche oder ihre isolierte Betrachtung würde die Aussage des Kataloges so verändern, daß das Prinzip der Gegenseitigkeit nicht ausreichend repräsentiert und in seiner Zielrichtung verändert erscheinen würde. Würden beispielsweise die Dimensionen Kritik und Solidarität fehlen, ließe sich die Realisierung der übrigen Ziele – im Widerspruch zu einer über reine Funktionalität hinausgehenden Interaktionserziehung (vgl. KÖLLN 1974) – auch für eine „sozial-harmonisierende" Erziehungskonzeption nutzbar machen, deren Ziel die möglichst konfliktfreie Eingliederung des Individuums in die Gesellschaft ist. Jeder Zielbereich bedarf der Ergänzung durch alle anderen: Für den Bereich *Toleranz* beispielsweise sind das Wissen über soziale Aspekte in der Schülergruppe und soziale Sensibilität notwendig, um mit

Andersartigkeit umgehen zu können. Erst in ausreichenden Kontakten und entsprechenden Verständigungsprozessen kann eine tolerante Haltung entstehen. Toleranz kann in Formen der Kooperation, Solidarität und auch in Konflikten erworben werden und bildet gleichzeitig eine Voraussetzung für das Gelingen dieser Interaktionsformen. Die Fähigkeit und Bereitschaft, Vorurteile kritisch zu hinterfragen sowie gleichzeitig Normen des fairen Umganges zu akzeptieren, sind als unerläßliche Teilelemente von Toleranz zu betrachten. Auf diese Weise ließe sich für alle Lernzieldimensionen nachweisen, daß sie nur im Kontext des gesamten Kataloges angemessen repräsentiert sind.

3.5
Übergreifende Aspekte

Es folgen nun einige Anmerkungen zu übergreifenden Gesichtspunkten, die uns hinsichtlich der Realisierung des Zielkataloges bedeutsam erscheinen.
Die Betrachtung Sozialen Lernens in einem ganzheitlichen Konzept erlaubt die Definition von Lernzielen auf der Ebene der einzelnen Person, ohne daß damit der Bezug zu den damit verknüpften ökologischen Gegebenheiten ausgeklammert wird. Vielmehr liegt unserem Modell der Gedanke zugrunde, daß Person und Ökologie eine untrennbare Einheit bilden (vgl. Kap. 2.2.1), die lediglich zum Zweck einer weniger komplexen, leichter nachvollziehbaren Darstellungsweise aufgelöst wird. Wenn die Zielbereiche auch für die Person des Schülers formuliert sind, so schließen sie doch implizit den Verlauf von Interaktionen, die Gruppensituation und den institutionellen Kontext als interdependente, aufeinander abgestimmte Größen mit ein. Alles, was in den einzelnen Zielbereichen ausgesagt wird, bezieht sich gleichzeitig auf den individuellen Erwerb, auf den Verlauf von Interaktionen und das Geschehen in der Gruppe. Beispielsweise meint das Ziel „Toleranz" neben persönlichen Qualifikationen und Einstellungen gleichzeitig auch Interaktionsverläufe, die durch gegenseitige Toleranz charakterisiert sind sowie Normen und sozialklimatische Aspekte, die die Schülergruppe und die gesamte schulische Ökologie als tolerant kennzeichnen.
Darüber hinaus ist die Konkretisierung der Zielbereiche offen für kontextuelle Veränderungen. Im Sinne unserer Modellvorstellungen ist Soziales Lernen auch determiniert von Veränderungen im näheren und weiteren Umfeld der Gruppe. Aktuelle gesellschaftliche Gegebenheiten, wie z.B. die Verbreitung des Computers, wirken über die familiale Ökologie und über institutionelle Vorgaben in die Schülergruppe hinein und prägen die Art von Sozialereignissen sowie Formen und Inhalte von Kommunikation.
Es ist weiterhin darauf zu verweisen, daß die genannten sozialen Kompetenzen

und Handlungsorientierungen nicht separiert von der fachlichen Qualifizierung erworben werden. Vielmehr ist Soziales Lernen als Teilbereich des gesamten Bildungsvorganges zu sehen und mit anderen Teilbereichen unauflöslich verknüpft. Praktisch-gegenständliche, theoretisch-intellektuelle und sozial-emotionale Lernprozesse sind dementsprechend Teilaspekte, die in Einheit das Wechselspiel zwischen Person und Umwelt kennzeichnen (vgl. Kap. 2.2). Mit der Realisierung des Zielkatologes erscheinen uns weitere Gesichtspunkte wichtig, die wir im folgenden nur stichpunktartig benennen können:

– Prinzip der Selbsttätigkeit: Die Kinder sollen verstehen, daß sie selbst Verantwortung dafür tragen, daß sie etwas lernen. Das Vertrauen in Möglichkeiten der Selbstregulation der Gruppe ist ebenso zu fördern wie individuelle Überzeugungen in den Wert selbständigen Handelns.
– Alle Ziele haben einen Handlungsbezug. Soziales Lernen muß über das Entwickeln theoretischer Lösungswege und das Verbalisieren sozialer Einsichten hinaus Aktivitäten der Kinder im Sinne einer „lebendigen Verwirklichung" beinhalten.
– Soziales Lernen sollte erfahrungsorientiert sein. Ein zentraler Gesichtspunkt ist dabei die Thematisierung und handelnde Bewältigung des sozialen Umgangs zwischen den Schülern. Beispielsweise werden Konflikte aufgegriffen, Lösungsmöglichkeiten gesucht, „Vergleiche zu eigenen Erfahrungen gezogen, Stellungnahmen herausgefordert, Handlungsweisen erarbeitet und erprobt" (PFEUFFER 1988, S. 84).
– Soziales Lernen beinhaltet neben dem Nachdenken über soziale Zusammenhänge vor allem auch das Empfinden in sozialen Situationen. Es kann nicht auf den kognitiven Bereich beschränkt bleiben, sondern es geht zentral auch um die Bereiche des Wollens und Fühlens. Eine Reduktion auf kognitives Lernen würde zu einer „Spaltung" zwischen Denken und Handeln führen und im Hinblick auf die Entwicklung der Kinder weitgehend folgenlos bleiben.
– Um zu vermeiden, daß es zu einer Trennung zwischen schulischem Lernen und außerschulischen Erfahrungen kommt, muß die Lebenswelt des Kindes (vor allem auch im Hinblick auf Gewährleistung oder Behinderung von Gegenseitigkeit) als zentrales Element schulischer Arbeit einbezogen werden.
– Der Zielkatalog stellt sehr hohe Anforderungen an die schulische Praxis. Im Bereich der Grundschule sind die „Richtziele" als Hinweise auf pädagogische Bemühungen im Sinne erster Anbahnung und kontinuierlicher Bemühungen um die Förderung sozialer Entwicklung gedacht.

Im folgenden Kapitel werden die einzelnen Zielbereiche inhaltlich weiter aufgeschlüsselt, so daß das in den übergreifenden Formulierungen Gemeinte weiter konkretisiert werden kann.

3.6

Zieldefinitionen

Neben der Benennung des Zielbereiches und der Zieldefinition werden die übergreifenden Beschreibungen durch bedeutsame Teilaspekte im Sinne von „social skills" konkretisiert sowie durch Hinweise auf theoretische Konzeptionen und durch die Nennung von Quellen, in denen ähnliche Zielvorstellungen entwickelt werden, ergänzt.

3.6.1

Kommunikation

Zieldefinition: Fähigkeit und Bereitschaft, sich verständlich zu machen und andere zu verstehen.

In der pädagogischen Literatur wird der Begriff „Kommunikation" ähnlich uneinheitlich verwendet wie der des Sozialen Lernens. In den folgenden Ausführungen machen wir uns nicht eine einzelne Position zu eigen, sondern versuchen, das im Kontext sozialerzieherischer Überlegungen entwickelte Spektrum durch einige Aspekte, die unsere Zielbeschreibung differenzieren, zu skizzieren.

Zur Verdeutlichung kommunikativer Prozesse wird häufig das Sender-Empfänger-Modell verwendet, das dann auf den Menschen übertragen wird und sich besonders für den kognitiven Aspekt von Kommunikation eignet. Neben dieser eher technischen Betrachtungsweise ist festzustellen, daß jede Mitteilung einen weiteren Aspekt beinhaltet, „der viel weniger augenfällig, doch ebenso wichtig ist – nämlich einen Hinweis darauf, wie ihr Sender sie vom Empfänger verstanden haben möchte. Sie definiert also, wie der Sender die Beziehung zwischen sich und dem Empfänger sieht, und ist in diesem Sinn seine persönliche Stellungnahme zum anderen. Wir finden somit in jeder Kommunikation einen Inhalts- und einen Beziehungsaspekt" (WATZLAWICK u.a. 1972, S. 53).

Wie in Kap. 2.3.4 ausgeführt, stellt die Bestätigung der Identität eine der wichtigsten Voraussetzungen für die Identitätsentwicklung dar (vgl. FREY & HAUSSER 1988). Es ist anzunehmen, daß die Funktion der Kommunikation über einen reinen Informationsaustausch dadurch hinausgeht, daß sie eine das eigene Selbst oder das Selbst des anderen bestätigende Wirkung hat. „Es hat den Anschein, daß wir Menschen mit anderen zum Zweck der Erhaltung unseres Ichbewußtseins kommunizieren müssen" (WATZLAWICK u.a. 1972, S. 83).

Aktives Zuhören ist dabei kennzeichnend für eine auf Gegenseitigkeit beruhende Kommunikation.
Kommunikation bedeutet Austausch von Gefühlen, die vor allem auch im analogen Bereich (Gestik, Mimik, Tonfall) übermittelt werden (vgl. IMHOF 1987) und für die Realisierung von Gegenseitigkeit von großer Bedeutung sind: Bereitschaft zum Zuhören signalisieren; anderen vermitteln, daß man ihre Gefühle versteht und akzeptiert; eigene Gefühle zum Ausdruck bringen, „gefühlvoll" reagieren; Enttäuschung, Wut, Ärger zeigen (vgl. auch STANGE 1978). Sich getrauen, Gefühle mitzuteilen; Fähigkeit und Bereitschaft, Gefühle mitzuteilen (vgl. OERTER & WEBER 1975).
Im Zusammenhang mit der Bewältigung von Konflikten kommt dem Kommunizieren eine bedeutende Rolle zu. Menschen, die über nur geringe sprachliche Mittel und keine differenzierte Wahrnehmung für ihre inneren Spannungen verfügen, sind in höherem Maße darauf angewiesen, sich „handfest" zu äußern. „Sie tendieren dazu, Konflikte auszuagieren, sie ersetzen Sprechen durch Handeln" (GARLICHS 1985, S. 378).
STANGE (1974, S. 64) nennt für das Konzept der kommunikativen Kompetenz die Fähigkeiten, den eigenen Standpunkt zu Gehör zu bringen sowie das Bemühen, den Standpunkt des anderen ernstzunehmen und mit dem eigenen zu koordinieren.
Zur Bereitschaft, die genannten Kompetenzen zu erwerben und auch zu realisieren, gehören Handlungsorientierungen, die sich sehr vorläufig und grob wie folgt beschreiben lassen:

- Bereitschaft, Vertrauen zu entwickeln;
- Bereitschaft, ein hohes Maß an Kontaktbereitschaft zu zeigen;
- Bereitschaft, Informationen anderer als subjektiv bedeutsam zu betrachten;
- Risikobereitschaft, sich der Rückmeldung anderer zu stellen;
- Bereitschaft, aktiv zuzuhören und die eigene Wahrnehmung auf den anderen zu konzentrieren;
- Bereitschaft zu empathischem Verhalten.

Am Beispiel von „Kommunikation" soll stellvertretend für alle Zielbereiche auf wichtige Implikationen aufmerksam gemacht werden, die auch für alle weiteren Ziele gelten:

- Das Kriterium der Gegenseitigkeit wird im Bereich der Kommunikation in Prozessen der Koordination zwischen „Sender" und „Empfänger" im Sinne partnerbezogenen „Gebens" und „Nehmens" von Informationen sowie der Erarbeitung eines gemeinsamen kommunikativen Repertoires deutlich.
- Das Lernziel ist gleichzeitig auf personaler Ebene (vgl. Kompetenzen und Handlungsorientierungen), auf der Ebene der Interaktion (vgl. Prozesse symmetrischer Kommunikation), auf Gruppenebene (vgl. Kommunika-

tionsregeln, Kommunikationsstrukturen und Kommunikationsklima), auf Institutionsebene (vgl. Rahmenbedingungen) und auf der Ebene des gesellschaftlichen Umfeldes (vgl. Medien, Normen für Kommunikation) von Bedeutung. Entsprechende Überlegungen zu pädagogischen Realisierungen haben sowohl bei der Auswahl von Themen als auch bei der Wahl von Methoden eine solche Mehrebenenperspektive zu berücksichtigen, um einer einseitigen Fixierung im Sinne einer Individualisierung einzelner Problembereiche oder einer „Kultivierung" des Sozialen Lernens auf einer „gesellschaftsblinden pädagogischen Insel" (SCHREINER 1973, S. 418) zu entgehen.

- Das Lernziel enthält kognitive, motivationale und emotionale Aspekte, die im Rahmen pädagogischer Konzepte gleichrangig berücksichtigt werden sollten, um eine Reduktion auf kognitives Lernen zu vermeiden (vgl. BECK 1978).
- Das Lernziel ist eng mit den anderen Zielen verknüpft. Beispielsweise erfordert erfolgreiche reziproke Kommunikation ein hohes Maß an „sozialer Sensibilität" und ist auf die Kontaktbereitschaft der Beteiligten angewiesen.

3.6.2
Kontakt

Zieldefinition: Fähigkeit und Bereitschaft, mit anderen Kontakt aufzunehmen.

Die Fähigkeit, Kontakte aufzunehmen, ist eng verknüpft mit kommunikativer Kompetenz. Darüber hinaus geht es auch um strategische Aspekte, wie z.B. sich für spezifische Interaktionen gewünschte und geeignete Partner auszuwählen und diese auch für eine Beziehung zu gewinnen, um Freundschaften zu schließen, Arbeits- und Spielpartner zu finden, Beistand in Konflikten zu erhalten. In den vielfältigen Beziehungen lernt der Schüler durch Versuch und Irrtum ein Repertoire an Taktiken, wie man jemanden zu einem erwünschten Verhalten bewegen kann; d.h. Techniken der erfolgreichen Kontaktaufnahme werden genau erforscht, „experimentell" erprobt und dann in den Katalog eigener Verhaltensmuster aufgenommen, wenn sie mehrfach erfolgreich angewendet wurden (JONES 1964). Zu diesem Zielbereich gehört weiterhin die Fähigkeit, sich in der Gruppe einen befriedigenden Status zu erwerben, der vielfältige Sozialkontakte und die Zugehörigkeit zu Arbeits- und Spielgruppen ermöglicht.

In diesem Zielbereich kommt den Handlungsorientierungen ein besonderes Gewicht zu. Die Entscheidung, Beziehungen aufzunehmen, wird in starkem Maße von der Bereitschaft, Kontaktangebote anderer anzunehmen und selbst

Kontaktangebote zu machen (vgl. z.b. „affiliative tendency" bei MEHRABIAN 1970), dem „Sozialinteresse" (MEHRABIAN & EPSTEIN 1972) und von persönlichen Wertvorstellungen über die Bedeutung von Sozialkontakten für eigene Ziele bestimmt. Dieses Konzept der Kontaktbereitschaft ist wiederum eng verknüpft mit dem Ausmaß an Zurückhaltung und Scheu vor Sozialkontakten, die unter dem Begriff „Soziale Angst" beschrieben werden. Sozial-ängstliche Personen neigen dazu, die antizipierten Reaktionen anderer ungünstiger einzuschätzen, Erfahrungen mit anderen negativer und selbstbedrohlicher zu erleben sowie regressiv auf mögliche Sozialkontakte zu reagieren und Zeichen der Unsicherheit (Schüchternheit) zu zeigen (FROST 1968; THURNER 1970; WATSON & FRIEND 1969).

Unsere allgemeine Lernzielformulierung zur Fähigkeit und Bereitschaft, Kontakte aufzunehmen, ließe sich zur Konkretisierung wie folgt weiter differenzieren:

- Fähigkeit und Bereitschaft, die Anzahl von Kontakten im Sinne einer Erweiterung des sozialen Netzwerkes zu erhöhen, Vorbehalte gegenüber Mitschülern in Kontakten zu überprüfen;
- Arbeits- und Handlungsmöglichkeiten in Gruppen wahrzunehmen (KUHNERT 1978, S. 337);
- Strategien und Taktiken des Umgangs zu reflektieren; Folgen für die Betroffenen zu verstehen, Alternativen zu diskutieren;
- einen sicheren Umgang mit eigenen Sozialen Ängsten zu lernen;
- anderen zur Überwindung Sozialer Angst zu verhelfen;
- auf Gruppennormen, Gruppenstrukturen und ein Gruppenklima hinzuarbeiten, die eine Kontaktaufnahme erleichtern.

3.6.3

Kooperation

Zieldefinition: Fähigkeit und Bereitschaft, mit anderen zusammenzuarbeiten.

Die Bereiche Kommunikation, Kontakt und die dort genannten Lerninhalte bilden die Grundlage für gemeinsames Arbeiten. Kooperation, die in nahezu allen Ausführungen zu Sozialem Lernen als bedeutsame Zieldimension genannt wird, enthält zwei Hauptakzente: die Bewältigung der Gruppensituation und der gestellten Aufgabe.

Für HIELSCHER (1974) gehören zur Kooperationsfähigkeit:

- die Fähigkeit, zu anderen Menschen befriedigende Beziehungen aufzubauen, die eine Zusammenarbeit erleichtern bzw. erst ermöglichen;

- die Fähigkeit, Probleme und Aufgaben so zu strukturieren, daß mehrere an der Lösung arbeiten können;
- die Fähigkeit, gemeinsam mit anderen Ziele zu finden und deren mögliche Folgen denkend vorwegzunehmen;
- die Bereitschaft, aufgrund der gemeinsamen Zielsetzungen gemeinsam zu handeln;
- die Bereitschaft, zugunsten gemeinsamer Ziele und Handlungen eigene Interessen und Bedürfnisse vorläufig zurückzustellen;
- die Möglichkeit, die Folgen des gemeinsamen Handelns „verwendungsbereit" in die eigene Person zu integrieren.

HIELSCHER (1974, S. 106 ff) konkretisiert weiterhin Zielsetzungen nach den Bereichen, die die eigene Person, die beteiligte Gruppe und die zu bewältigende Aufgabe betreffen. Auf der Ebene der „Person" kommt der Fähigkeit und Bereitschaft, über einen längeren Zeitraum hinweg ein Ziel im Auge behalten zu können, Bedürfnisse aufschieben zu können, Kompromisse zu finden, zu formulieren und zu akzeptieren, große Bedeutung zu. Die genannten sozialen Kompetenzen und Handlungsorientierungen machen die enge Verwobenheit der Dimension Kooperation mit anderen Bereichen deutlich. Dies gilt auch für Ziele, die den Umgang mit der Gruppe betreffen. Die Kinder sollen dabei u.a. lernen, „daß ihr Verhalten das Verhalten der anderen mitbestimmt und daß ihr eigenes Verhalten vom Verhalten der anderen mitbestimmt wird, anderen über ihr Verhalten Rückmeldung zu geben, miteinander zu spielen, miteinander fröhlich zu sein, anderen zu helfen" (HIELSCHER 1974, S. 107). Überwiegend auf die Gruppenaufgaben gerichtete Ziele beziehen sich u.a. auf Erfahrungen, „daß Zusammenarbeit auch für den einzelnen nützlicher sein kann als Einzelarbeit; daß viele Spiele erst in der Gruppe möglich sind und in der Gruppe mehr Spaß machen" (S. 108). Weiterhin können die Kinder bei kooperativen Aktivitäten lernen, „Informationen zu erfragen, Lösungen vorzuschlagen, Meinungen zu erkunden; Regeln zu bilden, zu formulieren und zu befolgen; gemeinsame Arbeiten gemeinsam zu beurteilen; aus gemeinsamen Beurteilungen neue Handlungsstrategien zu entwickeln" (S. 108).

3.6.4
Solidarität

Zieldefinition: Fähigkeit und Bereitschaft zu gemeinsamen Handlungen in kleineren und größeren Gruppen; Bewußtsein der Zusammengehörigkeit und Erkenntnis der gemeinsamen Lage.

Solidarität bedarf zunächst als Grundlage sozialer Kompetenzen und Handlungsorientierungen, die auch Voraussetzung für die Gestaltung erfolgreicher Kooperation sind. Darüber hinaus beinhaltet diese Zieldimension „eine auf der Erkenntnis der gemeinsamen Lage aufbauende Handlungsbereitschaft emanzipatorischer Art" (BECK 1975, S. 94). Dabei ist die Einsicht zu vermitteln, daß der einzelne in bestimmten Situationen nur in Solidarität mit anderen bestimmte gemeinsame Ziele verfolgen kann. KRATOCHWIL (1986, S. 38) beschreibt Solidarität als die „wechselseitige Verbundenheit der Mitglieder einer Gruppe, die sich unter dem störenden Einfluß äußerer Momente wie eine Einheit verhalten".

Bei diesem Zielbereich wird nicht nur die psycho-sozial begründete Forderung nach Gemeinsamkeit und Gegenseitigkeit ernst genommen, sondern auch die Bestimmung des Begriffs aus der politischen Theorie und Praxis sozialer Bewegungen. „Die psycho-soziale, die kognitive und die politische Dimension vereinen sich im solidarischen Selbstschutz- und Selbsthilfegedanken" (PRIOR 1974, S. 96). Bei allen sozialen Lernzielen können zwischen Prinzipien der Gegenseitigkeit und Gegebenheiten des institutionellen und gesellschaftlichen Kontextes Widersprüche entstehen. Als ein wesentliches und unverzichtbares Moment unseres Zielkataloges ist die Vermittlung der Fähigkeit zu sehen, diese Widersprüche zu thematisieren, bei Einschränkungen der eigenen Möglichkeiten die Bereiche zu benennen, in denen durch Solidarität Änderungen herbeigeführt werden können und tatsächliches solidarisches Handeln zu realisieren. Dem „Binnenaspekt" solidarischer Gruppen kommt besondere Bedeutung zu, sie müssen „gewissermaßen den Zustand in sich schon vorwegnehmen, den sie durch ihre Aktivitäten erreichen wollen" (PRIOR 1974, S. 97). Zur Konkretisierung der übergreifenden Zielsetzung ließen sich als sehr vorläufige Formulierungen folgende Zielsetzungen benennen:

– Gemeinsame Ziele für solidarisches Handeln und Pläne zu ihrer Realisierung zu entwickeln;
– Bereitschaft, anderen zu helfen;
– gemeinsam für benachteiligte Gruppenmitglieder einzutreten;
– in solidarischem Handeln einen Gewinn für die eigene Person zu sehen;
– Formen der Mitbestimmung zu entwickeln;
– in konkreten Situationen für verbesserte Handlungsbedingungen (z.B. Lern-, Spiel-, Arbeitsmöglichkeiten) einzutreten;
– sich auf die Gruppe verlassen zu können und für die Gruppe verläßlich zu sein;
– sich an solidarische Gruppennormen zu halten;
– emotionale „Robustheit" in der Verfolgung solidarischer Anliegen zu erwerben.

3.6.5

Konflikt

Zieldefinition: Fähigkeit und Bereitschaft, konstruktives Konfliktlöseverhalten zu praktizieren.

Der Vorgang des Lernens ist „seinem ganzen Wesen nach ein Mittel, um Konflikte zu lösen. Immer muß erst ein Problem vorhanden sein, bevor das Lernen einsetzen kann ... Konfliktsituationen sind also notwendige Begleiterscheinungen für die Persönlichkeitsentwicklung, und das zunehmend bessere Fertigwerden mit verwirrenden Einflüssen ist das wirksamste Mittel, um ein beständiges inneres Gleichgewicht zu erreichen" (ENGELHARDT 1981, S. 7). BACH & GOLDBERG 1988 vertreten die Auffassung, daß „faires Streiten" gelernt werden muß, wenn Menschen gegenseitiges Verständnis und persönliche Nähe erreichen wollen. Es geht also nicht darum, Konflikte aus dem Leben in einer Gruppe zu eliminieren, sondern sie als „soziales Übungsfeld" zu erhalten. Es geht dabei „einerseits um rationales Handeln in Konfliktsituationen im Sinne der Aufrechterhaltung der Funktionsfähigkeit eines sozialen Systems (z.b. der Gruppe) durch Vermeidung weiterreichender Störwirkungen. Zum anderen geht es aber auch um Handlungsfähigkeit im Sinne von Durchsetzungskraft bei berechtigten Ansprüchen" (KNOLL-JOKISCH 1981, S. 99).

STANGE & STANGE (1974, S. 66 ff) legen einen detaillierten Katalog von Zielen vor, der nach kognitiven, emotionalen und pragmatischen Zielsetzungen gegliedert ist. Im folgenden werden einige wesentliche Ziele, die die Norm der Gegenseitigkeit besonders verdeutlichen, vorgestellt und durch weitere ergänzt.

Kognitive Lernziele

– Verstehen, daß Konflikte und Lösungstechniken bestimmte Wirkungen und Folgen haben (z.B. Aggressionen haben oft Aggressionen zur Folge).
– Verstehen: Prosoziale Konfliktlösungen bereichern das Gruppenleben, steigern den Gruppenzusammenhalt, fördern das seelische Wohlbefinden.
– "Argumente formulieren können; Argumenten anderer zuhören und auf sie eingehen können" (ENGELHARDT 1981, S. 48).
– "Kompromißfähigkeit" (SCHAEFFER-HEGEL 1979).

Emotionale Lernziele

– Emotionale Sensibilität gegenüber Konfliktfolgen
– nicht nachtragend sein;
– eine positive Grundhaltung gegenüber anderen Kindern haben;
– Bereitschaft, Lösungen ohne Niederlage für die Konfliktpartner anzustreben (GORDON 1981);

– „Auch über einen längeren Zeitraum Vertrauen und Motivation zu wechselseitigen Klärungsprozessen" (VOYAT 1982, S. 227).

Pragmatische Lernziele
– Konfliktgefahren verbalisieren können;
– Metakommunikation betreiben können;
– über Normen (z.B. gleiche Rechte und Pflichten für alle) reden können; in Konfliktsituationen auf diese Normen hinweisen können.

3.6.6
Ich-Identität

Zieldefinition: Fähigkeit und Bereitschaft, Fremderwartungen und eigene Bedürfnisse so zu verarbeiten, daß ein eigenes selbstbestimmtes Rollenverhalten entwickelt und praktiziert werden kann.

Auf die Definition von Ich-Identität und theoretische Implikationen wurde bereits an anderer Stelle (vgl. Kap. 2.2.1) eingegangen. Alle in dem Gesamtkatalog genannten Zielsetzungen betreffen den Aspekt der Identität; in allen Lernzielen sind entsprechend unseres übergreifenden Kriteriums der Gegenseitigkeit Selbstbehauptung und eigenverantwortliches Anpassen an Erwartungen anderer implizit benannt. Dieses Lernziel akzentuiert die individuelle Ebene und legt seinen Schwerpunkt auf personale Prozesse der Ausbalancierung des personalen und sozialen Poles von Ich-Identität.

BECKER & CONOLLY-SMITH (1975, S. 196) nennen ein Spektrum emotionaler und sozialer Fähigkeiten, welche sich in Ich-Identität ausdrücken: „Selbstwertgefühl (Akzeptieren der eigenen Qualitäten und Schwächen, Akzeptieren der eigenen Sexualität); Selbstbehauptung; Zuständigsein für sich selber, Eigeninitiative, Entscheidungsfähigkeit, Verantwortungsfreude; Angst, Alleinsein, Schmerzen, Aggression, Langeweile, Kränkungen, Eifersucht ausleben und überwinden".

Bei KÖLLN (1974) finden sich „Grobziele", die „dem Erkennen und der kontrollierten Selbstdarstellung der eigenen Persönlichkeit dienen" (S. 147):

„Die Kinder sollen lernen,
– ihren eigenen Körper anzunehmen und ihn einzusetzen;
– ihre Gefühle und Bedürfnisse zu erkennen und auszudrücken;
– unterschiedliche Formen und Mittel des persönlichen Ausdrucks (verbal und nonverbal) zu erkennen und anzuwenden;
– ihre Rolle zu erkennen, Rollenerwartungen zu reflektieren und ein eigenes selbstbestimmtes Rollenverhalten zu entwickeln und zu praktizieren.

GARLICHS (1984) verweist auf den Bereich der Selbsterfahrung und nennt als wesentlichen Aspekt die Fähigkeit, „die verdeckten Motive des eigenen Handelns" (S. 366) zu erkennen und mit ihnen umzugehen. Ähnliche Vorstellungen entwickelt KNOLL-JOKISCH (1981, S. 93), die darüber hinaus auf die Bereitschaft verweist, die eigenen Fähigkeiten selbstkritisch zu beurteilen und danach zu handeln.

Die bisherigen Zielkonkretisierungen akzentuierten eher den personalen Aspekt von Identität. Soziale Identität verweist darüber hinaus auf die Notwendigkeit, die verschiedenartigen Ansprüche, Erwartungen und Forderungen, wie sie sich für das Kind subjektiv widerspiegeln, miteinander zu vergleichen, zu bewerten, zu einer sinnvollen Einheit zu integrieren und in „lebensdienliche" Handlungsstrukturen zu übersetzen. In der Auseinandersetzung mit Rollenerwartungen können auf der Grundlage von Theorien des symbolischen Interaktionismus folgende Konzepte genannt werden:

- Rollenambivalenz als die Fähigkeit, konkurrierende Rollenerwartungen erkennen, ertragen und ausbalancieren zu können.
- Rollenkomplementarität als die Fähigkeit, Rollenerwartungen und eigene Rolleninterpretationen in einer Weise in Einklang zu bringen, daß befriedigende Beziehungen aufrechterhalten werden können (vgl. auch das Konzept des „role making" bei GOFFMAN 1975).
- Rollendistanz als die Fähigkeit des „Rollenspielers", zu sich selbst als Träger einer Rolle eine gewisse Distanz zu entwickeln.
- Rollenflexibilität als die Fähigkeit, Rollenerwartungen und subjektive Rolleninterpretationen flexibel in das Bewußtsein der Einzigartigkeit zu integrieren.

3.6.7
Soziale Sensibilität

Zieldefinition: Fähigkeit und Bereitschaft, sich in die Rolle eines anderen zu versetzen, sich in seine Lage einzufühlen und das Ergebnis dieser Bemühung in das eigene Verhalten einzubeziehen.

Soziale Sensibilität zeigt sich innerhalb des sozialen Geschehens in den verschiedenen Phasen einer Interaktion: „Als vorausschauende soziale Phantasie, als Einfühlungsvermögen innerhalb der Interaktion und schließlich als nachfolgende Reflexion des Verhaltens" (PRIOR 1974, S. 100). Um den anderen zu verstehen und in Interaktionen partnerbezogen zu handeln, reicht die Wahrnehmung und Interpretation sichtbarer Phänomene nicht aus; es bedarf der Bereitschaft und Fähigkeit, latente Merkmale des anderen differenziert und

einfühlsam zu erschließen und das Ergebnis dieser Bemühungen für eine Verbesserung der Interaktion im Sinne besserer Verständigung zu nutzen.
Im Rahmen unserer Zieldefinition haben wir die Bereiche *soziale Perspektivenübernahme* und *Empathie* in den Mittelpunkt der Betrachtung gerückt. In Kap. 2.2.7.2 wurden diese Konzepte im Rahmen der Entwicklung sozialen Verstehens bereits dargestellt. Zur Konkretisierung des übergreifenden Lernziels ("sich in die Rolle eines anderen versetzen") seien hier stichpunktartig einige Aspekte des Spektrums der sozialen Perspektivenübernahme benannt. Die Fähigkeit und Bereitschaft zur sozialen Perspektivenübernahme kann bedeuten:

- Übernahme der Wahrnehmungsposition anderer;
- Voraussage des Verhaltens anderer;
- Berücksichtigung des Informationsstandes anderer;
- Erschließen von Bedürfnissen, Absichten, Meinungen anderer;
- Erkennen spezifischer Rollen anderer;
- sich selbst aus der Perspektive anderer sehen;
- rekursives Denken (OPPENHEIMER 1978);
- die Umwelt mit den Augen anderer wahrnehmen;
- verschiedene Perspektiven koordinieren;
- Abstimmung des eigenen Verhaltens auf die verschiedenen Standpunkte anderer.

Zur Verständigung mit anderen gehört nicht nur dieser kognitive Aspekt des Perspektivenwechsels, sondern auch der gefühlsbezogene Bereich der Empathie (vgl. dazu EISENBERG 1986), als „das Erkennen, Unterscheiden und auch das Ausdrücken von Gefühlen, Stimmungen, Absichten und Sicheinfühlen in andere Menschen" (CROISSIER u.a. 1979, S. 19). Empathie bezieht sich auch auf „das unmittelbare Angerührtsein durch die Emotionen anderer und das stellvertretende Miterleben dieser Emotionen" (HALISCH 1988, S. 81). Prozesse der Empathie und Rollenübernahme korrigieren und fördern sich gegenseitig:
„Empathische Fähigkeiten können sozial-kognitive Prozesse unterstützen und fördern, indem sie Mehrdeutigkeiten im Verhalten entschlüsseln. Andererseits können soziale Kognitionen den empathisch gewonnenen Eindruck verfeinern" (SCHMIDT-DENTER 1988, S. 297).
Für den Bereich der Empathie lassen sich konkretere Lernziele ableiten; die Kinder sollen lernen:

- Gefühle, Absichten usw. aufgrund der Mimik, Gestik und Sprache zu erfassen;
- Gefühle, Absichten etc. nachzuvollziehen;
- Gefühle und Bedürfnisse der eigenen Person und anderer zu akzeptieren;

- im Umgang mit anderen Menschen die Gefühle besonders zu beachten (CROISSIER u.a. 1979, S. 17);
- sich einfühlen zu können in psychisch belastende Problemsituationen;
- anderen zu vermitteln, daß man ihre Gefühle versteht (STANGE 1977, S. 158).

Auch bei diesem Lernzielbereich ist die Bedeutung des übergreifenden Kriteriums der Gegenseitigkeit als Leitlinie deutlich sichtbar. Soziale Sensibilität zu praktizieren und von anderen sensibel wahrgenommen zu werden, sind Prozesse, die zu intensiveren ausgewogenen Beziehungen führen können, indem sich das Repertoire an gemeinsam erarbeiteten Deutungen erweitert und das Vertrauen in die Verläßlichkeit anderer vor allem auch in Konfliktsituationen größer werden kann.

3.6.8

Toleranz

Zieldefinition: Fähigkeit und Bereitschaft, die Andersartigkeit, Eigentümlichkeit, Hilfsbedürftigkeit usw. anderer zu erkennen und zu respektieren, Vorurteile zu hinterfragen.

In diesem Lernbereich geht es vor allem um die Entwicklung von Toleranz als aktives Handeln, das einem anderen nicht nur sein Anderssein, seine Meinung usw. zugesteht, sondern diese in Verbindung mit den eigenen Auffassungen als eine Hilfe für die Bewältigung gemeinsamer Aufgaben ansieht" (HEUER 1974, S. 81). Toleranz als aktives Tun zwingt zur Auseinandersetzung mit dem, den man toleriert. Es genügt nicht, Intoleranz zu vermeiden, sondern es geht darüber hinaus um den „Aufbau und das Üben von tolerantem Verhalten" (PRIOR 1976, S. 88).

Toleranz bezieht sich im einzelnen auf die Fähigkeit und Bereitschaft, „die eigenen Maßstäbe nicht zu verabsolutieren, die Probleme auch vom Standpunkt des anderen zu sehen" (BECKER & CONOLLY-SMITH 1975, S. 47). Tolerantes Verhalten kann sich beispielsweise darin äußern, „andere sprechen zu lassen, anderen Aufgaben zu überlassen, andere Gruppen zu tolerieren" (KNOLL-JOKISCH 1981, S. 100). Gleichzeitig soll die Möglichkeit gegeben sein, die Grenzen eigener Toleranz dort zu bestimmen, wo die eigenen Entfaltungsmöglichkeiten in unausgewogener Weise begrenzt sind oder wo man sich anderen gegenübersieht, die selbst den Grundsatz gegenseitiger Toleranz verletzen. Der Abbau von Vorurteilen ist eine notwendige Voraussetzung für die Entwicklung einer Toleranzhaltung. Vorurteil kann dabei als Urteil gesehen werden, „das man ohne genügend Kenntnis und Überprüfung des Sachverhalts fällt und gedankenlos weitergibt" (WALLNER 1970, S. 24). Es äußert sich entweder negativ gegen bestimmte Gruppen oder Personenkategorien oder als besonders positive, bejahende Zustimmung gegenüber sozialen Gebilden oder deren Angehörigen (S. 24). Vorurteile können bewirken, daß andere typisierend bestimmten Kategorien zugeordnet werden, und verhindern, daß sie im Sinne des Kriteriums der Gegenseitigkeit als gleichrangige Interaktionspartner betrachtet werden. Vorurteile besitzen eine ausgeprägt emotionale Komponente, die sich u.a. in dem Festhalten an falschen, generalisierend bewertenden Urteilen äußert, „auch wenn der Wahrheitsanspruch des Urteils als ausreichend abgewiesen werden kann" (STRZELEWICZ 1970, zit. n. HEUER 1974, S. 82). Der Begriff der Toleranz ist allerdings nicht nur Gegenbegriff zu vorurteilsbehaftetem Verhalten, er geht darüber hinaus und meint z.b. weltanschauliche Freiheit und Offenheit für Andersartigkeit (vgl. auch PRIOR 1976).

Bei HEUER (1974, S. 88) finden sich Teilziele zu unserer übergreifenden Zieldefinition, die den Zielbereich „Toleranz" weiter ausdifferenzieren:

– Erkennen und Respektieren der Andersartigkeit, der Eigentümlichkeit, der Hilfsbedürftigkeit usw. anderer;
– Abbau von Vorurteilen (z.B. gegenüber Rassenzugehörigkeit, gegenüber Angehörigen sozialer Minderheiten usw.);
– Rücksichtnahme auf andere (z.B. auffällige, ungeschickte, behinderte Kinder);
– Bedürfnisse anderer erkennen und berücksichtigen, eigene Ansprüche zurückstellen;
– Lernen, die Leistungen anderer anzuerkennen und eigene Schwächen zu ertragen;
– Lernen, aufmerksam zuzuhören und eigenes Mitteilungsbedürfnis zu zügeln;
– Lernen, Verantwortung zu tragen und sich für andere zu engagieren.

Bei diesem Lernzielbereich sei nochmals betont, daß die einzelnen Lernziele nur im Zusammenhang mit dem gesamten Zielkatalog gesehen werden können. Andernfalls könnte der Eindruck entstehen, den Kindern würde einseitig duldsames und nachgiebiges Verhalten abverlangt.

3.6.9

Kritik

Zieldefinition: Fähigkeit und Bereitschaft, Informationen, Normen, Handlungen, feststehende Urteile kritisch zu hinterfragen und gegebenenfalls Alternativen zu entwickeln.

Kritikfähigkeit und -bereitschaft enthalten einerseits die Tendenz zu Ablösung und Unabhängigkeit, andererseits sind sie zugleich auch „mit der Gestaltung alter und neuer Beziehungen und Verpflichtungen verbunden" (FAUSER & SCHWEITZER 1985, S. 350). Der Aspekt der Kritik ist in allen anderen Lernzielen als wichtiges Moment enthalten:

- Kommunikation: Bereich Metakommunikation.
- Kontakt: Eigenes und fremdes Verhalten bei der Kontaktaufnahme hinterfragen.
- Kooperation: Hindernisse für Zusammenarbeit erkennen; Änderungsvorschläge für Gruppenregeln vertreten.
- Solidarität: Grundlage für solidarisches Handeln ist die kritische Distanz zu „Zumutungen" von außen.
- Konflikt: Die Berechtigung von eigenen und fremden Ansprüchen hinterfragen.
- Ich-Identität: Selbstkritik, Rollendistanz;
- Soziale Sensibilität: das eigene Wahrnehmungsverhalten hinterfragen.
- Toleranz: Vorurteile hinterfragen, Grenzen der Toleranz definieren.
- Umgang mit Regeln: Die Notwendigkeit von Regeln hinterfragen.
- Gruppenkenntnisse: Ursachen für Konflikte, Ungleichheit, Mangel an Reziprozität erkennen.

PRIOR (1976) unterscheidet zwischen kritischer Einstellung, d.h. Kritik als erlaubtes und erwünschtes Verhalten zu empfinden und eine differenzierte Betrachtung als positive Haltung zu bewerten; Kritikfähigkeit, d.h. die kognitiven Voraussetzungen, um kritische Punkte zu erkennen, zu benennen und Änderungsvorschläge machen zu können; Kritikbereitschaft, d.h. sich betroffen zu fühlen von einer Sache und zur Kritik aufgerufen und diese Kritik auch zu äußern; kontrastierend dazu ist ein Laissez-faire-Verhalten zu sehen, mit der Einstellung, „die anderen machen das schon" (S. 94).
Weiterhin ließe sich nach übergreifenden Anwendungsbereichen differenzieren. Kritik sich selbst gegenüber betrifft eine realistische Selbsteinschätzung und die Entwicklung kritischer Distanz zur eigenen Person, um eigene Wertvorstellungen und Normen in Frage stellen zu können. Kritik an der Gruppe kann sich auf strukturelle, normative und klimatische Aspekte beziehen. Kritik der Institution und dem gesellschaftlichen Umfeld gegenüber meint: „Von außen herangetragene Standards, Tabus, Meinungen und Vorschriften sollen nicht einfach als geltend angesehen werden, sondern auf ihre Notwendigkeit und Legalität hin kritisch überprüft werden" (PRIOR 1976, S. 95). FAUSER & SCHWEITZER (1985) betonen die Bedeutung kritischen Engagements als Alternativen zu Gehorsam, Resignation, Rückzug oder ausschließlich theoretischer Kritik.

3.6.10

Umgang mit Regeln

Zieldefinition: Fähigkeit und Bereitschaft, wichtige Regeln des Zusammenlebens zu erarbeiten, zu beachten und gegebenenfalls zu revidieren.

Der Lernzielbereich „Umgang mit Regeln" läßt sich nach folgenden „Großbereichen" strukturieren (vgl. STANGE & THIEMANN 1977, S. 69):

- Aufspüren von unbewußten und „ungeschriebenen" Interaktionsregeln und Überprüfung der dahinter stehenden Interessen und der Übereinstimmung mit Prinzipien gerechten Austausches.
- Prozesse der Regelbildung als offenes und bewußtes Aushandeln von Übereinkünften.
- Festlegung von Regeln im Kompromiß.
- Anerkennung und Befolgung von Regeln.
- Revision von Regeln.

Im Prozeß der Regelbildung ist die Anerkennung gewisser Minimalnormen von Gegenseitigkeit eine wichtige Voraussetzung:

- Alle Beteiligten haben die Chance, Einfluß zu nehmen. Niemand versucht, einseitig seine Vorstellungen durchzusetzen.
- Bereitschaft zur Änderung des eigenen Verhaltens.
- Eingehen auf den anderen und Berücksichtigung aller seiner Stellungnahmen (Erkunden und Erfragen der Wünsche).
- Exakte und konkrete Beschreibung von Regeln (eingegrenzt und spezifiziert am Beispiel) statt allgemeiner Redewendungen.
- Die Abmachungen sollen nicht Teilbereiche im unklaren lassen, weil dann gerade in diesen Teilbereichen Konflikte auftreten können.
- Überprüfung von Teilregeln an der übergreifenden Gegenseitigkeitsregel.

Bei STANGE & THIEMANN (1977, S. 69) findet sich ein detaillierter Zielkatalog, der zu einer umfassenden Konkretisierung des Zielbereiches in Verbindung mit dem Kriterium der Gegenseitigkeit beiträgt:

- Interaktionsregeln (unbewußte und bewußte, symmetrische und einseitige) wahrnehmen und erkennen können.
- Verstehen, daß einseitige Regeln Kommunikationspartner benachteiligen.
- Repressive, nicht symmetrische Regeln ablehnen.
- Die Notwendigkeit bewußt vereinbarter, offener Interaktionsregeln verstehen (z.B.: verstehen, daß es bei nicht erfolgter Regelbildung leicht zu Störungen kommen kann).

– Prozesse der Regelbildung einleiten können, z.b. durch offenes und bewußtes Aushandeln von Übereinkünften im Kompromiß und unter Beachtung notwendiger Minimalnormen.
– Die Verletzung von Interaktionsregeln ansprechen können.
– Bewußt vereinbarte Interaktionsregeln kennen und befolgen können.

3.6.11

Gruppenkenntnisse

Zieldefinition: Fähigkeit und Bereitschaft, Kenntnisse über wesentliche Aspekte der sozialen Gruppe Schulklasse zu erwerben.

Dieser Zielbereich wurde nur selten explizit als Zielkategorie benannt. Die „Wissenskomponente" Sozialen Lernens wird in diesem Bereich besonders hervorgehoben. Es wird darauf abgezielt, die Möglichkeiten des Erwerbs sozialen Wissens zu erweitern. Weiterhin soll die Bereitschaft der Kinder, dieses Wissen zu Gunsten befriedigender Interaktionen einzubringen, gefördert werden. Auch in Unterrichtseinheiten kann soziales Wissen vermittelt werden. Es erscheint sinnvoll, neben fächerübergreifenden, die Gestaltung des gesamten Schullebens betreffenden Aspekten auch die Thematisierung von Inhalten, die in einzelnen Lernzielen enthalten sind, in den Unterricht aufzunehmen. Dabei könnten beispielsweise folgende soziale Themen bedeutsam sein:

– Zusammenarbeit (Formen der Kooperation, Regeln der Zusammenarbeit, Konflikte u.a.).
– Wahrnehmung, Perspektivenübernahme (Wahrnehmungsprozesse, Wahrnehmungsfehler, Perspektivenwechsel u.a.).
– Kommunikation (Gesprächsregeln, Taktiken, Techniken u.a.).
– Gruppenstrukturen (vgl. PETILLON 1978).
– Werte und Normen in der Gruppe (vgl. TIEMANN 1977).
– Außenseiterproblematik (vgl. SCHMITT u.a. 1976).
– Kenntnisse über Konflikte (vgl. PETERMANN & PETERMANN 1988; WIEDERHOLD 1976).
– innerschulischer und außerschulischer Kontext (z.B. Überprüfung der Bedingungen für reziprokes Handeln).

Der hier vorgestellte Zielkatalog wird, wie bereits oben angedeutet, in den folgenden Kapiteln in unterschiedlicher Funktion eingesetzt:
In Kapitel 4 wird der Katalog einer Begutachtung durch Experten unterzogen.
In Kapitel 5 dient er als Suchraster im Rahmen einer Lehrplananalyse zu Sozialem Lernen im Primarbereich. In Kapitel 6 wird er Lehrern zur Beurteilung vorgelegt und bildet eine Systematik für die Lehrerangaben zur Realisierung der Lehrplanvorgaben.

4
Expertenbefragung

Nach der Entwicklung des oben beschriebenen Lernzielkataloges werden die erarbeiteten übergreifenden Zielformulierungen im folgenden Schritt Experten zur Begutachtung vorgelegt. Diese Vorgehensweise dient dem Ziel, kritische Rückmeldungen über einzelne Ziele und den Katalog als Ganzes zu erhalten. Auf der Grundlage von Veränderungs- und Ergänzungsvorschlägen soll eine revidierte „konsensfähigere" Fassung entwickelt werden.
Neben der Begutachtung übergreifender Lernziele werden spezifische Zielsetzungen und Themenbereiche zur Stellungnahme vorgegeben. Auf der Basis entsprechender Bewertungen soll versucht werden, den gesamten Zielkatalog zu präzisieren und zu ergänzen, um so eine Grundlage für die Entwicklung entsprechender Curricula zu schaffen.
Im dritten Teil der Expertenbefragung werden Probleme benannt, die sich speziell bei der Realisierung sozialer Lernziele ergeben. Die ausgewählten Fachwissenschaftler werden gebeten, diese Problemkreise und die dort genannten Diskrepanzen auf ihre Bedeutung und auf die Angemessenheit ihrer Darstellung hin zu beurteilen sowie Möglichkeiten im Hinblick auf Problemlösungen zu benennen.
Für die Bearbeitung unserer Fragestellungen erschien uns Expertenwissen in folgenden Inhaltsbereichen wichtig: Theorien, Zieldiskussion und Realisierungsmöglichkeiten Sozialen Lernens im Primarbereich. Dementsprechend wurden Erziehungswissenschaftler ausgewählt, die in diesen Bereichen durch entsprechende Veröffentlichungen ausgewiesen sind. Es wurden 16 Kolleginnen und Kollegen angeschrieben und um Teilnahme gebeten. Zehn Experten nahmen an unserer Befragung teil; die übrigen sahen sich vor allem aus Zeit- und Termingründen nicht in der Lage, unserer Bitte um Mitarbeit gerecht zu werden.
Die Darstellung der Ergebnisse der Befragung resultiert aus Angaben folgender Experten:

Paul Ackermann	Lothar Krappmann
Manfred Bönsch	Walter Popp
Dietmar Bolscho	Harm Prior
Bernhard Claußen	Rudolf Schmitt
Hans Hielscher	Karl A. Wiederhold

Bei der Ergebnisdarstellung wird nur auf übergreifende Befunde eingegangen. Detaillierte Hinweise auf einzelne Befunde finden sich bei PETILLON (1992a).

4.1
Ergebnisse

4.1.1
Bewertung des Zielkatalogs

Vor einer Zusammenfassung qualitativer Befunde werden in einer Übersicht die Häufigkeiten für einzelne Bewertungskategorien dargestellt (Tab. 4.1.1). Da von keinem der Experten eine Mehrfachnennung vorgenommen wurde, betragen die Zeilensummen jeweils 10.

Tab. 4.1.1: Häufigkeiten von Kategorien bei der Bewertung des übergreifenden Zielkataloges durch 10 Experten

	volle Zustimmung	Ergänzung notwendig	inhaltlich angreifbar
a. Kommunikation	5	5	-
b. Kontakt	5	5	-
c. Kooperation	7	3	-
d. Solidarität	4	6	-
e. Konflikt	2	7	1
f. Ich-Identität	5	4	1
g. Soziale Sensibilität	6	4	-
h. Toleranz	5	5	-
i. Kritik	5	5	-
k. Umgang mit Regeln	5	4	1
l. Gruppenkenntnisse	4	5	1
Summe:	53	53	4

Den genannten Zahlen ist keine Bedeutung im Sinne einer statistischen Analyse zuzumessen. Die Tab. 4.1.1 zeigt, daß die Experten die genannten Zieldefinitionen nur in sehr seltenen Fällen als inhaltlich angreifbar einstufen. Die Kategorien „volle Zustimmung" und „Ergänzung notwendig" halten sich die Waage. Zwischen einzelnen Lernzielen zeigen sich graduelle Unterschiede: Während die Definition Kooperation viel Zustimmung erfährt, erfolgen für Konflikt zahlreiche Ergänzungsvorschläge. Im weiteren werden wir die Anregungen und Hinweise darstellen, die eine inhaltliche Erweiterung des gesamten Kataloges betreffen.

Auf die Frage: „Durch welche übergreifenden Lernziele müßte der vorgestellte Katalog ergänzt werden?" erhielten wir in vielen Fällen auch Hinweise auf Erläuterungen, die dem gesamten Zielkatalog vorangestellt werden sollten. Ein bedeutsamer Vorschlag richtet sich auf die Berücksichtigung politischen Handelns: „Politische Handlungsfähigkeit fehlt. Problem: Macht – Kontrolle; Mitbestimmung ausgeklammert."
An anderer Stelle wird das Fehlen „systemkritischer Ziele" moniert. Diese Einwände sind nur insoweit berechtigt, als der Begriff des politischen Handelns und Lernens in unserem Zielkatalog nicht explizit benannt ist. Alle Zielbereiche enthalten auch eine politische Dimension, die sich allerdings entsprechend unserem Anliegen weitgehend auf die Schülergruppe konzentriert, ohne daß dabei die Verknüpfung mit dem institutionellen Umfeld und weiteren Systemen (im Sinne BRONFENBRENNERS) als unerläßliche Bedingung für die Einsicht in entsprechende Abhängigkeiten vernachlässigt wird. Wir haben uns lediglich auf den Mikrobereich Sozialen Lernens in einem spezifischen Umfeld beschränkt, um dort elementare Prozesse des sozialen Umgangs näher bestimmen zu können. Die Verwirklichung der dort genannten Ziele beinhaltet nach unserer Auffassung als zentrales Element eine bewußte und kritische Auseinandersetzung mit dem eigenen Umfeld. Praktizierte Gegenseitigkeit in der Schülergruppe, wie sie in den einzelnen Zielsetzungen zum Ausdruck kommt, fordert zu einer aktiven Auseinandersetzung mit den o.g. Problemen „Macht", „Kontrolle", „Mitbestimmung" geradezu heraus und führt zu Aspekten des Sozialen Lernens, die von einem Experten als weitere Ergänzung unseres Zielkataloges vorgeschlagen wurden: „Erwerb von Fähigkeiten der aktiven Wahrnehmung von Handlungsspielräumen im emanzipatorischen Interesse; Wahrnehmung, Reflexion und bewußte Erweiterung des eigenen Verhaltensrepertoires."
Ein weiterer Ergänzungsvorschlag bezieht sich auf die Berücksichtigung von „Rollendistanz, Empathie, ‚sozialer Phantasie', d.h. Fähigkeit, in die Zukunft hinein zu entwerfen." Während Rollendistanz im Zielbereich Kritik und Empathie im Bereich sozialer Sensibilität ausreichend berücksichtigt erscheint, ist der dritte Gesichtspunkt der Zukunftsperspektive in unseren Zielvorstellungen vernachlässigt. Speziell in der Auseinandersetzung mit Bedingungen, die gegenseitiges Handeln in Form festgefahrener, als unveränderbar eingeschätzter Strukturen behindern, erscheint soziale Kreativität in Verbindung mit der Entwicklung von „Zukunftsentwürfen" als wichtiger Gesichtspunkt. Allerdings gilt hier – wie für Soziales Lernen im Primarbereich generell- in besonderer Weise die Einschränkung, daß nur eine erste „Anbahnung" im Rahmen der gegebenen kindlichen Möglichkeiten ins Auge zu fassen ist.
Der folgende Ergänzungsvorschlag rückt persönliche Bindungen und vor allem emotionale Aspekte von Beziehungen in den Mittelpunkt der Betrachtung:

„Vertrauensverhältnisse und persönliche Bindungen herstellen können; sich der Prüfung von Absichten und Interpretationen stellen; Gefühle gegenüber anderen ernstzunehmen, zu prüfen, zu pflegen (die im Sinne PARSONS' partikularistischen, expressiv getönten Sozialsysteme sollten ihren Platz behalten)."
Die genannten Ergänzungen zu emotionalen Aspekten Sozialen Lernens betreffen keinen eigenständigen Zielbereich, sondern sind vielmehr wichtige Anregungen zur näheren Bestimmung einzelner Zieldimensionen. Vertrauen in persönliche Bindungen ist gleichzeitig die Grundlage und das Ergebnis der Realisierung des übergreifenden Kriteriums Gegenseitigkeit in sozialen Beziehungen. Im Zielbereich Kontakt ist dieser Gesichtspunkt besonders zu beachten. „Sich der Prüfung von Absichten und Interpretationen stellen" ist ein bedeutsamer Gesichtspunkt sozialer Interaktion und gilt dementsprechend für mehrere Zieldimensionen: vor allem für Konflikt, Ich-Identität und soziale Sensibilität. „Gefühle gegenüber anderen ernstzunehmen, zu prüfen, zu pflegen" wird als Teilbereich der Zielsetzung „soziale Sensibilität" übernommen. Die Vorschläge zur Ergänzung des Zielkataloges enthalten wichtige Vorschläge zur Kommentierung oder Erweiterung einzelner Zieldefinitionen. Es finden sich allerdings keine Hinweise auf eine neue, in den Katalog zu integrierende Zieldimension. Nur der Zielbereich „soziale Sensibilität" wird in zwei eigenständige Bereiche aufgeteilt. Im folgenden werden dementsprechend lediglich Zielformulierungen geändert oder erweitert und zielspezifische oder übergreifende Erläuterungen gegeben.

4.1.2
Revision des Zielkatalogs

Die Revision des Zielkataloges wird in folgender Weise vorgenommen:

- Die einzelnen Zielsetzungen werden nach Vorschlägen und Änderungen der Experten in Form von Fettdruck hervorgehoben.
- Kommentare zu den einzelnen Lernzielen werden in „Kurzfassung" gegeben, auf konkrete Einzelheiten wird verzichtet.

Lernziel 1: Kommunikation
Fähigkeit und Bereitschaft, sich verständlich zu machen und andere zu verstehen.
(Es wurde **keine** Änderung vorgenommen.)
Ergänzende Hinweise: Kommunikationsinhalte, Kommunikationsstrategien und Aspekte des Kontextes sollten bei einer Konkretisierung in Form von Teilzielen berücksichtigt werden.

Lernziel 2: Kontakt
Fähigkeit und Bereitschaft, mit anderen Kontakt aufzunehmen.
(Es wurde **keine** Änderung vorgenommen.) Ergänzende Hinweise: Die Kontaktaufnahme ist in jedem Fall als persönliche und freiwillige Entscheidung zu betrachten.

Lernziel 3: Kooperation
Fähigkeit und Bereitschaft, mit anderen zusammenzuarbeiten.
(Es wurde **keine** Änderung vorgenommen. Ergänzungen wie bei Lernziel 2.)

Lernziel 4: Solidarität
Fähigkeit und Bereitschaft zu gemeinsamen Handlungen in kleineren und größeren Gruppen; Bewußtsein der Zusammengehörigkeit und Erkenntnis der gemeinsamen Lage. **Solidarität auch mit Gruppen in anderen Situationen.**

Lernziel 5: Konflikt
Fähigkeit und Bereitschaft, konstruktives Konfliktlöseverhalten zu praktizieren.
(Es wurde **keine** Änderung vorgenommen.)
Ergänzende Hinweise: Für eine Konkretisierung ist vor allem der Begriff des „konstruktiven Konfliktverhaltens" zu klären. Konflikte sollten als notwendige und wichtige Phänomene des Gruppenlebens eingestuft werden. Die hinter Konflikten stehenden Interessengegensätze und die Erfahrung mit der Unlösbarkeit einzelner Konflikte sind wichtige Teilbereiche. Konfliktlösung bedeutet nicht in allen Fällen, dem anderen nachzugeben oder einem Kompromiß zuzustimmen, sondern auch „unaufgebbare persönliche Prinzipien" gegebenenfalls hartnäckig verteidigen können und sollen.

Lernziel 6: Ich-Identität
Fähigkeit und Bereitschaft, Fremderwartungen und eigene Bedürfnisse zu kennen und so zu verarbeiten, daß ein eigenes selbstbestimmtes Rollenverhalten **unter Einbezug eines Interessenausgleiches mit anderen** entwickelt und praktiziert werden kann.

Lernziel 7: Soziale Sensibilität
Fähigkeit und Bereitschaft, sensibel zu sein bei der Wahrnehmung und Interpretation der Handlungen anderer, sozialer Situationen und der eigenen Wirkung auf andere; Sensibilität in eigenes Handeln einzubringen; Gefühle gegenüber anderen und von anderen ernstzunehmen, zu beachten und zu „pflegen".
Dieses Ziel wurde entsprechend der Vorschläge der Experten als eigenständiger Bereich formuliert. Die weiteren Gesichtspunkte dieser Zieldefinition wurden in die folgende, neu aufgenommene Zieldimension übertragen.

Lernziel 8: Empathie und Perspektivenübernahme
Fähigkeit und Bereitschaft, sich in die Rolle eines anderen zu versetzen, sich in seine Lage einzufühlen und das Ergebnis dieser Bemühung in das eigene Verhalten einzubeziehen.
(Es wurde **keine** Änderung vorgenommen.)

Lernziel 9: Toleranz
Fähigkeit und Bereitschaft, die Andersartigkeit, Eigentümlichkeit, **besondere soziale Situationen** (Hilfsbedürftigkeit) usw. anderer zu erkennen und zu respektieren; Vorurteile zu hinterfragen **und ihre soziale Funktion zu erkennen; eigene Ansichten in Frage zu stellen.**
Ergänzende Hinweise: Auf Grenzen der Toleranzbereitschaft ist besonders zu verweisen.

Lernziel 10: Kritik
Fähigkeit und Bereitschaft, Informationen, Normen, Handlungen, feststehende Urteile u.a. kritisch zu hinterfragen und gegebenenfalls Alternativen zu entwickeln.
(Es wurde **keine** Änderung vorgenommen.)

Lernziel 11: Umgang mit Regeln
Fähigkeit und Bereitschaft, wichtige Regeln des Zusammenlebens zu erarbeiten, zu beachten und gegebenenfalls zu revidieren.
(Es wurde **keine** Änderung vorgenommen.)

Lernziel 12: Gruppenkenntnisse
Fähigkeit und Bereitschaft, Kenntnisse über wesentliche Aspekte der sozialen Gruppe Schulklasse (Prozesse, Strukturen, Normen) **in ihrer Abhängigkeit von anderen Gruppen und Institutionen** zu erwerben.

Die über die Kritik einzelner Zieldefinitionen hinausgehenden Anregungen, die alle oder zumindest mehrere Zieldimensionen betreffen, lassen sich zusammenfassend wie folgt benennen:

- Die einzelnen Lernziele sind inhaltlich eng miteinander verflochten. Nur in dieser inhaltlichen Verknüpfung mit dem gesamten Katalog erhalten sie einen definierbaren Stellenwert. Jedes Lernziel enthält implizit alle anderen Zielsetzungen in der spezifischen „Tönung" der Zieldimension, so daß sich klare Grenzziehungen zwischen einzelnen Zielen als besonders schwierig erweisen können.
- Für alle Zielsetzungen gilt der implizite Zusatz: Fähigkeit und Bereitschaft zu .... „soweit wie für die kindliche Lebenswelt erfahrbar und nachvollzieh-

bar". Dieser Hinweis verdeutlicht auch die Notwendigkeit, der Bestimmung konkreter Zielsetzungen für eine spezifische Altersgruppe Aussagen zur sozialen Entwicklung zugrundezulegen.
— Für die Zielsetzungen gilt dementsprechend auch, daß im Primarbereich Fähigkeiten und Bereitschaften in den einzelnen Zieldimensionen lediglich „angebahnt" und in einer elaborierten Form erst in späterem Alter entwickelt und praktiziert werden können.
— An vielen Stellen wird berechtigterweise auf die Notwendigkeit verwiesen, die Ziele auf Erfahrungsbereiche auszuweiten, die über die Schülergruppe hinausgehen. In den Vorüberlegungen zu dem Zielkatalog (vgl. Kap. 3.1) wurde dieser Sachverhalt bereits besprochen. Die sozialen Erfahrungen in der Gruppe gewinnen erst dann an übergreifender Bedeutung, wenn sie zu der gesamten Erfahrungswelt des Kindes in Beziehung gesetzt und wenn dabei kritische Bezüge hergestellt werden. Nur auf diesem Weg kann man auch der Forderung nach politischem Lernen, als wesentlichem Teilelement Sozialen Lernens, gerecht werden.

Die Revision der einzelnen Lernziele und die Berücksichtigung übergreifender Anregungen der Experten kann als vorläufiger Konsens der beteiligten Experten gewertet werden. Eine solche „Einigung" war mit unserem „unilateralen" Verfahren relativ einfach zu erzielen. In einer intensiven Diskussionsrunde wären demgegenüber bei Berücksichtigung aller Detailfragen vermutlich eine Reihe von bedeutsamen Diskrepanzen neu in die Auseinandersetzung gelangt, die einen Konsens wesentlich erschwert hätten.

4.1.3
Stellenwert von Zielkatalogen mit übergreifenden Lernzielen

Eine weitere Frage an die Experten bezog sich auf eine generelle Einschätzung von Zielkatalogen: „Welchen Stellenwert haben für Sie Zielkataloge mit übergreifenden Lernzielen?" Die Antworten werden weitgehend wörtlich wiedergegeben.
Übergreifend wurde solchen Katalogen die Funktion einer „regulativen Idee" zugeschrieben. Analog zu unserem Anliegen, das wir mit der Expertenbefragung verbinden, bieten nach Auffassung eines Experten Zielkataloge „Anstöße zur Willensbildung und zur Diskussion über einen möglichen Konsens des Sozialen Lernens" oder sie dienen wie von anderer Seite ausgeführt – der „allgemeinen Orientierung und Anbahnung von Konsens". Darüber hinaus werden ihnen „praktische Funktionen" zuerkannt: „In Ihrem Kontext (gemeint ist unser Zielkatalog; der Verf.): zur theoretischen und praktischen Orientierung der Lehrer (Curriculum-, Schulbuch-, Lehrplanautoren)". Wei-

terhin werden ihnen Orientierungs-, Systematisierungs -und Legitimierungsfunktionen zugeschrieben: „Sie geben Grundorientierungen und die konkrete Richtung für das Handeln an. Sie binden Einzelheiten in ein Konzept ein." – „Legitimation ‚nach außen', Einordnung in übergreifende Zusammenhänge; zuweilen ‚Rückkoppelungsinstanz'." – „Es wird deutlich, in welche vielfältige Bereiche sich der Globalbegriff Soziales Lernen unterteilt. Außerdem können solche Lernzielkataloge Leitlinien sein für das Handeln des Lehrers." Einschränkend wird auf die „Gefahr der Unverbindlichkeit und Vieldeutigkeit", und die „Gefahr der vorwiegend technologischen Orientierung" verwiesen. Es wird formuliert, Lernzielkataloge hätten „nur Slogan-Charakter, um übergeordneten Entscheidungsgremien (Lehrplankommissionen, Parlamentsausschüssen usw.) zumindest einen scheinbaren Konsens zu ermöglichen."
Auf die Notwendigkeit, übergreifende Lernziele in Handlungszusammenhängen zu beurteilen, verweist folgende Aussage:
„Sie sind wichtig, um eine Orientierung zu haben. Sie sollten aber nicht vergessen lassen, daß die Anwendung der einzelnen Fähigkeiten oft nur in einem Handlungszusammenhang beurteilt werden kann. Man sollte wohl alles können, was der Katalog enthält, aber es auch verweigern können. Kooperationsfähigkeit ja, aber auch Verweigerung. Solidarität ja, aber nicht bei Ausnutzung und Übervorteilung. Bemühung um konstruktive Konfliktlösung, aber auch Wahrnehmung, wann es sinnlos wird."
Im folgenden Kapitel werden solche „Handlungszusammenhänge" mit übergreifenden Lernzielen in Verbindung gebracht, indem Themenstellungen und Teilziele, die eine weit größere Nähe zu konkretem Unterrichts- und Erziehungsgeschehen besitzen, den Lernzieldimensionen zugeordnet und zur Begutachtung vorgelegt werden.

4.1.4
Bewertung spezifischer Zielsetzungen und Themenstellungen

Bei der nachfolgenden Darstellung der Bewertungen einzelner Zielsetzungen, die, wie oben ausgeführt, aus den Lehrplänen aller Bundesländer stammen, scheint es uns aus ökonomischen Gründen notwendig, die Angaben der Experten möglichst zusammenfassend und einzelne Anregungen auch unkommentiert wiederzugeben. Insgesamt werden 89 einzelne Ziele zur Diskussion gestellt und nach folgenden Kriterien zugeordnet:

– volle Zustimmung
– zu wenig konkret
– Ergänzungen notwendig

- gehört nicht zum übergreifenden Lernziel
- inhaltlich angreifbar
- besondere Realisierungsprobleme

Darüber hinaus wird nach weiteren Themen zur Realisierung des übergeordneten Lernziels und nach einer allgemeinen Bewertung des Teilzielkataloges (spezifischer Zielsetzungen) gefragt. Angesichts der zu erwartenden Vielfalt an Anmerkungen erscheint eine Reduktion der anstehenden Komplexität auf einfachere Strukturen unter Verzicht auf einzelne Details sinnvoll und zulässig.

Die Bewertung der Experten macht deutlich, daß ein großer Teil der Teilzielkataloge als materialreiche und vielschichtige Grundlage zu weiteren Überlegungen dienen kann. Solche weiteren Überlegungen betreffen vor allem konkretere Feinziele und daraus entwickelte Methoden, die geeignet sind, die Kinder in ihrer sozialen Entwicklung im Sinne der Zielsetzungen zu fördern. Die zahlreichen, in vielen Fällen sehr subtilen Ergänzungsvorschläge zu den Zielsetzungen und der Hinweis auf weitere Themen bilden bereits einen fein differenzierten Katalog, der durch die unterschiedlichen Perspektiven der Experten auch einen hohen Grad an Ausgewogenheit und Pluralismus zu verzeichnen hat (vgl. PETILLON 1992a).

An vielen Stellen finden sich inhaltliche Parallelen zu den in Kap. 3.6 genannten Ausdifferenzierungen der Zielbereiche. Allerdings ist auch festzustellen, daß ein noch sehr heterogenes Gesamtkonzept entstanden ist, das im Hinblick auf die Konkretheit einzelner Zielsetzung, auf die „Passung" in einzelne Teilzielkataloge, auf die Zuordnungsfähigkeit unter die Themenstellung und auf die Präzision einer Zielformulierung sehr stark variiert. Darüber hinaus finden sich wichtige neue Themenstellungen, für die noch keine Zielbenennung vorgenommen wurden. In der nachfolgenden Übersicht (vgl. die nächsten beiden Seiten) sind noch einmal die Bewertungen und Ergänzungsvorschläge der Experten in Stichworten zusammengefaßt.

Während die Zieldimensionen Kommunikation, Kontakt, Kooperation und Umgang mit Regeln in Verbindung mit den Ergänzungsvorschlägen schon sehr weit entwickelt sind, müßten die in den Bereichen Konflikt, Ich-Identität, Soziale Sensibilität und Toleranz genannten Veränderungsvorschläge weiter bearbeitet werden. Gegen die Zieldimensionen Solidarität, Kritik und Gruppenkenntnisse wurden zusätzliche Einwände vorgebracht, die größere Umarbeitungen unter Berücksichtigung der Ergänzungsvorschläge erfordern.

Ein Teil der Kritik geht über einzelne Zieldimensionen hinaus und überschneidet sich auch mit Aussagen zur Bewertung des übergreifenden Kataloges. Die auf S. 138 genannten Anregungen können somit als Hinweise auf „Richtungen" und Schwerpunktsetzungen gelten.

Lernzieldimension/Thema (Themen)	Übergreifende Bewertung des Teilzielkataloges	Ergänzungen zu den Zielsetzungen und weitere Themen
1. Kommunikation (5 Teilziele) *1.1 Verständigung*	Der Katalog wird als positiv gewertet. Auf bedeutsame Ergänzungen der Zieldefinitionen wird verwiesen.	Metakommunikation Zuhören-Können, Gesprächsregeln, Verständigungsprobleme, nonverbale Verständigung. *Keine weiteren Themenvorschläge*
2. Kontakt (4 Teilziele) *2.1 Beziehungen zwischen Schülern*	Der Katalog wird als Grundlage zu weiteren Überlegungen gewertet. Zielsetzungen und Thema sind ergänzungsbedürftig.	Gefühle und Sympathien ausdrücken können, Kontakte verweigern. Es fehlt weitgehend die emotionale Komponente. *2.2 Spiel und Kontakt.* *2.3 Kontakte zu Erwachsenen.* *2.4 Lehrer-Schüler-Beziehung.*
3. Kooperation (7 Teilziele) *3.1 Schülergruppe*	Auf zahlreiche Schwächen und Defizite wird hingewiesen; auf eine mögliche Überforderung der Kinder wird aufmerksam gemacht.	Hinweise auf das Einbringen eigener Bedürfnisse; Berücksichtigung der Aufgabenstellung und -bewältigung. *3.2 Ein kooperatives Klassenprojekt.* *3.3 Kooperative Spiele.* *3.4 Eine Aufgabe kooperativ lösen.*
4. Solidarität (2 Teilziele) *4.1 Umgang mit anderen* *4.2 Spielen*	Negative Bewertung: zu wenig Ziele; die politische Dimension fehlt. Die emotionale Bedeutung des Gemeinschaftserlebnisses ist vernachlässigt.	Gemeinsam gegen Ungerechtigkeit angehen. Für die Verbesserung sozialer Spielregeln eintreten. Hilfe bei Notlage anderer Kinder (z. B. Migrantenkinder) geben. *4.3 Ein praktisches Projekt für Solidarität (z. B. in der heimatlichen Ökologie).*
5. Konflikt (15 Teilziele) *5.1 Konfliktursachen* *5.2 Konfliktlösungen*	Der Katalog wird der Tendenz nach als gut eingestuft. Bemängelt wird die etwas zu negative Darstellung des Konfliktes und die Formulierung zahlreicher Teilziele.	Emotionale Komponente akzentuieren. Teilqualifikationen im Umgang mit Konflikten näher bestimmen. Konflikte, Konfliktabläufe und -lösungen beobachten, spielen, vergleichen. *5.3 Konflikte im Rollenspiel.*
6. Ich-Identität (7 Teilziele) *6.1 Umgang mit Rollenerwartungen*	Der Katalog wird mit der Einschränkung akzeptiert, daß die Ziele zu eng mit dem Rollenbegriff verknüpft sind und die Themenstellung die Zieldimension inhaltlich nicht ausreichend abdeckt.	Umgang mit sich selber (Selbstbewußtsein, Selbstkritik, Rollendistanz). *6.2 Umgang mit der eigenen Person.*

7. Soziale Sensibilität (12 Teilziele) 7.1 *Umgang mit eigenen Gefühlen*	Die Bewertung ist in der Expertengruppe eher heterogen. Neben der Dominanz von kognitiven, reflektorischen Zielen wird vor allem auf Probleme bei der Realisierung kritisch hingewiesen.	Empathie und Perspektivenübernahme. 7.2 *Darstellung von Gefühlen als Pantomime und Rollenspiel in Bildern und Bildergeschichten. Sich in den anderen versetzen und einfühlen.*
8. Toleranz (7 Teilziele) 8.1 *Umgang mit divergierenden Einstellungen* 8.2 *Vorurteile*	Es wird vor allem die kognitivistische Orientierung und der fehlende Handlungsbezug bemängelt. Der hohe Anspruch dieses Kataloges wird betont.	Grenzen der Toleranz erkennen. Im konkreten Umgang mit Minderheiten, Außenseitern u. a. tolerantes Verhalten praktizieren und erkennen, wie schwierig es sein kann. 8.3 *Außenseiter.* 8.4 *Gastarbeiter.* 8.5 *Menschen der 3. Welt.*
9. Kritik (5 Teilziele) 9.1 *Manipulation*	Der Katalog wird als zu wenig zentral für die Zieldimension eingestuft. Der Aspekt des „Sich zur-Wehr-Setzens" kommt zu kurz.	Nähere Bestimmung der Prozesse des Kritisierens (Kritik adressatengemäß zu formulieren; Kritik ertragen, einer Forderung Nachdruck verleihen u. a.). 9.2 *Mit Kritik umgehen (wie kritisieren wir und reagieren wir?)*
10. Umgang mit Regeln (6 Teilziele) 10.1 *Schule* 10.2 *Spielen*	Insgesamt sehr positive Bewertung. Das Thema Spiel wird als besonders geeignet beurteilt, für die entsprechenden Zieldefinitionen werden zahlreiche Ergänzungsvorschläge gemacht.	Spielregeln selbst entwickeln, auf Gerechtigkeit überprüfen; mit Vereinbarungen, Absprachen, Versprechen umgehen lernen; Regeln untersuchen. 10.3 *Umgang mit Regeln außerhalb der Schulklasse*
11. Gruppenkenntnisse (5 Teilziele) 11.1 *Normen, Erwartungen, Rollen in der Schulklasse*	Negative Bewertung: zu starke „kognitivistische" Orientierung in einer Zieldimension, deren Eigenständigkeit in Zweifel gezogen wird.	Erkennen, daß die Schule gesellschaftlichen Zwecken dient und damit abhängig ist von gesellschaftlichen und politischen Verhältnissen; Lehrerverhalten und institutioneller Kontext. 11.2 *Die Gleichaltrigengruppe (z. B. Freundschaft, Macht, Bezugspersonen).*

- In vielen Fällen müßten zielspezifische Fähigkeiten und Bereitschaften klarer benannt werden.
- Für einen Großteil der Ziele gilt, daß sie im Primarbereich nur im Sinne einer „Anbahnung" zu realisieren sind.
- Die Teilzieldefinitionen werden häufig als zu wenig konkret bewertet, dazu werden zahlreiche Formulierungsalternativen genannt.
- Die emotionalen Bereiche müßten bei allen Zieldimensionen deutlicher herausgestellt werden.
- Es dominieren kognitive und reflektorische Ziele zu Lasten von Aussagen zu handelndem Umgang mit entsprechenden Erfahrungsbereichen (Handlungsbezug): Ziele sind „zu sehr am Erkennen und zu wenig am Handeln orientiert" und begünstigen den Trend der Schule zur „Belehrungsschule". Sie sollten vielmehr „abzielen auf Beobachten, Ermitteln, Erfahren, Trainieren, Handeln usw."

Bei der Benennung von Realisierungsproblemen wird vor allem auf die Anforderungen an den Lehrer ("Lehrer als Modell", „Fingerspitzengefühl", Kenntnisse über Themen und Methoden, Auseinandersetzungen mit Eltern) aufmerksam gemacht.

Da alle Ziele aus Lehrplänen entnommen sind und damit die dort aufgeführten Zielformulierungen weitgehend repräsentieren, stellen die Kritik und die Ergänzungsvorschläge der Experten auch eine Form von Lehrplananalyse dar, die für eine „Einzelbeurteilung", wie wir sie in Kap. 5 vornehmen, eine wertvolle Ergänzung auf „breiter Basis" darstellt.

4.1.5

Bewertung von Problembereichen

Dieser Teil der Expertenbefragung dient der Ergänzung der Zieldiskussion. Es soll herausgefunden werden, ob die von uns als bedeutsam herausgestellten Realisierungsprobleme und die dabei genannten Diskrepanzen zwischen „Anspruch und Wirklichkeit" von den Experten in der von uns vorgegebenen Weise akzeptiert werden können. Einer These A, die in den meisten Fällen Normen für die Realisierung von Teilaspekten Sozialen Lernens benennt, wird dabei jeweils eine These B gegenübergestellt, die den „Ist-Zustand" thematisiert. Neben der Bewertung der von uns vorgegebenen „Soll-Ist-Relation" wurde um Hinweise gebeten, wie entsprechende Diskrepanzen überbrückt werden können.

4.1.5.1

Problembereich 1: Gesellschaftskritik

(A) Soziale Lernziele sollten aus einer differenzierten Gesellschaftsanalyse resultieren und auf Möglichkeiten emanzipatorischen Lernens verweisen.

(B) Die aus einer solchen Analyse entwickelten Vorstellungen über emanzipatorisches Soziales Lernen stellen auch bestehende gesellschaftliche Strukturen in Frage und haben dementsprechend nur geringe Aussichten, als verbindliche Zielsetzungen akzeptiert zu werden.

Es wird festgestellt, daß die genannten Thesen „weitgehend den Diskussionsstand wiedergeben". These B wird dahingehend eingeschränkt, daß „evolutionäres emanzipatorisches Soziales Lernen" durchaus eine Chance hat: „Es kommt wohl immer darauf an, wie groß die Diskrepanz in der Zielsetzung zu den bestehenden Realitäten ist." Es wird weiterhin eingewendet: „Die Gesellschaftsanalyse kann die Entscheidung über Lernziele zum Sozialen Lernen nicht allein erbringen. Entscheidungen müssen aufgrund eines politischen Konsens getroffen werden." Die vorgeschlagenen Lösungsmöglichkeiten richten sich vor allem auf eine „dosierte" Vorgehensweise auf der „Realisierungsebene":

- „Mit dieser Diskrepanz wird der Pädagoge leben müssen. Wichtig ist, daß er die Aufgabe ‚von unten', also vom konkreten Handeln her angeht und nicht ‚von oben' her, also nicht von idealisierenden Zielkatalogen."
- „Möglicher Kompromiß: Begriff: ‚Aktive Anpassung', d.h. in die Gesellschaft einzuüben und gegen sie zu immunisieren, wo diese zwingen will, Stereotypen des Denkens zu folgen, statt kritischer Einsicht."
- „Konsequenz: ‚rollende' Reform, schrittweises Vorgehen sorgt für ‚dosierte Diskrepanz'."

4.1.5.2

Problembereich 2: Konsens über Zielsetzungen

(A) Die Veränderung der Praxis Sozialen Lernens erfordert einen durch Kooperationsbereitschaft entstandenen Konsens zwischen Erziehungswissenschaftlern als Grundlage für die Entwicklung von Curricula, die für die Praxis hilfreich und motivierend sind.

(B) Zum Bereich des Sozialen Lernens existiert eine Vielzahl mehr oder weniger stark „rivalisierender" Positionen.

Zwischen beiden Thesen wird von allen Experten kein prinzipieller Gegensatz gesehen. Es wird auf die positiven Aspekte der „rivalisierenden Positionen" verwiesen: Die „Konkurrenz" in diesem Bereich wird als „fruchtbar" eingeschätzt:
- „Die verschiedenen Positionen sollten erhalten bleiben. Es sollte folglich Curricula geben und nicht ein Curriculum."
- „Wenn ‚Rivalisierung' bedeutet, aus verschiedenen Sichtweisen die gleichen Intentionen zu verfolgen, sehe ich keinen prinzipiellen Gegensatz zwischen den beiden Thesen; wichtig ist in jedem Fall die Umsetzung von Positionen in praktikable Handreichungen."
- „Rivalisierende Positionen und entsprechende Konflikte sind das Merkmal einer offenen demokratischen Gesellschaft und viel wichtiger als eindeutige Curricula. Der Konsens ist jeweils in begrenzten Handlungsfeldern, etwa für die Schulen einer Region oder für eine einzelne Schule, auszuhandeln."
- „Vor Konsens ist friedlicher, radikalisierter Dissens nötig."

Darüber hinaus wird in der Erziehungswissenschaft die Diskrepanz in der Einschätzung der Lernziele des Sozialen Lernens nicht als so hoch eingeschätzt, „als daß nicht ein tragfähiger Konsens für die Entwicklung von Curricula gefunden werden könnte".

Es wird betont, daß die in der These genannte „Vielzahl" nicht „so groß" sei; dem wird angefügt: „Erziehungswissenschaftler haben die geringste Bedeutung für die Praxis" und somit sei auch eine entsprechende „Übereinstimmung weniger wichtig". Demgegenüber wird von anderer Seite gefordert, einen solchen Konsens „anzustreben, u.a. über Ihr Projekt".

Wir sind der Auffassung, daß sich im Rahmen der Expertenbefragung bei der Beurteilung der Ziele und Themen ein Konsens andeutet, der zu einer sinnvollen Reduzierung unterschiedlicher Ansätze im Sinne einer „konsensfähigen Schnittmenge" führt und der gleichzeitig die Vielfalt der Gedanken (auch in ihren kontroversen Ausprägungen) in einem bisher noch sehr vorläufigen, durch die übergreifenden Lernzieldimensionen strukturierten Gesamtrahmen vereinigt. Im weiteren kann ein solcher Rahmen der Orientierung dienen und durchaus zu sehr offenen, die Besonderheit einer Region, einer einzelnen Schule und Schulklasse in ihrem vollen Ausmaß berücksichtigenden Curricula führen. Auf das Problem der „Offenheit" bei Zielangabe wird in der folgenden These eingegangen.

4.1.5.3

Problembereich 3: Offenheit von Zielangaben

(A) Soziale Lernziele und Curricula sollen weitgehend offen sein für die Spezifität der einzelnen zu unterrichtenden Klasse und die subjektive Prioritätensetzung des Lehrers.

(B) „Leerformelhafte" Offenheit von Zielangaben bewirkt, daß Soziales Lernen in den meisten Fällen nur am Rande in den alltäglichen Unterricht aufgenommen wird.

An vielen Stellen wird die Bedeutung von Offenheit im Bereich des sozialen Lernens betont und festgestellt, Soziales Lernen lebe „von den Freiräumen, die der Schule zugebilligt werden".

Die Einwände bzw. Anregungen richten sich vor allem auf die Bestimmung des Begriffes der Offenheit. So wird vorgeschlagen, These A zu erweitern durch „... und die Prioritätensetzung des Lehrers, die vor dem Hintergrund der Erfahrungen und Interessen des Kindes begründet und getroffen werden muß." Dazu wird an anderer Stelle ausgeführt:
"Offenheit heißt nicht Standpunktlosigkeit. Curricula des Sozialen Lernens müssen begründete Ziele und erprobte Lernschritte enthalten, die Lehrende wie Lernende zur Stellungnahme herausfordern und auf diese Weise den Weg zum eigenen Denken und Handeln öffnen."
Wichtig erscheint auch der Hinweis, das Problem der Offenheit nach Ziel- und Realisierungsebene zu differenzieren:
„Die allgemeinen sozialen Lernziele (wie hier die 'übergreifenden Lernziele' und ihre groben Ausdifferenzierungen) müssen festliegen und Konsens finden (von den Lehrplänen bis in die Überzeugungen der Lehrer und Eltern), aber die Inhalte, Themen, Situationen, Spiele, Projekte usw., mit deren Hilfe soziale Lernziele in 'Wahrnehmung, Beurteilung und Handeln' umgesetzt werden, sollten möglichst ‚offen' für die Lerngeschichte und für die konkreten Situationen der Klasse sowie für die didaktische Phantasie der Lehrer sein."

Weiterhin wird der Standpunkt vertreten, daß Curricula allein kaum in der Lage sind, die Praxis zu beeinflussen. „Sie bedürften der Ergänzung durch Praxismodelle, die sichtbar machen, auf welche Weise konkrete Voraussetzungen für bestimmte Lernziele geschaffen werden können." Offenheit könnte danach bedeuten:
„Aus den Vorgaben von Curriculum und entsprechenden Praxismodellen, die prinzipiell auf Variabilität angelegt sein müssen, kann der einzelne Lehrer – oder eine Gruppe – ihre auf die Besonderheiten ihrer Schüler eingehende Unterrichtsplanung entwickeln, im Idealfall durch Beteiligung der Schüler in zunehmender Mitbestimmung."

Auf das in These B hingewiesene Problem, daß die Offenheit von Zielangaben gleichzeitig auch die Verbindlichkeit für das Handeln des Lehrers reduziert, wird von den Experten nicht eingegangen. In der Lehrerbefragung (Kap. 6) wird überprüft, inwieweit unterschiedlich offen formulierte Zielsetzungen (z.B. „Präambelziele" vs. themenbezogene Teilziele) als verbindliche Hinweise in die pädagogische Praxis übernommen werden.

4.1.5.4

Problembereich 4: Schulexterne Widerstände

(A) Im Bereich des Sozialen Lernens sollen Schüler u.a. die Fähigkeit und Bereitschaft zu Solidarität, Kritik, Toleranz u.ä. erwerben.
(B) Lehrer, die diese Zielsetzungen konsequent anstreben, geraten bei der Schulbehörde in Ideologieverdacht und erhalten wenig Rückhalt für ihr Vorgehen. Schüler werden bei Versuchen, entsprechende Kompetenzen zu erproben, verunsichert und mit konkurrierenden Einstellungen konfrontiert.

Bei der Beurteilung dieses Problembereiches werden die in These B genannten Probleme zwar als „richtig dargestellt bewertet", aber es wird darauf verwiesen, daß man diese Schwierigkeiten nicht überbewerten sollte. Es wird dazu ausgeführt:
„Pädagogik (ob in Schule oder anderswo) braucht ‚Übungsfelder'. Man sollte nicht immer gleich meinen, daß deshalb die ‚Welt und die Gesellschaft' zusammenbricht. Souveränität und Gelassenheit bei Lehrern, Eltern und insgesamt in der Öffentlichkeit!"

In eine ähnliche Richtung wird an anderer Stelle argumentiert:
„Die Erfahrung von Widerstand und konkurrierenden Einstellungen ist nicht unbedingt negativ, gehört auch zum Sozialen Lernen. Lehrer sollten sich auch bildungspolitisch solidarisieren können und nicht gleich weinerlich werden, wenn die Schulverwaltung nicht applaudiert. Konfliktfähigkeit als soziales Lernziel auch für Lehrer." – "Der Fortschritt vollzieht sich nicht lautlos; Abweichen von emanzipatorischen Intentionen wäre Selbstzensur."

Aus einer u.E. eher idealistischen Position heraus wird festgestellt, Ideologieverdacht entstehe „immer nur bei Leerformeln. Die Auswahl gesellschaftlich und persönlich bedeutsamer Inhalte und Probleme nimmt den 'Verantwortlichen' den Wind aus den Segeln". Es fällt auf, daß vor allem auf die Probleme für Lehrer eingegangen wird. Ein Experte bezieht sich demgegenüber besonders auf die Perspektive der Kinder: „Vor allem den 2. Teil der These B nehme ich ernst, bleibe aber bei dem Ziel A. Es kommt darauf an, das Alter des Kindes zu berücksichtigen."

Die Lösungsvorschläge richten sich vor allem auf die Situation des Lehrers. Es wird vorgeschlagen, „Verbündete" zu suchen. Besonders wichtig sei dabei auch „Kollegiumsfortbildung: ‚jeden dort abholen, wo er steht'." Im „Bemühen um Konsens" könnten „durch kontinuierliche Zusammenarbeit mit Eltern viele Mißverständnisse vermieden werden". Große Hoffnung wird auf die Absicherung der in These A genannten Aspekte in Lehrplänen gesetzt: „Soziales Lernen sollte per Lehrplan und schulischen Richtlinien abgesichert werden." Die These A „muß auch von der Schulbehörde akzeptiert werden", dann entfiele These B. „Doppelte Moral wäre schlimm." Auf Beispiele in Lehrplänen wird verwiesen, die explizit die in A dargestellten Gesichtspunkte anführen. Allerdings wird eingeräumt: „Daß es zu den unter B genannten Problemen kommen kann, ist damit nicht von der Hand zu weisen." Es wird auch festgestellt, daß eine Absicherung im Lehrplan noch kein hinreichendes Kriterium für eine unterrichtliche Realisierung ist: „Problematisch ist es, wenn (trotz einer solchen Absicherung) Soziales Lernen als 'schöne Zutat' ohne Konsequenz für die eigentliche (!) Unterrichtsarbeit benutzt wird."

In der Lehrplananalyse (Kap. 5) wird überprüft, in welcher Weise Themen und Zielsetzungen repräsentiert sind. Durch die anschließende Lehrerbefragung (Kap. 6) werden wir versuchen, dem Zusammenhang zwischen der Darstellung Sozialen Lernens in Lehrplänen und tatsächlicher Realsisierung systematisch nachzugehen.

4.1.5.5

Problembereich 5: Modellversuche und Transfer

(A) Schulversuche sollen u.a. Brauchbarkeit didaktischer Konzeptionen für die schulische Praxis überprüfen.
(B) Speziell Modellversuche zum Sozialen Lernen werden nur in seltenen Fällen für die schulische Praxis genutzt.

Die Aussagen vieler Experten machen deutlich, daß Modellversuche zu Sozialem Lernen von geringem Nutzen sind; als Alternative wird auf Möglichkeiten der Erprobung im schulischen Alltag verwiesen:

– „Speziell Modellversuche zum Sozialen Lernen sollte man niemals dulden; sie führen sich selbst ad absurdum."
– „‚Versuche' nützen nicht so viel. Beispiele, Erfahrungsberichte, die Schwierigkeiten nicht unterschlagen, nützen mehr. Der übliche Versuch kann das Problem der Schwierigkeit kaum klären."

- „Zustimmung zu B, weil man einerseits Modellversuche gern als ‚Alibimodelle' genehmigt, dann aber (unberechtigterweise!) die große Verunsicherung der Normalschule befürchtet, wenn Ergebnisse aus Modellversuchen übertragen werden!"

An einigen Stellen werden Modellversuche bei entsprechender Konzeptionierung auch als wichtig und nützlich, z.B. „als Aufforderung zum Handeln" der Lehrer angesehen. Dabei wird auch betont, daß zwischen These A und B keine Diskrepanz besteht, wenn man B umformuliert: „Überprüfte Konzepte müssen in einen geregelten Disseminationsprozeß (Verbreitungsprozeß; d. Verf.) gebracht werden." Konkreter wird gefordert, daß in Schulversuchen deutlich werden sollte, „inwieweit bestimmte didaktische Konzeptionen im Hinblick auf Soziales Lernen für die Praxis brauchbar sind und dabei insbesondere auch das Gespräch zwischen den Erziehungswissenschaftlern an den Hochschulen und den Praktikern im Unterricht befruchten". Darüber hinaus kann Soziales Lernen, „verstanden als eine zeitgemäße Form von ‚Erziehung und Unterricht'... unmittelbar und vielfältig praktiziert werden. ... Modellversuche wären nur zur Erprobung spezieller Möglichkeiten (z.B. fachfreie Verfügungsstunde; Formen der inneren Differenzierung) notwendig".

4.1.5.6

Problembereich 6: „Reformmüdigkeit" in der Praxis

(A) Von vielen Erziehungswissenschaftlern wird die Bedeutung und Notwendigkeit Sozialen Lernens in der Schule betont.
(B) Die Praxis ist „reformmüde". Die Anforderungen an den Lehrer sind bereits im Bereich des „üblichen Unterrichtes" kaum zu erfüllen.

Für einige Experten resultieren die in B genannten Probleme aus einer falschen Strategie der Erziehungswissenschaften: Die Lösung für die Diskrepanz zwischen A und B „ist nur eine Frage der Strategie". Die in These A genannten Notwendigkeiten müßten „realisierbar und plausibel gemacht werden. Dann macht auch der Lehrer wieder mit!" Eine weitere Ursache für die „Reformmüdigkeit" wird bei der Schulverwaltung gesehen; sie „honoriert entsprechende Bemühungen zu wenig". Auch dem Lehrer selbst wird der in den Thesen A und B genannte Widerspruch zwischen Anspruch und Wirklichkeit angelastet:
Im Hinblick auf die These B „würde ich ausführen, daß die Lehrer in der Unterrichtspraxis viel zu wenig über die Möglichkeiten und Grenzen des Sozialen Lernens wissen. Wenn den Praktikern etwa die Diskussion um den sogen. heimlichen Lehrplan vertraut wäre, wüßten sie auch sehr genau, daß in ihrem Unterricht, ob es ihnen nun bewußt ist oder nicht, pausenlos soziale Lernprozesse ablaufen".

Ein anderer Experte äußert Bedenken „im Hinblick auf die Frage, ob Lehrer, die mitunter selbst kein soziales Verhalten praktizieren, bei ihren Schülern soziale Lernziele erreichen wollen". In ähnlicher Weise wird an anderer Stelle argumentiert, allerdings wird hier auch der „Theoretiker" in die Kritik einbezogen:
„Ich befürchte, Lehrer und Schulöffentlichkeit sind erziehungsmüde bzw. - blind; sie orientieren sich stattdessen an Wissen, Stoff und kognitiven Leistungen; andererseits müßten die „Theoretiker" sich mehr um Verständlichkeit und Praktikabilität bemühen."

Dazu wird von anderer Seite ergänzt: „Viele Erziehungswissenschaftler haben – in mangelnder Kenntnis der Praxis – überzogene Vorstellungen; ein Effekt ist die Reformmüdigkeit der Praxis." Die Umstände, unter denen Lehrer Soziales Lernen realisieren sollen, werden als wichtiger Aspekt benannt; daraus werden auch Lösungsmöglichkeiten entwickelt:
"Die Lehrer sind vor allem deshalb überfordert und 'reformmüde', weil sie – dort, wo sie pädagogisch arbeiten wollen (im Sinne sozialer Lernziele) – durch die organisatorische Struktur der Schule ständig behindert werden, aber auch deshalb, weil Kooperation und Solidarität für pädagogische Zielsetzungen kaum praktiziert werden. Konsequenz: Das Defizit Sozialen Lernens in der Ausbildung der Lehrer abbauen. Pädagogische Zentren für Lehrer anstreben, praktische Modelle entwickeln."

Wir erwarten von der Lehrerbefragung nähere Aufschlüsse über diesen Problembereich. Dabei kann festgestellt werden, in welchem Ausmaß die Behauptung der Reformmüdigkeit zutrifft. Darüber hinaus können Lehrer über ihre Erfahrungen mit Widerständen im Schulalltag und eigene Lösungsversuche berichten sowie persönliche Einstellungen zur Bedeutung Sozialen Lernens darlegen.

4.1.5.7

Problembereich 7: Überprüfung sozialer Lernerfolge

(A) Zur Objektivierung Sozialen Lernens sollten Überprüfungen von Lernerfolgen über subjektive Wahrnehmungen von Lehrern hinausgehen.
(B) Geeignete diagnostische Instrumente liegen kaum vor; die Entwicklung solcher Instrumente wird häufig negativ im Sinne von „Technokratisierung" gewertet.

Die Ansichten der Experten zu diesem Themenbereich gehen deutlich auseinander. Eine Gruppe wendet sich gegen den Einsatz diagnostischer Verfahren: "Soziale Lernprozesse sind unabschließbar, soziale Kompetenzen sind in höchstem Maße situativ, lebensgeschichtlich und emotional bedingt, außerdem hochkomplex; es scheint deshalb fragwürdig, diagnostische Instrumente entwickeln zu wollen, die schließlich doch wieder als Selektionsinstrumente wirken müssen. Die Schule soll soziales Erfahrungs- und Handlungsfeld werden, nicht auch da noch Prüfungs- und Selektionsapparat."

Es wird befürchtet, daß „die Objektivierung mehr Schaden anrichtet als nützt." Weiterhin wird darauf verwiesen, daß sich „Lernerfolge nur sehr langfristig einstellen" und eine Forderung nach „Objektivierung" unberechtigt erscheint. Als eine Möglichkeit zur Lösung der in Problembereich 7 genannten Aspekte wird „Metaunterricht" vorgeschlagen, als Möglichkeit, soziale Entwicklungen in der Schülergruppe zu rekonstruieren. Ein weiterer Einwand richtet sich auch gegen eine „Leistungsevaluation" im Bereich des Sozialen Lernens: „Wissenschaftliche Diagnostik und Evaluation von sozialem Lernen sollte ein Aufgabengebiet der Forschung bleiben; Leistungsevaluation wie in Mathematik oder Englisch ist im Feld des Sozialen Lernens ein Widerspruch; wichtig und nützlich sind hingegen 'einfache' Methoden (zur Beobachtung, Analyse) der Selbsterfahrung." Weiterhin wird darauf verwiesen, daß es bedeutend schwieriger sei, „Lernerfolge im Bereich des Sozialen Lernens zu überprüfen ... als Lernerfolgskontrolle in Fächern wie Rechtschreibung oder Mathematik."

Ein anderer Teil der Experten stimmt der Notwendigkeit der Überprüfung sozialer Lernerfolge zu, dabei wird im einzelnen ausgeführt:

- „Soziales Lernen sollte in seinen Ergebnissen genauso überprüfbar sein wie jede andere Lernleistung. Probleme entstehen meistens wegen der unzureichenden Offenheit und Kommunikationsbereitschaft der Betroffenen untereinander."
- „Die These A wäre dringend weiter zu verfolgen. Instrumente müssen dann aber dem Konzept entsprechen."
- Die These A ist „richtig" ... „Der Technokratisierungsvorwurf ist z.T. durch die sprachliche Form entsprechender Vorschläge bedingt."
- Der Tendenz nach wird den Aussagen in den Thesen zugestimmt, „wenn ,diagnostische Instrumente' als Instrumente verstanden werden, die dem Lehrer helfen, Lernentwicklungen bei Kindern (auch im sozialen Bereich) besser einschätzen zu können! „Lernerfolg" ist im Sozialen Lernen ein fragwürdiges Kriterium.

Eine Durchsicht vorliegender Verfahren, die zur Überprüfung sozialer Lernerfolge eingesetzt werden, führt zu zahlreichen Defiziten (vgl. PETILLON 1982, S. 38 f). Für viele Bereiche (vgl. unseren Lernzielkatalog) liegen keine Instrumente vor. „Die standardisierten Verfahren sind zum Teil veraltet, bei anderen ist die Validitätsfrage nicht befriedigend gelöst." An dieser Situation hat sich unseres Wissens auch in den letzten Jahren nichts Wesentliches geändert.

Angesichts der Tatsache, daß der soziale Bereich für „Urteilsverzerrungen" besonders anfällig ist, da hier in vielen Fällen schichtspezifische Einstellungen, Vorurteile unterschiedlichster Art, Sympathie und Antipathie u.v.a.m. einfließen, erscheint es wichtig, dem Lehrer Hilfen zu einer systematischeren und objektiveren Einschätzung sozialer Entwicklungen zu geben. Als unerläßliche Bedingung für den Einsatz entsprechender Verfahren ist zu fordern, daß die diagnostischen Befunde ausschließlich zur Förderung des einzelnen Kindes und zur Verbesserung der Bedingungen zielorientierten Sozialen Lernens verwendet werden.

4.1.5.8

Problembereich 8: Lehrer als Modell

(A) Der Lehrer soll als Modell für wünschenswerte soziale Verhaltensweisen wirken.
(B) Im Vollzug seiner gesamten unterrichtlichen Aufgaben (z.B. Selektion) ist es dem Lehrer kaum möglich, diese Modellfunktion zu übernehmen.

Zu den Thesen werden einige kommentierende Anmerkungen gemacht, die sich auf Teilaspekte des Problembereiches beziehen und auch einige Hinweise auf Lösungsmöglichkeiten enthalten. These A wird als „außerordentlich wichtig für Soziales Lernen" angesehen: „Der Lehrer wirkt – ob er will oder nicht – als ein Modell, das die Kinder beeinflußt, und zwar so oder so." Besonders in der Grundschule ist das Imitationslernen wichtig, „bei dem dem Lehrer die Schlüsselposition zukommt". Dabei unterschätzen viele Lehrer „die Funktion des Lernens über die Person des Lehrers (aus Bequemlichkeit, aus Unwissenheit?)". Natürlich steht bei Sozialem Lernen nicht nur der Schüler, sondern auch der Lehrer „zur Disposition".

4.1.5.9

Problembereich 9: Lehrerausbildung

(A) Die Realisierung Sozialen Lernens erfordert auf seiten des Lehrers vielseitige Kompetenzen und positive Einstellungen zu diesem Lernbereich.
(B) Die Lehrerausbildung berücksichtigt Soziales Lernen nur am Rande; Erfolge des Lehrers auf diesem Gebiet werden nur wenig honoriert.

Die Anmerkungen der Experten beziehen sich vor allem auf die These B (- These A wird durchgängig zugestimmt -) und dabei auf Defizite in der Lehrerausbildung:

- „Einstellungen und Kompetenzen sind in der Tat notwendig, und die Lehrerausbildung tut hier zweifellos zu wenig; das Problem der 'Erziehungsblindheit' besteht auch für die Hochschulen."
- „Theorien Sozialen Lernens werden durchaus angeboten", aber Handlungskompetenz werde dabei kaum vermittelt. Dementsprechend müßte „Soziales Lernen für Lehrer in der Ausbildung" praktiziert werden. Dazu wird von anderer Seite konkretisiert:
- „Wenn der Lehrer seine Fächer nicht enzyklopädisch, sondern problem- und vermittlungsorientiert studieren könnte, würde ihm die Kompetenz zur Realisierung des Sozialen Lernens ganz beiläufig mitvermittelt."
- Dies gilt in gleicher Weise für die Lehrerfortbildung. Da die „Erziehungsfunktion des Lehrers ... als Kompetenz niedrig im Kurs" stehe, werde in diesem Bereich „relativ wenig zur Kompetenzerweiterung" getan.

In den Hinweisen der Experten finden sich vielfältige Lösungsmöglichkeiten, die sich auf einige übergreifende Bereiche konzentrieren:

- Der Schule und dem Lehrer müssen mehr Freiräume zugestanden werden, um Soziales Lernen in angemessener Weise praktizieren zu können.
- Die „Theoretiker" müßten sich stärker an „der Umsetzung ihrer Ideen in die Praxis (z.B. durch „Praxismodelle") beteiligen.
- Der Lehrer sollte für Soziales Lernen Verbündete suchen: im Sinne von Elternarbeit und Kollegenfortbildung.
- Die Lehrerausbildung, Fort- und Weiterbildung sollte Soziales Lernen als Selbsterfahrung stärker berücksichtigen und dabei auch das berufliche Selbstverständnis im Hinblick auf die Erziehungsfunktion stärken sowie die Einsicht vermitteln, daß die Förderung Sozialen Lernens unerläßlicher Bestandteil von Erziehung und Unterricht ist.

5
Lehrplananalyse

In der folgenden Lehrplananalyse soll der Frage nachgegangen werden, in welcher Form sich Soziales Lernen in Zielsetzungen, Inhalten, methodischen Vorschlägen der Lehrpläne oder Richtlinien aller Bundesländer niederschlägt. Es soll festgestellt werden, was „amtlich" an Sozialem Lernen „zugelassen" und gleichzeitig als Anspruch an den Primarbereich herangetragen wird. Wir konzentrieren uns dabei vor allem auf Soziales Lernen in der Schülergruppe, wie es in Kap. 2 dargestellt wurde; Begründungen für eine solche Reduzierung wurden in Kap. 1 und 2 gegeben.

5.1
Fragestellungen

Das im Rahmen der theoretischen Ausführungen entwickelte Modell zu Sozialem Lernen (vgl. Kap. 2.2) bildet das Bezugssystem für die Analyse. Es kann dabei überprüft werden, in welcher Weise und in welchem Umfang Soziales Lernen, wie es in diesem Modell in seinen vielfältigen Facetten und Bezügen dargestellt ist, in den einzelnen Lehrplänen Eingang gefunden hat. Der Katalog übergreifender Lernziele (vgl. Kap. 3) dient als „Suchraster" dafür, welche Zieldimensionen angesprochen und welche vernachlässigt werden. Im einzelnen soll folgenden Teilfragen nachgegangen werden:

- In welcher Form findet sich Soziales Lernen in übergreifenden Zielsetzungen (Leitzielen) zu Erziehung und Unterricht im Primarbereich? Welche Zieldimensionen sind angesprochen, welche fehlen?
- Wie wird Soziales Lernen in konkreten Zielen (Feinzielen) dargestellt? Werden neben Kompetenzen auch Handlungsorientierungen benannt? Welches Gewicht erhalten kognitive (z.B. Erkennen, Wissen, Einsicht, Regeln erfassen) gegenüber affektiven Lernzielen, (die „vom Sensibilisieren und Aufnehmen über das Reagieren bis zum Bewerten und Einordnen in ein Wertekonzept reichen"; vgl. FAHN 1980, S. 24)? Ist eine Ableitung der Feinziele aus den Leitzielen erkennbar?
- In welchen Inhalten (Sozialereignissen) wird Soziales Lernen thematisiert? Welche Beziehung besteht zwischen einzelnen Zielsetzungen und den damit verknüpften Inhalten?

- Auf welche Lehr- und Lernformen wird verwiesen? Welchen Stellenwert besitzen Hinweise auf den handelnden Erwerb sozialer Kompetenzen, Handlungsorientierungen und Emotionen als Resultat aktiver, mitbestimmender, verändernder Auseinandersetzung mit Sozialereignissen?
- Welche Aufgabe wird dem Lehrer zugesprochen?

Bei der Klärung der Frage wird besonderer Wert darauf gelegt, die Aussagen des Lehrplanes auch aus der Perspektive des „Benutzers", d.h. des Lehrers, zu betrachten. Dabei versuchen wir die Offenheit einzelner Formulierungen für divergierende Interpretationen zu analysieren sowie deren Verbindlichkeit und „Anregungswert" – im Sinne einer erkennbaren Hilfe für den Schulalltag.

5.2
Vorgehensweise

In einem ersten Schritt wurden alle Grundschullehrpläne und Richtlinien der Bundesländer ab 1970 bis zum heutigen Zeitpunkt zusammengetragen. Ordnet man diese nach ihrer zeitlichen Entwicklung, so ergibt sich der im folgenden dargestellte Überblick.
Es ist festzustellen, daß zwischen 1970 und 1975 in allen Bundesländern neue Lehrpläne entwickelt wurden. Um 1970 kamen neue gesellschafts- und bildungspolitische Sachverhalte in die Diskussion um die Gestaltung des Primarbereiches. Neue lernpsychologische und begabungstheoretische Überlegungen, vor allem die Thesen von BLOOM (vgl. auch HOPF u.a. 1971), führten zu einer „Aufbruchsituation für bildungsrelevante Fragen" (FAHN 1980, S. 19). Stark beeinflußt wurde die neue Grundschulreform durch den Grundschulkongreß 1969 mit dem Thema „Funktion und Reform der Grundschule". Im Mittelpunkt standen hier die Bereiche „Begabung und Lernen" (Begabung als Voraussetzung und Ergebnis von Lernen), „Ausgleichende Erziehung" (Förderung benachteiligter Kinder) und „Inhalte grundlegender Bildung" (Wissenschaftsorientierung). Die dort entwickelten Überlegungen schlagen sich auch im „Strukturplan für das Bildungswesen" (DEUTSCHER BILDUNGSRAT 1970) nieder. „Als Folge setzte nach und nach im ganzen Bundesgebiet die Überarbeitung der Grundschullehrpläne ein" (FAHN 1980, S. 19). Unter der Überschrift „Soziales Lernen" finden sich im Strukturplan von 1970 allerdings nur Hinweise auf die Änderung des Lehrer-Schüler-Verhältnisses, das partnerschaftlich geprägt sein soll: Dieses „besteht weniger in einem Gegenüber als in einem Miteinander" (S. 37).
Wie in Kap. 2.1 dargestellt, setzte in den beginnenden siebziger Jahren eine breite Diskussion um Soziales Lernen ein, das in umfassender Weise als

bedeutsamer Aspekt einer Grundschulreform betrachtet wurde (vgl. Arbeitskreis Grundschule 1975). Ab 1975 wurde Soziales Lernen zu einem zentralen Thema, dessen Brisanz auch von Bildungspolitikern erkannt wurde (vgl. BECK 1978) und dadurch zu einer weiteren Überarbeitung der Lehrpläne beitrug. Dementsprechend sind für unseren Themenbereich die Lehrpläne zwischen 1975 und 1980 von besonderer Bedeutung. Wie der Überblick über die Lehrplanentwicklung zeigt (vgl. Übersicht auf den nächsten Seiten), wurden mit Ausnahme von Berlin zwischen 1975 und 1979 neue Lehrpläne und Rahmenrichtlinien oder Überarbeitungen vorgelegt. Wir greifen für unsere Analyse diejenigen Lehrpläne heraus, die im Jahre 1980 in den einzelnen Bundesländern Gültigkeit besaßen. Wir halten einen „Schnitt" zu diesem Zeitpunkt für besonders geeignet, weil angenommen werden kann, daß bis zu diesem Jahr Soziales Lernen mit unterschiedlichen Verzögerungen in allen Lehrplänen in seiner länderspezifischen Ausprägung Eingang gefunden hat. Wenn unsere These zutrifft, daß die breite Diskussion um Soziales Lernen die Lehrplaninhalte nachhaltig beeinflußte, dann müßten im Vergleich mit den verschiedenen Lehrplänen (von 1970 bis heute) jeweils die 1980 gültigen Versionen diesen Lernaspekt am umfangreichsten und nachdrücklichsten einbringen.
Es spricht vieles dafür, daß ab den beginnenden achtziger Jahren Soziales Lernen in der bildungspolitischen Diskussion an Bedeutung verliert. Die Übersicht über die Lehrplanentwicklung (vgl. die nächsten beiden Seiten) macht deutlich, daß mit Ausnahme von Hamburg und Hessen seit 1981 auch neue Lehrpläne eingeführt wurden. Durch einen Vergleich der 1980 und 1989 gültigen Lehrpläne soll untersucht werden, ob sich der Bereich des Sozialen Lernens in der Form und im Umfang verändert hat.
Als Vergleichsgrundlage für die nachfolgende Analyse dienen die Originaltexte der amtlichen Lehrpläne und Richtlinien, die 1980 gültig waren. Es wird in zwei Schritten vorgegangen. Zunächst werden die Aussagen zu Sozialem Lernen für jedes einzelne Bundesland in ihrer Gesamtheit nach den o.g. übergreifenden Fragestellungen analysiert. Konkrete Hinweise dazu finden sich im folgenden Kapitel 5.3.
Nach dieser ganzheitlichen Betrachtung der einzelnen Lehrpläne werden zu den genannten Analyseaspekten Synopsen erstellt, die einen Vergleich der einzelnen Bundesländer und eine „zusammenschauende" Betrachtung ermöglichen (vgl. dazu auch Kap. 5.4). Die vielfältigen Detailinformationen, die aus den Originalquellen gewonnen werden, können so zu Übersichten gebündelt und zu zusammenfassenden Aussagen zusammengetragen werden.

	Baden-Württemberg	Bayern	Berlin	Bremen	Hamburg	Hessen
1970 bis 1975	1972 Erlaß: Arbeitsanweisungen für die Grundschulen 1973 Erlaß: Innere Grundschulreform 1975 Bekanntmachung: Sachunterricht und Musik	1970 Erprobungsphase des neuen Lehrplans für die Grundschulen 1971 Allgemeine Einführung des neuen Lehrplans 1975 Überarbeitete Fassung des Sachunterrichts (Heimat- und Sachkunde)	1970 Rahmenpläne für Unterricht Erziehung in Grundschulen 1975 Ausführungsvorschriften über die Rahmenpläne von 1970	1970 Lehrplan für die Grundschule	1973 Richtlinien für die Erziehung und den Unterricht in der Grundschule (Entwurf) 1974 Inkrafttreten der Richtlinien von 1973	1972 Rahmenrichtlinien: Primarstufe Sachunterricht
1976 bis 1980	1977 Arbeitsanweisungen für die Grundschulen	1976 Inkraftsetzung des veränderten Grundschullehrplans (vgl. 1975)		1977 Lehrplanentwurf zum Sachunterricht in der Grundschule (zur Erprobung)	1979 Lehrplan: Gesellschaft im Sachunterricht der Grundschule	1977 Überarbeitete Rahmenrichtlinien 1978 Allgemeine Grundlegung der Rahmenrichtlinien 1979 Primarstufe: Aspekt Gesellschaftslehre
1981 bis 1989	1985 Bildungsplan für die Grundschule Lehrplanheft 5	1981 Einführung des neuen Lehrplans für Grundschulen 1982 Inkraftsetzung des des Lehrplans von 1981	1986 Vorläufiger Rahmenplan für Erziehung und Unterricht in den Klassen 1-4 (Erprobung) 1987 Inkrafttreten des Rahmenplans v. 1986	1984 Leben und Lernen in der Grundschule und Lehrplan: Sachunterricht		Rahmenrichtlinien in Überarbeitung

	Niedersachsen	Nordrhein-Westfalen	Rheinland-Pfalz	Saarland	Schleswig-Holstein
1970 bis 1975	1975 Rahmenrichtlinien: Primarstufe Sachunterricht	1970 Richtlinien für die Grundschule 1973 Richtlinien und Lehrpläne	1971 Lehrplan für die Grundschulen der Länder Rheinland-Pfalz und Saarland		1975 Lehrplan für Grundschule und Vorklasse
1976 bis 1980			1978 Lehrplanentwurf: Sachunterricht	1978 Lehrplanentwurf: Sachunterricht	1978 Grundschule und Vorklassen
1981 bis 1989	1981 Grundsatzerlaß „Die Arbeit in der Grundschule" 1982 Rahmenrichtlinien für die Grundschule	1985 Richtlinien für die Grundschule und Lehrplan für den Sachunterricht 1986 Inkraftsetzung der Richtlinien von 1985	1984 Leitlinien für die Arbeit in der Grundschule. Lehrplan für den Sachunterricht (vgl. 1978)	1987 Richtlinien für die Arbeit in der Grundschule	1986 Grundschule: Übersicht zu den Lehrplänen

5.3

Ergebnisse

In einem ersten Schritt wurden die Lehrpläne einer Einzelanalyse unterzogen. Die daraus gewonnenen Ergebnisse, über die hier nicht berichtet werden kann (vgl. hierzu PETILLON 1992a), fließen in die Synopse ein, die zu einer länderübergreifenden Perspektive führen soll. Es erscheint notwendig, solche Einzelanalysen der Synopse vorzuschalten, denn nur auf diesem Weg können Zusammenhänge und Verknüpfungen zwischen Teilaspekten sowie die Logik von Beziehungen übergreifender Zielformulierungen zu daraus abgeleiteten Themenstellungen, Feinzielen, Lehr- und Lernverfahren rekonstruiert werden. Die Synopse dagegen kann lediglich mit Teilelementen arbeiten, deren Bezug zum Kontext des Lehrplanes nicht miteingebracht werden kann.

Die Analysen der einzelnen Lehrpläne werden nach folgenden Kriterien vorgenommen:

Übergreifende Zielsetzungen zu Sozialem Lernen
Damit sind sehr allgemeine, unspezifische und umfassend formulierte Zielangaben gemeint, wie sie sich als Leit- oder Richtziele in Präambeln von Lehrplänen finden. Sie gelten als Richtungspfeiler auf dem Weg zur Realisierung unterrichtlicher und pädagogischer Ziele (vgl. FAHN 1980, S. 23). Dabei soll begutachtet werden, in welche „Richtung gezielt" wird und welchen Interpretationsspielraum Zieldefinitionen eröffnen. Es gilt festzustellen, welches der Bezugspunkt (z.B. das Grundgesetz oder die Landesverfassung) für solche Leitideen ist.

Mit Hilfe unserer Lernzielkataloges kann danach überprüft werden, welche übergreifenden Zieldimensionen angesprochen sind und welche fehlen.

Themen und Ziele des Sachunterrichts
Hier werden Themen analysiert, die vor allem das Sozialleben in der Schülergruppe und das institutionelle Umfeld betreffen. Neben den Themen werden „Feinziele", als möglichst genau definierte Beschreibungen des gewünschten Schülerhandelns, erwünschter Beziehungsformen und Gruppenmerkmale, untersucht. Dabei soll auch eine Unterscheidung nach kognitiven und affektiven Lernzielen vorgenommen werden. Es soll überprüft werden, inwieweit Handlungsziele, als Hinweis auf den aktiven, selbstbestimmten Umgang mit sozialen Ereignissen in der Gruppe, benannt werden.

Lehr- und Lernformen
Hier soll untersucht werden, inwieweit sich Themen und Zielsetzungen in adäquaten Lernverhältnissen niederschlagen. Neben Unterrichtsprinzipien (z.B. der Erfahrungs- und Erlebnisnähe, des Handlungsbezugs) sind Sozialformen

(von der Partnerarbeit über das Rollenspiel zu den verschiedensten Formen des freien Spiels) und Aussagen zur Gestaltung des Sozialklimas gemeint. Übergreifende Ansätze wie das sog. freie Lernen (Freiarbeit, offener Unterricht) und Projektarbeit erscheinen in Verbindung mit Sozialem Lernen besonders wichtig.

Aufgaben des Lehrers
Hier soll analysiert werden, welche Funktion dem Lehrer im Zusammenhang mit Sozialem Lernen zugesprochen wird. Es ist zu überprüfen, ob die dabei genannten Hinweise geeignet sind, dem Lehrer richtungsweisende Hilfen für seine schulische Arbeit zu geben.

Vergleich der Lehrpläne von 1980 mit heute gültigen
Die neuesten Lehrpläne werden danach analysiert, ob im Bereich des Sozialen Lernens im Vergleich zu der Version, die 1980 verbindlich war, Änderungen eingetreten sind (Kürzungen, Erweiterungen, Richtungsänderungen, neue Themen).

In der folgenden Synopse wird versucht, die Ergebnisse aus den Einzelanalysen der Lehrpläne unter den dort zugrunde gelegten Analyseaspekten zusammenzufassen. Dabei kann ein Vergleich zwischen den Lehrplänen einzelner Bundesländer vorgenommen werden. Ein solcher Vergleich soll Unterschiede in den Ansprüchen an Lehrer sichtbar machen, die verschiedenartige Gewichtung Sozialen Lernens verdeutlichen und länderspezifische Besonderheiten klären. Wichtiger als der Ländervergleich erscheint es uns, bei der Bündelung von Detailinformationen zu Gesamtübersichten die Intentionen, Inhalte und methodischen Vorschläge einer systematischen länderübergreifenden Betrachtung zu unterziehen.

5.3.1
Analyse übergreifender Zielvorstellungen

In einem ersten Schritt wurden die übergreifenden Zielvorstellungen in den Präambeln der Lehrpläne im Hinblick auf Aussagen zu Sozialem Lernen analysiert. Es sollte überprüft werden, welche Zielrichtung für die späteren konkreten Zielsetzungen und Themenstellungen vorgegeben wird. Auch wenn solche Richt- oder Leitziele in der Zielhierarchie den höchsten Abstraktionsgrad besitzen und dementsprechend sehr allgemein, unspezifisch und umfassend formuliert sind, sollten sie deutlich erkennbar eine richtungsgebende Funktion erfüllen. Es wäre zu wünschen, daß sie sich wie ein „roter Faden" durch die weiteren Lehrplanaussagen ziehen und Zielformulierungen und Themen auf der untersten Abstraktionsebene als Ableitung der Leitideen rekonstruiert werden können.

Zunächst stellen wir noch einmal die zentralen Aussagen zu Sozialem Lernen, wie sie sich als Aufgaben der Grundschule in den einzelnen Präambeln finden, in verdichteter Form zusammen:

BAD: „Einüben von Verhaltensweisen und Umgangsformen, die für das Zusammenleben in der Schule und in der Gemeinschaft gelten."

BAY: „Als gemeinsame Schule für alle Kinder dient sie der sozialen Integration."-"Üben und Verstehen kooperativer Lebensformen."

BER: Erziehung soll „soziale Einstellungen bewirken, die Fähigkeit zu verantwortlicher, kritischer Stellungnahme anbahnen und zu sozialem Verhalten führen".

BRE: Soziale Erfahrungen der Kinder sind „behutsam auf die Lernsituation der Schule anzuwenden". Die Schüler sollen zu „differenziertem Auffassen, zu sachgerechtem Beurteilen sowie zu möglichst vorurteilsfreien Einstellungen und Handlungsformen gelangen".

HAM: „Soziale Verhaltensweisen sollen herausgefordert, geübt und gestärkt werden."

HESS: Befähigung zu „eigenständiger Urteilsbildung, reflektierter Handlungsfähigkeit, Sozialbewußtsein und Sozialverhalten".

NIED: „Soziale Erfahrungen" und „gemeinsame Erlebnisse vermitteln, Fähigkeit, Beziehungen nach den Grundsätzen der Gerechtigkeit, Solidarität und Toleranz zu gestalten."

NRW: „Soziale Integration": aus der „Gemeinsamkeit" der Kinder sollen sich „soziale Interaktionen realisieren, aus denen heraus sich als Lernprozeß verstehende und für das einzelne Kind notwendige Sozialisation ergibt."

RLP: Das Kind soll „seinen Platz in der Gruppe" finden und „sich seiner Möglichkeiten bewußt werden". Es soll zu „gemeinschaftsbezogenen Lebens- und Arbeitsformen" und zu „Selbstbestimmung und eigenverantwortlichem sozialem Handeln" hingeführt werden.

SCHL: Die Schule soll Voraussetzungen schaffen für „die Selbstverwirklichung des einzelnen, für sein Sozialverhalten, für sein Verhältnis zur Gesellschaft".

Für die meisten Zielsetzungen gilt, daß wir ihnen ohne größeren Vorbehalt zustimmen können. Dies liegt u.E. vor allem daran, daß Begriffe verwendet werden, die progressiv „klingen" und für eine subjektive Interpretation vollkommen offen sind, so daß auch jeder Lehrplanbenutzer seine individuelle Zielvorstellung in den vorgegebenen „Leerformeln" unterbringt. Diese „Worthülsen" können auch weiterverwendet werden, indem sie z.B. auf Elternabenden oder anderen öffentlichen Schulveranstaltungen als „widerspruchsneutrale" Zielbegriffe eine wichtige Funktion erfüllen. „Gemeinschaft", „soziale Integration" sind lediglich „Platzhalter" für ein breites Spektrum von Interpretationsmöglichkeiten. „Soziales Handeln", „Sozialverhalten", Sozialbewußtsein", „Soziale Einstellungen" u.ä. werden weitgehend „richtungsneutral" verwendet und können dementsprechend auch nicht als Orientierungshilfe dienen. Bei diesen Formulierungen kann auch später nicht festgestellt werden, ob übergreifende Zielsetzungen konsequent in konkrete Feinziele, Themen und methodische Hinweise umgesetzt werden. Es bleibt lediglich die Möglichkeit, bei der Analyse der konkreten Lehrplanaussagen zu erschließen, was mit den übergreifenden Zielformulierungen gemeint war, was sich hinter Begriffen, wie z.B. Integration, verbirgt und wie das „Soziale" von den Lehrplanautoren verstanden wird.

Neben diesen sehr unbestimmten Zielangaben wird in einigen Lehrplänen eine Zielrichtung erkennbar, die die Persönlichkeitsentwicklung des einzelnen Kindes betrifft und dabei die Zieldimension „Ich-Identität" anspricht: „reflektierte Handlungsfähigkeit" (HESS), „Selbstbestimmung" (RLP, SAAR) und „Selbstverwirklichung" (SCHL) sind Formulierungen, die auf die Förderung selbstverantwortlichen Handelns hinweisen. In anderen Lehrplänen wird „Individualisierung" als Unterrichtsprinzip betont; allerdings geht es dabei vor allem um eine angemessene Förderung des Kindes im Leistungsbereich. Eine Beziehung zwischen der Entwicklung der Individualität und sozialer Entwicklung wird nur sehr unzureichend hergestellt.

Legt man der Analyse der Präambeln unseren Katalog übergreifender sozialer Lernziele zugrunde, so finden sich, unter Berücksichtigung auch der sehr vagen Andeutungen, in den 11 Lehrplänen die Lernzieldimensionen zahlenmäßig wie folgt vertreten:

Kommunikation	2 (BAD, NIED)
Kontakt	2 (BRE, HAM)
Kooperation	7 (BAD, BAY, HAM, NIED, NRW, RLP, SAAR)
Solidarität	2 (NIED, NRW)
Konflikt	3 (HAM, NIED, SCHL)
Ich-Identität	6 (HAM, NIED, HESS, RLP, SAAR, SCHL)
Soziale Sensibilität	5 (BAY, BRE, HAM, NIED, NRW)
Toleranz	3 (BRE, HAM, NIED)
Kritik	3 (BER, NIED, HESS)
Umgang mit Regeln	alle Bundesländer
Gruppenkenntnisse	0

Diese Übersicht sollte mit aller Vorsicht interpretiert werden. Zwar wird der Umgang mit Regeln in allen Bundesländern als Leitziel angedeutet. In vielen Fällen bleibt offen, ob diese Regeln unter Mitwirkung der Schüler aufgestellt werden. Auch alle anderen Häufigkeiten sind unter dem Vorbehalt der unkla-

ren Formulierungen zu deuten. Das Fehlen von Zieldimensionen in einzelnen Präambeln bedeutet nicht, daß sie auch in den weiteren Lehrplanausführungen fehlen. Ob die Nennung in der Präambel eine Schwerpunktsetzung des jeweiligen Lehrplans bedeutet, oder ob es sich hier um eine „Verbalprogressivität" handelt, muß an konkreten Inhalten überprüft werden.
Explizit Bezug auf das Grundgesetz nehmen die Rahmenrichtlinien von Hamburg, Hessen und Niedersachsen, wo Soziales Lernen mit den Grundrechten in Beziehung gesetzt wird. Die anderen Lehrpläne bleiben in einem Sprachgebrauch, der dadurch charakterisiert ist, „daß man von Gesellschaft und der Selbstverwirklichung erlaubenden Teilhabe an ihr nur in sehr allgemeiner Weise spricht" (BÖNSCH 1979, S. 86). Dementsprechend finden sich dort auch kaum Hinweise, die Soziales Lernen unter dem Aspekt mitwirkenden, gestaltenden, verändernden Handelns des Kindes in seinem schulischen Umfeld beschreiben. Neben dem Fehlen einer Handlungsdimension Sozialen Lernens wird auch die emotionale Dimension als Leitgedanke vernachlässigt. Ausnahmen bilden Bayern, Niedersachsen und Hessen: vgl. z.B. den Hinweis in den hessischen Rahmenrichtlinien: Wenn Soziales Lernen „nicht äußerlich bleiben soll, dann bedarf es einer emotional-affektiven Lerndimension" (1978, S. 13).
Welchen Stellenwert besitzt das Kriterium der Gegenseitigkeit, wie es von uns als zentrales Leitziel auch dem Zielkatalog zugrunde gelegt wurde? Deutlich angesprochen oder zumindest in Andeutungen findet sich in fast allen Lehrplänen ein Hinweis auf dieses übergreifende Kriterium:
– Der soziale Umgang soll so geregelt werden, „daß keiner in seinen Rechten verletzt wird" (BAD).
– „Mitverantwortliches Handeln" (BER);
– Der einzelne Schüler soll „seine Bedürfnisse zugunsten berechtigter Ansprüche anderer zurückstellen lernen"; „den anderen helfen und sich helfen lassen" (HAM).
– Die Kinder sollen erkennen: „die Realisierung eigener Lebenschancen ist eng gebunden an die Realisierung anderer" (HESS).
– Dem „eigenen Freiheitsspielraum" sind „Grenzen gesetzt durch die Rechte anderer" (NIED).
– „Mitmenschliches Verhalten" (NRW).
– „Selbstbestimmung" und „soziale Verantwortung" (RLP, SAAR).
– „Selbstverwirklichung" und „Eingehen auf andere" (SCHL).

Wie in vielen anderen Fällen sind die Formulierungen offen für unterschiedliche Interpretationen. Sie sind aber in ihrer Richtung auf Formen sozialer Beziehungen bezogen, die auf eine Ausgewogenheit zwischen Selbstentfaltung und Berücksichtigung der Entfaltungsrechte anderer hindeuten. Wir sehen in dieser Zielrichtung den Hinweis auf eine Gemeinsamkeit der übergreifenden Präambelformulierungen in den verschiedenen Lehrplänen. Im folgenden wird auch zu überprüfen sein, in welcher Weise sich dieses übergreifende Prinzip in konkreten Vorschlägen zur Erziehungs- und Unterrichtsarbeit niederschlägt. Zusammenfassend läßt sich über die übergreifenden Zielsetzungen in den Lehrplänen sagen, daß der Anspruch an die Grundschule, Soziales Lernen zu fördern, relativ offen und damit unverbindlich bleibt. Es ist weniger das hohe Niveau, das problematisch erscheint, als vielmehr der Mangel an klaren Konturen und eindeutigen Richtungsbestimmungen. Ein Bezug zum Grundgesetz und das daraus abgeleitete Kriterium der Gegenseitigkeit erscheinen als Grundlage für weitere Konkretisierung besonders geeignet. Eine systematischere Benennung des gesamten Spektrums Sozialen Lernens im Sinne von Zieldimensionen wäre besonders wünschenswert. Der Stellenwert handlungsbezogenen Lernens und emotionaler Aspekte sollte in richtunggebenden Hinweisen auftauchen. Dies gilt auch für die Betonung von Handlungsorientierungen, auf die in Verbindung mit Kompetenzen hingewiesen werden sollte.

5.3.2
Analyse von konkreten Zielsetzungen im Rahmen des Sachunterrichtes

Im folgenden werden noch einmal alle konkreten Zielsetzungen, die Soziales Lernen betreffen, zusammengetragen und den 11 Bereichen des Kataloges übergreifender Zielsetzungen zugeordnet. Dabei wird überprüft, in welchem Umfang das einzelne Lernziel die in dem jeweiligen Bereich genannten Aspekte umfaßt. Weiterhin wird untersucht, ob in einem Ziel ein Handlungsbezug hergestellt und emotionale Gesichtspunkte berücksichtigt werden. In der nachfolgenden Übersicht (Abb. 10) wird (getrennt nach den Bundesländern) eine solche Zuordnung von einzelnen Zielen zu Zieldimensionen vorgenommen. Zur Vereinfachung der Darstellung wird mit Symbolen gearbeitet, die folgende Bedeutung haben:

○ = für diese Lernzieldimensionen findet sich in dem betreffenden Bundesland keine Zielformulierung
● = die Zielformulierung deutet nur einen Teilaspekt der jeweiligen Dimension an.
●● = ein einzelnes oder mehrere Ziele benennen explizit wichtige Teilaspekte der jeweiligen Dimension
●●● = ein einzelnes oder mehrere Ziele benennen umfassend die jeweilige Dimension.
H = es wird ein Handlungsbezug hergestellt.
E = emotionale Aspekte sind berücksichtigt.

Die Zeilensummen nennen die Anzahl der Bundesländer, in denen die jeweilige Zieldimension genannt wird. In Klammern wird die Anzahl der vergebenen schwarzen Punkte (als grober Hinweis auf die Gewichtung der Zuordnungen) aufgeführt. In den Spaltensummen findet sich die Information, wieviele Zieldimensionen in einem einzelnen Bundesland zumindest angedeutet sind. Darunter sind die Summen der vergebenen schwarzen Punkte genannt.

	BAD	BAY	BER	BRE	HAM	HESS	NIED	NRW	RLP	SAAR	SCHL	SUMME
KOMM	●● H	o	o	o	o	●●● HE	● H	o	o	o	● HE	4(7)
KONT	●	o	o	o	●● H	●●● H	o	●● H	●	●	o	6(10)
KOOP	●● H	●	●	●●	●●	●●● H	●● H	●	●	●	●	11(17)
SOLI	●	o	o	o	o	●● H	●	o	o	o	● HE	4(5)
KONF	●	●	●	●	●● H	●●● H	●●● H	●	●	●	●● H	11(17)
ICH	●	o	o	●	o	● H	● H	o	●	●	● HE	7(7)
SENS	● H	o	●	●	●● H	●● HE	●	o	o	o	● HE	7(9)
TOL	●	o	o	●	●	●● H	●● H	●	●	●	● HE	9(11)
KRI	●	o	o	o	●	● H	●	o	o	o	o	5(5)
REG	●	●	●	●	●● H	●● H	●● H	●● H	●	●	●● H	11(16)
KENN	o	o	●	●	●	● H	●	o	●	●	●	8(8)
	10 12	3 3	5 5	8 9	8 13	11 23	10 15	5 7	7 7	7 7	9 11	83 112

Abb. 10: Übersicht über die Nennung einzelner Lernzielbereiche in den Lehrplänen der Bundesländer

In einem ersten Schritt werden aus der Übersicht die Häufigkeit der Symbole zur Kennzeichnung einzelner Ziele ermittelt und in Prozentsätze umgerechnet. Dabei ergibt sich für die 121 Zellen der Matrix folgende Verteilung:

    O   :   In 38 Fällen wird eine Lernzieldimension
             nicht angesprochen: 31,4%

●	:	In 59 Fällen wird eine Lernzieldimension nur angedeutet:	48,8%
●●	:	In 19 Fällen wird eine Lernzieldimension in Teilaspekten benannt:	15,7%
●●●	:	In 5 Fällen wird eine Lernzieldimension umfassend benannt:	4,1%
H	:	In 33 Fällen wird ein Handlungsbezug hergestellt:	27,3%
E	:	In 7 Fällen werden emotionale Aspekte berücksichtigt:	5,8%

Diese noch sehr grobe Analyse macht bereits deutlich, daß in vielen Lehrplänen einzelne Zieldimensionen völlig vernachlässigt oder nur angedeutet werden (zusammen etwa 80%). Umfassendere Zielbeschreibungen sind demgegenüber stark unterrepräsentiert. Das Fehlen eines Handlungsbezuges in fast drei Viertel aller Fälle und der äußerst geringe Anteil an emotionalen Aspekten verweisen auf ein beträchtliches Defizit. Im folgenden werden noch einmal die verschiedenen Bundesländer und danach einzelne Zieldimensionen einem Vergleich unterzogen.

Bei den Bundesländern wird sichtbar, daß besonders Hessen sehr detailliert auf Soziales Lernen eingeht und dabei auch in vielen Fällen einen Handlungsbezug herstellt. Auch Baden-Württemberg, Hamburg, Niedersachsen und Schleswig-Holstein nehmen auf fast alle Zieldimensionen zumindest in Teilaspekten Bezug, wobei auch Handlungsziele in unterschiedlicher Häufigkeit eingebracht werden. In Schleswig-Holstein kommt durch die Unterrichtseinheit „Gefühle" der emotionale Aspekt in verschiedenen Lernzielen besonders zum Tragen. In den übrigen Ländern finden sich große „Lücken"; die einzelnen Zieldefinitionen deuten in vielen Fällen die übergreifende Zieldimension nur an.

Vergleicht man die einzelnen Zieldimensionen, so fällt auf, daß Kooperation, Konflikt und Umgang mit Regeln in allen Bundesländern zumindest in Teilaspekten genannt sind. Wie noch zu zeigen sein wird, greifen einige Lehrpläne dabei Gesichtspunkte auf, die vor allem das „Funktionieren" von Schule und das Vermeiden von Unterrichtsstörungen betreffen. In vielen Lehrplänen fehlen die Dimensionen Kommunikation, Solidarität und Kritik. Während Kommunikation in einigen Fällen in den Sprachunterricht verlagert ist, scheinen sich viele Bundesländer mit den beiden letztgenannten Dimensionen schwer zu tun. Auch dort, wo sie erwähnt werden, geschieht dies wenig konsequent. Auch Ich-Identität und Soziale Sensibilität, die in den Präambeln noch einen hohen Stellenwert besitzen, werden vernachlässigt oder in eher unbedeutenden Teilaspekten angesprochen. Wie die Übersicht (Abb. 10) zeigt, werden etwa in der Hälfte aller Fälle Lernziele nur angedeutet. Auf die dabei vernachlässigten Aspekte soll im folgenden noch einmal in einer zusammenfassenden „Mängelliste" eingegangen werden:

Kommunikation:
In den meisten Lehrplänen fehlen Hinweise auf aktives Zuhören (Bereitschaft und Fähigkeit), den Einbezug nonverbaler Zeichen und die Berücksichtigung von emotionalen Gesichtspunkten (z.B. Gefühle äußern und Gefühlsäußerungen „entschlüsseln" können und wollen).

Kontakt:
Die Bereitschaft zur Kontaktaufnahme wird nur in wenigen Fällen (HAM, HESS) erwähnt, in der Regel wird sehr vage auf die „Aufnahme von Gruppenbeziehungen" (SAAR), auf das „Kennen" von Möglichkeiten, Freundschaft zu schließen (RLP) oder auf „Hilfen" für sozial gehemmte Kinder (BAD) hingewiesen. Emotionale Aspekte (Zuneigung signalisieren, Sympathie u.a.) fehlen.

Kooperation:
Neben Hinweisen auf die Bereitschaft, mit anderen zusammenzuarbeiten, fehlen in vielen Fällen auch konkrete Angaben zu Teilprozessen kooperativen Handelns (z.B. sich über Arbeitsleitung einigen; einander helfen). Häufig wird Kooperation auf unterrichtstechnische Bereiche reduziert.

Solidarität:
Die Fähigkeit und Bereitschaft, sich für Gruppeninteressen einzusetzen und diese Interessen mit „legitimen Mitteln durchzusetzen" (HESS), werden nur ansatzweise erwähnt. „Gemeinsame Interessen finden" (BAD), „erkennen, daß bestimmte Aufgaben nur gemeinsam gelöst werden können (NIED) und „Hilfe bei Entmutigung und Angst" (SCHL) sind zaghafte Andeutungen für diese Zieldimension. Emotionale Gesichtspunkte, die sich als „Wir-Gefühl" oder „Gruppenbewußtsein" umschreiben lassen, sind nicht zu finden. Der Begriff der Gemeinschaft, der häufig erwähnt wird, ist nicht im Zusammenhang mit solidarischem Handeln zu sehen, sondern er findet sich in den meisten Fällen im Kontext einer Identifizierung mit schulischen Normen.

Konflikt:
In den meisten Bundesländern gehen die Zielsetzungen über ein Wissen, daß es Konflikte gibt, die durch Kompromisse zu lösen sind, kaum hinaus. Darüber hinaus sollen die Kinder lernen, daß es wünschenswert ist, sich „zu vertragen". Den Lehrern wird ein auf Harmonie ausgerichtetes pädagogisches Handeln nahegelegt, bei dem es eher um das Vermeiden eines ernsthaften Sich-Einlassens auf Konflikte geht. Auf den Umgang mit aktuellen Konfliktsituationen und den emotionalen Umgang mit unlösbaren Konfliktsituationen wird nur selten eingegangen.

Ich-Identität:
Diese Zieldimension, die in übergreifenden Zielsetzungen noch häufig in Begriffen wie Selbstbestimmung oder Selbstverwirklichung genannt wird,

bleibt in konkreten Zielformulierungen sehr vage. Dementsprechend entfallen wichtige Aspekte personaler und sozialer Identität, die den Umgang mit der eigenen Person (z.b. Selbstakzeptierung, Selbstvertrauen), die Selbstdarstellung und den Umgang mit Erwartungen anderer (z.b. Rollendistanz, Rollenkomplementarität) betreffen. Einiges findet sich in Andeutungen: „Folgen des eigenen Handelns abschätzen" (BAD); „für sich selbst sprechen können" (HESS), „Selbstkritik" (NIED), „eigene Gefühle akzeptieren" (SCHL).

Soziale Sensibilität:
Rollenübernahme und Empathie fehlen weitgehend. Auf deren zentrale Bedeutung für die soziale Entwicklung wurde in Kap. 2.2.7 ausführlich eingegangen.

Toleranz:
Die Hinweise beschränken sich in vielen Fällen auf den Umgang mit Vorurteilen, die „erkannt und abgebaut" werden sollen. Dieses Ziel wird weitgehend durch eine „unterrichtliche Behandlung" dieses Themas zu erreichen versucht, das vermutlich in eine „Duldsamkeit" gegenüber „fremdartigen Verhaltensweisen" (SCHL) einmünden soll. Es fehlen wichtige Aspekte von Toleranz, z.B. das Akzeptieren von Gleichrangigkeit verschiedenartiger Personen, Grenzen der Toleranz, Rücksichtnahme auf andere (z.B. ungeschickte, langsame Mitschüler), die Vermeidung von Abwertung leistungsschwacher Kinder und von Überheblichkeit leistungsstarker Schüler.

Kritik:
Zu dieser Zieldimension finden sich einige wenige Formulierungen wie „kritisches Denken lernen" (HESS), Fähigkeit zu „kritischer Betrachtung" (BRE) oder auch nur „Kritik" (NIED). Es fehlen Hinweise auf aktives kritisches Hinterfragen, auf „adressatengemäße" Kritik, auf die Fähigkeit, Kritik zu ertragen, auf eine differenzierte Betrachtung sozialer Phänomene, auf Selbstkritik. Ein kritisches Infragestellen institutioneller Gegebenheiten, die das Sozialleben in der Gruppe negativ beeinträchtigen, und Versuche, Alternativen durchzusetzen, werden nur selten (vgl. HESS) erwähnt.

Umgang mit Regeln:
In vielen Zielformulierungen zeigt sich, daß Kritik wenig erwünscht ist. Die Kinder sollen vor allem „Regeln und Normen kennen" (BAD; vgl. auch BAY), Einsicht in die Notwendigkeit von Ordnungen gewinnen (BER), „Schulordnungen kennenlernen" (HAM), lernen, Ordnung zu schaffen im Klassenraum (NRW), die Einsicht gewinnen: „Richtiges Verhalten erleichtert das Zusammenleben" (SAAR), erklären, daß das Einhalten von Regeln notwendig ist (SCHL). An einigen Stellen wird auch auf das Aufstellen eigener Regeln für das Zusammenleben im Klassenzimmer hingewiesen. In den meisten Fällen fehlen dabei aber Hinweise auf die bewußte Auseinandersetzung der Kinder mit ein-

zelnen Regelungen (z.B. Regeln auf Gerechtigkeit hin überprüfen) und auf das tatsächliche Zugestehen von Freiräumen für die Entfaltung gruppenspezifischer Regelungen.

Gruppenkenntnisse:
Es ist schwierig, explizite Zielformulierungen im Rahmen dieser Zieldimension zu finden. Allerdings scheint die Kritik, die in der Expertenbefragung (vgl. Kap. 4) geäußert wurde, dieses übergreifende Ziel konkretisiere lediglich Teilaspekte, die bereits in allen übrigen Zielen des Kataloges vorkommen, durchaus berechtigt. Dies zeigt sich auch bei der Betrachtung der Zielformulierungen in einzelnen Lehrplänen.

Zusammenfassend kann festgestellt werden, daß es bei wenigen Zielformulierungen um den Erwerb von Handlungsfähigkeit zur Bewältigung sozialer Ereignisse in der Schülergruppe geht. Vieles beschränkt sich auf die Vermittlung „abfragbaren" Wissens, das für konkrete Entscheidungssituationen nur eine geringe Relevanz besitzt. Nur über aktives Erproben von Handlungsmöglichkeiten, über die handelnde Auseinandersetzung mit den Sichtweisen und Empfindungen anderer sowie über die Darstellung eigener Identität ist Soziales Lernen, als Fähigkeit und Bereitschaft zu gegenseitigem Handeln, zu vermitteln. Die Schülergruppe ist das Handlungsfeld, das die soziale Entwicklung des Kindes in bedeutsamer Weise prägt. Es wäre zu wünschen, daß sich dieses Handlungsfeld konkret, umfassend, handlungsbezogen und emotionale Aspekte berücksichtigend in Zielsetzungen zu Sozialem Lernen niederschlägt. In der Expertenbefragung ging es auch um die Bewertung von Teilzielen, die aus den hier analysierten Lehrplänen größtenteils wörtlich übernommen wurden. Die Beurteilung der Experten zeigt eine große Übereinstimmung mit unseren Befunden. Zusammenfassend war dort festgestellt worden (vgl. Kap. 4.1.4):

– In vielen Fällen müßten zielspezifische Fähigkeiten und Bereitschaften klarer benannt werden.
– Für einen Großteil der Ziele gilt, daß sie im Primarbereich nur im Sinne einer „Anbahnung" zu realisieren sind.
– Die Teilzieldefinitionen sind häufig als zu wenig konkret zu bewerten.
– Die emotionalen Bereiche müßten bei allen Zieldimensionen deutlicher herausgestellt werden.
– Es dominieren kognitive und reflektorische Ziele zu Lasten von Aussagen zu handelndem Umgang mit entsprechenden Erfahrungsbereichen (Handlungsbezug): Ziele sind „zu sehr am Erkennen und zu wenig am Handeln orientiert" und begünstigen den Trend der Schule zur „Belehrungsschule". Sie sollten vielmehr „abzielen auf Beobachten, Ermitteln, Erfahren, Trainieren, Handeln usw."

5.3.3

Themen und Realisierungsvorschläge

In jedem Lehrplan erscheint das Thema „Schule", das in unterschiedlichem Ausmaß auch das Sozialleben in der Schülergruppe mitberücksichtigt. In vielen Fällen liegt der Schwerpunkt im ersten Schuljahr auf dem Zurechtfinden in der neuen Institution (räumliche und normative Gesichtspunkte, Rollen von Personen innerhalb der Schule, Zeiteinteilung u.ä.); in weiteren Schuljahren wird dieser Schwerpunkt vertiefend weitergeführt. Die Schülergruppe selbst wird sehr unterschiedlich thematisiert:

BAD: Streit und Rücksichtnahme im Klassenzimmer, Schulhof, Bus, Schulweg. Verantwortung für die Klassengemeinschaft (z.b. Tafeldienst).
BAY: Kinder als Partner. Fremde und Feinde.
BER: Kind und Schule: Die Mitschüler, Verhalten gegenüber Mitschülern. Der einzelne Schüler in der Klasse: Gegenseitiger Leistungsvergleich. Gruppenbildung. Wettbewerb.
BRE: Erwartungen in der Lerngruppe von Lehrern und Mitschülern. Kooperation und Wettbewerb.
HAM: Mitschüler kennenlernen. Zusammenleben: gemeinsames Frühstück. Spielnachmittag. Schulanfänger mit der neuen Schulsituation vertraut machen.
HESS: Umgang mit anderen (Sprechen in der Gruppe. Gefühle. Zusammenarbeit. Gesprächsregeln.) Umgang mit Konflikten. Beziehungen zwischen Kindern.
NIED: Konflikt. Rolle. Klassenordnung. Mitbestimmung. Menschen urteilen und werten.
NRW: Kinder unter sich (Konflikt). Freundschaft. Spiel.
RLP: Ordnungen und Formen des Zusammenlebens. Zusammenleben braucht Regeln (Konflikt).
SAAR: „Richtiges Verhalten erleichtert das Zusammenleben."
SCHL: Sich streiten, sich vertragen, Verständnis aufbringen. Vorurteile. Gefühle (Angst, Entmutigung, Traurigkeit).

In vielen Fällen finden sich zu diesen Themenstellungen nur sehr wenige Hinweise (vor allem auf Sozialformen und Grundbegriffe, die vermittelt werden sollen), so daß die Lehrer weitgehend selbst entscheiden müssen, wie sie mit den Themen umgehen. Wie die Lehrerbefragung noch zeigen wird (vgl. Kap. 6), fühlen sich die Lehrer bei „informationsarmen" Lehrplanangaben häufig überfordert, diese Entscheidung angemessen zu treffen; sie neigen dann eher dazu, Soziales Lernen zu vernachlässigen. Wenn gleichzeitig die Ziele vorwiegend kognitiv ausgerichtet sind, so ist in vielen Fällen lediglich eine „unterrichtliche Behandlung" des jeweiligen Themas zu erwarten. In fast allen Lehrplänen werden Themen benannt, die „Konflikt" und „Umgang mit Regeln" betreffen. Ansonsten finden sich die verschiedensten Schwerpunktsetzungen, die sich nicht aus übergreifenden Zielsetzungen in Präambeln herleiten lassen und eher willkürlich ausgewählt erscheinen. Wenig spricht für die Annahme, daß beispielsweise das Thema „Freundschaft" für Nordrhein-Westfalen besonders wichtig ist, während in Schleswig-Holstein der Themenbereich „Gefühle" von besonderer länderspezifischer Bedeutung ist! In den verschiedenen Ländern werden auch gleiche Themen in verschiedenen Schuljahren aufgegriffen, wofür auch keine überzeugende Erklärung gegeben werden kann.

Es wäre empfehlenswert, ein Thema zum „Zusammenleben in der Schülergruppe" in seinen verschiedenen Facetten (vgl. die Lernzieldimensionen) zum Schulbeginn vorzuschlagen und als fächerübergreifendes Angebot für den gesamten Primarbereich zu kennzeichnen. Dieses Angebot sollte für die Lerngeschichte und die konkrete Situation der Klasse sowie für die gestaltende Phantasie des Lehrers offen sein. Gleichzeitig sollten aber reichhaltige, praxisnahe Anregungen gegeben werden, die den Lehrer für die Vielfalt Sozialen Lernens sensibilisieren und ihm diesen Lernbereich als verbindliche Erziehungsaufgabe nahebringen.

5.3.4
Lehr- und Lernformen

In einer Übersicht (Abb. 11) werden noch einmal die wichtigen Sozialformen zusammengestellt, wie sie in den einzelnen Lehrplänen benannt werden. Die Kennzeichnung der Sozialform in ihrer länderspezifischen Ausprägung erfolgt nach folgenden Kategorien und entsprechenden Symbolen:

- ○ = wird im Lehrplan nicht erwähnt
- ● = im Lehrplan wird auf diese Sozialform nur am Rande hingewiesen
- ●● = es wird eine Beziehung zwischen der genannten Sozialform und konkreten Zielen und Unterrichtsthemen hergestellt.

Aus der Übersicht läßt sich ermitteln, daß in 44% der Fälle Sozialformen mit einem Bezug zu Zielen und Themen genannt werden, wobei in vielen Fällen eine befriedigende praxisanleitende Strukturierung fehlt; 25% der Sozialformen sind nur am Rande erwähnt; in 31% der Fälle fehlen entsprechende Hinweise. Ein besonderes Defizit zeigt sich bei Projektverfahren. Wenn allerdings selbstbestimmtes Lernen und symmetrische Kommunikation Unterrichtsrealität werden soll, dann scheint gerade das „Projektlernen am ehesten ‚Ausbrü-

che' aus dem verplanten Lernen in der ‚Institution' Schule zu erlauben" (BÖNSCH 1979, S. 87). Dies gilt in gleicher Weise für offenen Unterricht oder Freiarbeit, die im Ansatz in einigen Lehrplänen erwähnt werden (HAM, NIED, SCHL).
In der folgenden Lehrerbefragung wird zu klären sein, welchen Einfluß die Lehrplanhinweise zu Sozialformen auf die tatsächliche Realisierung haben.

	Partner-arbeit	Spiel	Rollen-spiel	Kreisge-spräch	Projekt-arbeit	Gruppen-arbeit
BAD	●●	●●	●●	●	●	●
BAY	●	●	○	○	○	○
BER	○	○	○	○	○	○
BRE	●●	●	●	●	○	●
HAM	●●	●●	●●	●●	●●	●●
HESS	●●	●●	●●	●●	●●	●●
NIED	●●	●●	●	●●	●●	●●
NRW	●●	●●	●●	●●	●	●●
RLP	○	○	●	●	○	●
SAAR	○	○	●	●	○	●
SCHL	●	●●	○	●	○	○
	(14)	(14)	(12)	(13)	(8)	(12)

Abb. 11: *Übersicht über die Nennung von Sozialformen in den Bundesländern*

Neben Sozialformen wird auf klimatische Gesichtspunkte der Lerngruppe verwiesen. Ein Klima der „Anerkennung und Bestätigung" (HAM), eine „günstige Atmosphäre" (NIED) werden gefordert; an anderer Stelle findet sich der Gemeinschaftsbegriff (BAD, RLP, SAAR) als sehr unbestimmter Hinweis auf wünschenswerte klimatische Bedingungen Sozialen Lernens. Unterrichtsprinzipien wie Handlungsbezug und Erfahrungsnähe gehören zu den Standardhinweisen in Lehrplänen, ohne daß sie in vielen Fällen mit konkreten Anregungen für den Schulalltag verknüpft sind.

5.3.5
Aufgaben des Lehrers

In den meisten Lehrplänen wird dem Lehrer im Zusammenhang mit Sozialem Lernen eine hohe Verantwortung eingeräumt. Im Rahmen seiner Vorbildfunktion werden eine Reihe von Tugenden postuliert: Freundlichkeit, Rücksichtnahme, Hilfsbereitschaft, Verständnis, Geduld, Güte, emotionale Stabilität. Ohne eine nähere Bestimmung, wie entsprechende Ansprüche zu realisieren sind, wird vom Lehrer verlangt, „eine Atmosphäre des Vertrauens, der Rück-

sichtnahme und der Verstehensbereitschaft zu schaffen" (BAD), er soll eine „positive Lern- und Leistungsmotivation aufbauen" (RLP, SAAR), er soll Organisator, Helfer, Berater, Partner und Anwalt sein (NIED), er wird in seinem Verhalten gemessen an dem „Ausmaß der von ihm angeregten und ermöglichten sozialen Interaktionen" (SCHL).
Der Lehrer kann aus solchen Aufgabenbenennungen keine konkreten Handlungsanregungen für die Praxis Sozialen Lernens herauslesen. Es bleibt lediglich die „Botschaft", daß Erfolg und Mißerfolg in diesem Lernbereich vor allem von seiner Person abhängen.
An einigen Stellen wird das Lehrerverhalten als Pendant zu Sozialem Lernen der Schüler deutlicher beschrieben: „aufmerksames Zuhören, Tolerieren abweichender Meinungen, sachliches Kritisieren, sich kritisieren lassen" (HAM); der Lehrer soll auf „die Reversibilität seines Verhaltens" achten und darauf, „daß Kontrolle von Verhaltensweisen und Regeln zunehmend nicht mehr durch den Lehrer allein, sondern auch durch die Schüler ausgeübt werden" (HESS); er soll dem Schüler „Spielraum für Handlungsmöglichkeiten, Initiativen, Selbstkontrolle und Selbstbestimmung einräumen" (NRW). Auch wenn diese Hinweise noch sehr offen gehalten sind, zeigen sie doch eine recht klare Zielbestimmung in Richtung selbstbestimmten Sozialen Lernens und einer Mitbestimmung an dem schulischen Geschehen. Darüber hinaus bieten sie dem engagierten Lehrer eine Rechtfertigung gegenüber Einwänden von Außenstehenden, die sein sozialintegratives Handeln in Frage stellen wollen.
In der folgenden Lehrerbefragung werden wir uns auch damit befassen, wie der Lehrer selbst seine Aufgabe im Bereich des Sozialen Lernens beschreibt und welche Handlungsmöglichkeiten er dabei benennt.

5.3.6
Vergleich der Lehrpläne von 1980 mit den heute gültigen

In Hamburg und Hessen gelten auch heute noch die Lehrpläne, die bereits 1980 gültig waren. In den anderen Fällen sind die übergreifenden Zielsetzungen weitgehend wörtlich übernommen, geringfügige Änderungen zeigen einen Trend zu etwas konkreteren Aussagen (BRE, NRW) oder zu einer eher konservativ-harmonisierenden Richtung (NIED, SCHL); das Saarland orientiert sich dabei weitgehend an Nordrhein-Westfalen. Im Lehrplan von Bayern und Rheinland-Pfalz finden sich in der Präambel mehr Hinweise zu Sozialem Lernen; hier scheint ein gewisser „Nachholbedarf" zu bestehen, der auf eine Kompensation der äußerst dürftigen Aussagen zu Sozialem Lernen des „alten" Lehrplanes hindeutet. Lehr- und Lernformen sowie Aufgaben des Lehrers sind weitgehend wörtlich oder zumindest sinngemäß übernommen worden.

Bei den konkreten Zielen und Unterrichtsthemen wurden etwa 70% der Formulierungen der alten Lehrplanversionen wieder übernommen. Änderungen betreffen größtenteils die Kürzung wichtiger Themenstellungen für Soziales Lernen:

BAD: Soziale Intentionen als einer von vier zentralen Bereichen des Sachunterrichtes werden durch einige vage Formulierungen ersetzt. Das wichtigste Thema, „Zusammenleben in der Schulklasse", wurde gestrichen.

BER: Das Thema „Der einzelne Schüler und die Klasse" wird im neuen Lehrplan nicht mehr aufgeführt.

BRE: Das Thema „Wir leben zusammen" wird um den Bereich „Lerngruppe" reduziert; in der alten Lehrplanversion wurde dieser Bereich jedes Schuljahr neu aufgenommen.

NIED: Das Thema „Schule" wurde gekürzt: Begriffe wie Kritik, Rolle, Solidarität, Zivilcourage und der Bereich „Zwischen Menschen gibt es Konflikte" wurden gestrichen.

NRW: Die Themen „Konflikte", „Spiel" und „Freundschaft" wurden gestrichen.

RLP: „Zusammenleben" als einziger Erfahrungsbereich, der explizit Soziales Lernen betrifft, wurde gestrichen.

SCHL: Alle Themen, die Soziales Lernen betreffen ("Sich streiten, sich vertragen"; „Klassengemeinschaft"; „Verständnis aufbringen"; „Mitbestimmung in der Schule"; „Gefühle"; „Vorurteile"), fehlen im neuen Lehrplan.

Lediglich Bayern weitet seine Themen zu Sozialem Lernen deutlich aus und schafft hier einen größeren Spielraum für entsprechendes pädagogisches Handeln des Lehrers. Dabei fällt auf, daß analog zu Aussagen der Präambel in vielen Themen religiöse Inhalte berücksichtigt werden.

Insgesamt unterscheidet sich die Lehrplansituation heute bis auf die genannten Kürzungen nur in Details von der von 1980; zu Beginn der 80er Jahre besaß Soziales Lernen einen besonders hohen Stellenwert (vgl. auch Kap. 2), der sich in den Lehrplänen deutlich niederschlug; heute läßt sich besonders bei den konkreten Ausführungen als Trend ein abnehmendes Interesse der Lehrplanautoren an Sozialem Lernen feststellen. In den meisten Fällen wird aber der Spielraum des Lehrers für diesen Lernbereich noch nicht so grundsätzlich eingeengt, daß Soziales Lernen zwangsläufig eine untergeordnete Rolle spielen müßte. Aus Präambelformulierungen lassen sich auch dort Unterrichtsinhalte und konkrete Ziele ableiten, wo durch die o.g. Streichungen konkrete Aussagen fehlen. Die Realisierung Sozialen Lernens ist in einigen Bundesländern zu einer weniger verbindlichen, pädagogischen Aufgabe geworden und noch stärker auf das persönliche Engagement des Lehrers angewiesen.

5.4
Zusammenfassung der Lehrplananalyse

In der Lehrplananalyse wurde der Frage nachgegangen, in welcher Form sich Soziales Lernen insbesondere in der Schülergruppe (vgl. dazu die Ausführungen in Kap. 2) in Zielsetzungen, Inhalten und methodischen Hinweisen in den Lehrplänen der einzelnen Bundesländer als Anspruch an die Erziehungsarbeit des Lehrers niederschlägt. Für die Analyse wurden diejenigen Lehrpläne herausgegriffen, die im Jahre 1980 Gültigkeit besaßen. Es wird angenommen, daß bis zu diesem Jahr die intensive Diskussion um Soziales Lernen (von 1970 – 1978) Eingang in die Lehrpläne gefunden hat. Ein Vergleich mit den heute gültigen Lehrplanversionen soll zeigen, ob das nachlassende Interesse an Sozialem Lernen in der fachwissenschaftlichen und bildungspolitischen Diskussion auch an den neuen Lehrplaninhalten sichtbar wird.

Bei der Analyse wurde in zwei Schritten vorgegangen. Zunächst wurden die Lehrpläne in der alphabetischen Reihenfolge der Bundesländer einer Einzelanalyse unterzogen, um Verknüpfungen zwischen Teilaspekten sowie die Logik von Beziehungen übergreifender Leitziele zu einzelnen Themenstellungen, Feinzielen und Lern- und Lehrformen rekonstruieren zu können. Nach dieser ganzheitlichen Betrachtung wurden in Synopsen zu einzelnen Analyseaspekten die vielfältigen Detailinformationen, die aus den Originalquellen gewonnen wurden, zu Übersichten gebündelt und zu vergleichenden Aussagen zusammengetragen. Die Ergebnisse zu einzelnen Analysegesichtspunkten lassen sich in verdichteter Form wie folgt zusammenfassen:

Übergreifende Zielsetzungen
Den Leitzielen in den Präambeln der Lehrpläne fehlt in den meisten Fällen eine eindeutige Richtungsbestimmung. Bezüglich Sozialem Lernen bleibt der Anspruch an die Grundschule weitgehend offen und unverbindlich. Die Aussagen gehen nur selten über „Festredenformulierungen" hinaus, d.h. sie klingen progressiv und bieten nahezu unbegrenzte Möglichkeiten für die verschiedenartigsten subjektiven Interpretationen. Es fehlt darüber hinaus eine erkennbare Systematik, die das gesamte Spektrum Sozialen Lernens umreißt. Zieldimensionen wie Kontakt, Solidarität, Konflikt, Toleranz, Kritik, wie sie in unserem „Suchraster" enthalten sind, werden in den Präambeln der meisten Lehrpläne ausgespart. Weiterhin ist ein Mangel an richtungweisenden Aussagen zu handlungsbezogenem Lernen und zur Wichtigkeit emotionaler Aspekte festzustellen. Man vermißt weitgehend einen deutlichen Bezug zu übergreifenden Kriterien. In Andeutungen findet sich fast in allen Lehrplänen der Hinweis auf „Gegenseitigkeit" als grundlegendes Prinzip Sozialen Lernens.

Konkrete Zielsetzungen im Rahmen des Sachunterrichts
Bei der Zuordnung von konkreten Zielsetzungen zu Zieldimensionen zeigt sich, daß die Dimensionen Kooperation, Konflikt und Umgang mit Regeln in allen Bundesländern zumindest in Teilbereichen genannt sind. Demgegenüber zeigen sich deutliche „Lücken" bei Kommunikation, Solidarität, Kritik, Ich-Identität und sozialer Sensibilität.
Deutliche Unterschiede finden sich zwischen den einzelnen Lehrplänen im Hinblick auf den Umfang und die Qualität der genannten konkreten Ziele. Insgesamt läßt sich feststellen, daß etwa in der Hälfte aller Zielformulierungen nur einzelne Teilbereiche einer Zieldimension angesprochen werden. In einer „Mängelliste" wurde differenziert auf fehlende Gesichtspunkte eingegangen. In drei Viertel aller Fälle fehlt ein Handlungsbezug, emotionale Aspekte werden nur äußerst selten erwähnt.
Die Kritik an den Zielsetzungen wird in Grundzügen von den Gutachtern der Expertenbefragung (vgl. Kap. 4.1.4) bestätigt.

Themen und Realisierungsvorschläge
In allen Lehrplänen findet sich das Thema „Schule", in dessen Rahmen das Sozialleben in der Schülergruppe – in den einzelnen Bundesländern nach Ausmaß und Qualität der Hinweise sehr unterschiedlich – erwähnt wird. In den einzelnen Lehrplänen erfolgen sehr verschiedene Themenvorschläge, die eher willkürlich gesetzt als aus übergreifenden Zielsetzungen abgeleitet, erscheinen. Die Realisierungsvorschläge reichen in vielen Fällen nicht aus, um den Lehrer bei seinen sozialerzieherischen Bemühungen hinreichend zu unterstützen. In Verbindung mit den überwiegend kognitiv-reflektierenden Zielsetzungen legt diese Form der Themendarstellung eher einen belehrenden Unterricht als den handelnden Umgang des Schülers mit seinem sozialen Umfeld nahe. Allerdings enthalten einige Lehrpläne Ansätze zu praxisnahen Anregungen, die als wichtige Hilfestellungen für handlungsorientiertes Soziales Lernen gewertet werden können.

Lehr- und Lernformen
In den Lehrplänen wird in den meisten Fällen auf die Bedeutung von Sozialformen (Partner- und Gruppenarbeit, Spiel, Rollenspiel, Kreisgespräch) verwiesen. In etwa der Hälfte aller Nennungen wird ein Bezug zu konkreten Zielen und Themen hergestellt, wobei nur in wenigen Fällen eine befriedigende praxisanleitende Strukturierung erfolgt. In 30% der Fälle fehlen Hinweise auf einzelne Sozialformen völlig, in 25% werden sie nur am Rande erwähnt. Am wenigsten werden Projekte und offener Unterricht empfohlen, bei denen selbstbestimmtes Soziales Lernen als Alternative zu einem verplanten Lernen am ehesten gewährleistet wäre.

Aufgaben des Lehrers
Dem Lehrer wird in den meisten Lehrplänen eine hohe Verantwortung für Soziales Lernen eingeräumt. Allerdings folgen danach in der Regel Tugendkataloge, welche den Lehrer in seiner Vorbildfunktion auf eine Weise idealisieren, die sich von der Realität schulischer Alltagsverhältnisse weit entfernt. Konkrete Handlungsanregungen für Soziales Lernen lassen sich aus solchen „Botschaften" nicht herauslesen. In Ansätzen finden sich auch konkrete Aussagen, die das Verhalten des Lehrers deutlich mit Sozialem Lernen auf Schülerseite in Beziehung setzen und dabei auf Möglichkeiten der Reversibilität und des gegenseitigen Zugestehens von Handlungsräumen aufmerksam machen.

Vergleich der Lehrpläne von 1980 mit den heute gültigen
Bei den übergreifenden Zielsetzungen, bei Lehr- und Lernformen haben sich keine grundlegenden Änderungen ergeben. Es zeigt sich lediglich ein gewisser Trend zu etwas konkreteren Formulierungen und zu einer eher konservativ-harmonisierenden Sichtweise. Dort wo die alten Lehrpläne besonders wenig über Soziales Lernen enthielten, wird ein Nachholbedarf ausgeglichen. Bei konkreten Zielen und Unterrichtsthemen werden etwa 70% der alten Formulierungen übernommen. Ansonsten ist eine Kürzung um wichtige Themen feststellbar, die in den Lehrplänen von 1980 zum Teil eine zentrale Bedeutung für Soziales Lernen hatten. Lediglich in einem Fall werden die Defizite des alten Lehrplanes durch wichtige neue Themen ausgeglichen.
Es ist festzustellen, daß sich der Anspruch, Soziales Lernen zu fördern, noch etwas mehr in eher offene, weniger verbindliche Präambelformulierungen verlagert hat. Dadurch ist dieser wichtige Lernbereich noch mehr auf das Engagement des Lehrers angewiesen, der neben seinen zahlreichen anderen Aufgaben auch hier noch einen Schwerpunkt setzt und diesen gegen Vorbehalte von Eltern und Kollegen rechtfertigt.
Soziales Lernen, als Erwerb der Fähigkeit und Bereitschaft zu gegenseitigem Handeln, wie es in einem Modell entfaltet (vgl. Kap. 2.2) und in Verbindung mit dem normativen Kriterium der Gegenseitigkeit entwickelt wurde (vgl. Kap. 2.3), erfordert die Bereitstellung von Handlungsspielräumen für die Kinder, die ein aktives Erproben von Handlungsmöglichkeiten, eine handelnde Auseinandersetzung mit den Sichtweisen und Empfindungen anderer sowie die Entfaltung eigener Identität gewährleisten. Die Schülergruppe ist dabei das Handlungsfeld, das die soziale Entwicklung des Kindes in bedeutsamer Weise prägt.
Es wäre zu wünschen, daß sich dieses Handlungsfeld „Schülergruppe" unter anderem in folgenden konkreten und umfassenden Zielsetzungen der Lehrpläne niederschlägt:

- Berücksichtigung der emotionalen Aspekte bei Sozialem Lernen; ein entsprechendes fächerübergreifendes Curriculum zum Thema „Zusammenleben in der Schülergruppe" sollte in seinen verschiedenen Facetten (vgl. die Lernzielbereiche) bereits für den Schulbeginn konzipiert werden;
- Gültigkeit des Curriculums für den gesamten Primarbereich, mit dem Ziel, erworbene Kompetenzen und Orientierungen kontinuierlich weiterzuentwickeln;
- Offenheit dieses Angebots für die Lerngeschichte des Schülers und die konkrete Situation der Klasse sowie für die gestaltende Phantasie des Lehrers;
- Vorgabe von reichhaltigen und praxisnahen Anregungen, die den Lehrer für die Vielfalt Sozialen Lernens sensibilisieren und ihm diesen Lernbereich als verbindliche Erziehungsaufgabe nahebringen.

Neben diesen Lehrplanvorgaben müßten schulische Rahmenbedingungen geschaffen werden, die dem Lehrer einen ausreichenden Freiraum geben, um diese Aufgabe befriedigend bewältigen zu können. Wie viele Lehrer berichten, stellt dabei der Mangel an Zeit und das Fehlen eines „echten" pädagogischen Freiraums ein besonderes Problem für die Realisierung Sozialen Lernens dar. Die Stoffülle der Fächer wird dabei häufig als „erdrückend" erlebt.

Bisher konnten nur Vermutungen darüber angestellt werden, wie Soziales Lernen in den Lehrplänen von Lehrern angenommen wird. Es bleibt unklar, was die dort gemachten Vorschläge tatsächlich in der Alltagspraxis Sozialen Lernens bewirken. In der folgenden Lehrerbefragung wird in einer empirischen Untersuchung überprüft, wie Lehrer mit Ansprüchen des Lehrplans umgehen.

6
Lehrerbefragung

6.1
Zielsetzungen

Die Lehrerbefragung setzt sich verschiedene Ziele. In Ergänzung zu der Expertenbefragung sollen Grundschullehrer den Katalog übergreifender Lernziele (vgl. Kap. 4) unter den Gesichtspunkten der Akzeptanz, Realisierbarkeit, Einschätzung eigener Kompetenz und Verfügbarkeit von Unterrichtsmaterialien bewerten. Dies ermöglicht auch einen Vergleich zwischen den Gruppen der „Theoretiker" und „Praktiker".

Einen weiteren Schwerpunkt bildet die Einschätzung von konkreten Lernzielen des Sozialen Lernens. Dabei wird derjenige Lehrplan zugrunde gelegt, der für die praktische Arbeit des jeweiligen Lehrers im gerade zu Ende gehenden Schuljahr verbindlich war. Im Zusammenhang mit Ergebnissen der Lehrplananalyse kann eine Beziehung zwischen „Anspruch" (als Forderungen der Schulverwaltung) und „Wirklichkeit" (als schulpraktische Umsetzung) hergestellt werden.

Weiterhin wird danach gefragt, wie häufig einzelne Sozialformen im Verlauf des letzten Schuljahres eingesetzt wurden. Auch hier kann überprüft werden, inwieweit Lehrplanvorgaben das tatsächliche Handeln in der Schule beeinflussen.

Im abschließenden Teil wird nach Erfahrungen und Einstellungen bezüglich der Realisierung Sozialen Lernens gefragt. Diese Erfahrungs- und Einstellungsvariablen werden in einem weiteren Schritt zu den anderen Aspekten der Lehrerbefragung in Beziehung gesetzt.

Abb. 12 soll noch einmal die inhaltliche Verknüpfung zwischen Expertenbefragung, Lehrplananalyse und Lehrerbefragung veranschaulichen und auf Möglichkeiten der vergleichenden Analyse hinweisen.

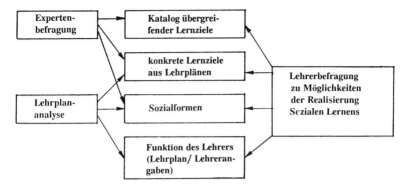

Abb. 12: Themenbereiche von Expertenbefragung, Lehrplananalyse und Lehrerbefragung

6.2 Fragestellungen

Empirische Untersuchungen, die die o.g. Ziele verfolgen, liegen unseres Wissens nicht vor. Weder wurden Lehrer nach der Bewertung von sozialen Lernzielen befragt, noch gibt es Informationen darüber, in welchem Ausmaß solche Vorgaben aus Lehrplänen in der Praxis realisiert werden und welche Erfahrungen innerhalb dieses Lernbereiches gemacht werden.
Es liegen einige Studien vor, die in eher allgemeiner Form das Verhältnis Lehrer-Lehrplan (SANTINI 1971; KUNERT 1983; AXNIX 1983) oder Erprobungserfahrungen von Lehrern (DINGELDEY u.a. 1983; HAENISCH u.a. 1984) untersuchen. Es wird dabei den Fragen nachgegangen, „wie Lehrer mit Lehrplänen eigentlich umgehen, was sie an Lehrplänen besonders gut finden, wo sie ihre Probleme haben und welche Bedürfnisse sie bezogen auf Lehrpläne artikulieren" (HAENISCH 1985, S. 12). Im Gegensatz zu unserer Vorgehensweise beschränken sich die Untersuchungen auf ein einzelnes Bundesland: Bayern (KUNERT 1983, AXNIX 1981, BITTLINGER u.a. 1980), Hessen (DINGELDEY u.a. 1983), Nordrhein-Westfalen (HAENISCH u.a. 1984) und Bremen (BLEIDICK u.a. 1978). So sind auch Vergleiche auf Landesebene nicht möglich. Es fehlt darüber hinaus auch an Kenntnissen über „Mikrostrukturen der Verwendung" spezifischer Lehrplanaspekte (HAENISCH 1985, S. 18). Es ist unser Anliegen, für den Bereich des Sozialen Lernens einen ersten Einblick in solche Mikrostrukturen zu vermitteln.

Über die Art und Weise, wie Lehrer – unabhängig vom Lehrplan vorgehend – Soziales Lernen vermitteln, liegen einige empirische Befunde (vor allem aus den 70er Jahren) vor. In Beobachtungsstudien wurde beispielsweise festgestellt, daß Lehrer häufig in einer Weise handeln, die das Sozialleben in der Schülergruppe eher ungünstig beeinflußt. Sie praktizieren im sozial-emotionalen Bereich ein neutrales bis negatives Sprachverhalten (TAUSCH & TAUSCH 1973, JOOST 1978); sie zeigen ein hohes Maß an Lenkung (vgl. z.B. WIECZERKOWSKI 1965), realisieren einen eher „dirigistischen" Erziehungsstil (ZIELKE 1979) und lassen nur einen geringen Spielraum für die Entfaltung des Schülers (MANDL & HUBER 1979). Es bleibt offen, inwieweit diese Befunde auch noch für die heutige Zeit Gültigkeit besitzen.

Eine Studie zum Zusammenhang zwischen dem sozial-emotionalen Handeln des Lehrers und dem Gruppenleben zeigt deutlich, daß in der Grundschule ein wertschätzender, partnerschaftlicher Erziehungsstil des Lehrers das Sozialleben der Schüler zugunsten höherer Kontaktbereitschaft, höherer Kohäsion, geringerer Rangunterschiede und eines günstigeren Sozialklimas beeinflußt (PETILLON 1982).

Weitgehend ohne empirische Grundlagen wird in Erörterungen unterstellt, Soziales Lernen in der Schule spiele eine sehr untergeordnete Rolle; pädagogische Bemühungen in diesem Bereich setzten erst nach der Erledigung der Aufgaben im kognitiven Bereich in der geringen verbleibenden Zeit ein (vgl. z.B. WEBER 1986). Auch in der Expertenbefragung (vgl. Kap. 4) wurde davon ausgegangen, daß Lehrer „reformmüde" sind und Soziales Lernen eher vernachlässigen. Als Ursache wurde genannt, daß zuwenig „Überzeugungsarbeit" geleistet wurde. Soziales Lernen werde von der Schulverwaltung zu wenig honoriert. Lehrer orientierten sich häufiger an kognitivem Lernen, engagierte Kollegen würden in ihrem sozialerzieherischen Bemühen ständig durch die organisatorische Struktur der Schule behindert.

Da explizite empirische und theoretische Hinweise zur Realisierung vorgegebener sozialer Lernziele zu Erfahrungen mit diesem Lernbereich und zu subjektiven Einstellungen fehlen, kann unser empirischer Ansatz lediglich als Pilotstudie angesehen werden. Dementsprechend können auch nur weitgehend offene Fragen formuliert werden, die nach einzelnen Schwerpunkten wie folgt gegliedert sind:

Bewertung des Kataloges übergreifender Zielsetzungen
  Wie sinnvoll erscheint den Lehrern die Realisierung der genannten Lernzieldimensionen?
  Wie schwierig wird die Realisierung einzelner Lernzieldimensionen eingeschätzt?
  In welchem Ausmaß halten sich Lehrer für die Realisierung einzelner Lernzieldimensionen für ausgebildet?

Inwieweit liegen den Lehrern Unterrichtsmaterialien, didaktische und methodische Hinweise für die Realisierung einzelner Lernziele vor?
Wie sind die einzelnen Bewertungskriterien der Lehrer miteinander verknüpft?
Welche Ergänzungsvorschläge werden gemacht?

Realisierung und Bewertung der im Lehrplan genannten Zielsetzungen
In welchem Ausmaß konnten einzelne Lernziele realisiert werden?
Standen ausreichende Unterrichtsmaterialien u.ä. zur Verfügung?
Halten sich Lehrer für die Realisierung ausreichend ausgebildet?
Für wie wichtig werden einzelne Lernziele eingeschätzt?
Sind die Formulierungen ausreichend konkret?
Sind die Lernziele den Lehrern bekannt?
Stehen die Aussagen der Lehrer zu unterschiedlichen Bewertungskriterien miteinander in Beziehung?
Welche Lernziele vermissen Lehrer für die Altersstufe, in der sie unterrichten?
Wie werden die Ziele insgesamt beurteilt?
Welche Wünsche und Verbesserungsvorschläge werden genannt?

Realisierung von Sozialformen
Wie häufig wurden unterschiedliche Sozialformen eingesetzt?

Erfahrungen und Einstellungen bezüglich Sozialem Lernen
Welche Erfahrungen machen Lehrer bei der Realisierung Sozialen Lernens?
Welche Einstellungen haben sie zu diesem Lernbereich?
Welcher Zusammenhang besteht zwischen Erfahrungen mit der Realisierung Sozialen Lernens und den anderen Lehreraussagen?
Inwieweit besteht eine Beziehung zwischen Einstellungen zu Sozialem Lernen und den anderen Lehreraussagen?

Auf die Vorgehensweise und einzelne Befunde kann hier nicht näher eingegangen werden (vgl. hierzu PETILLON 1992a). Im folgenden wird zusammenfassend über die Befunde der Lehrerbefragung berichtet.

6.3
Zusammenfassung und Bewertung der Befunde zur Lehrerbefragung

Neben den Experten im erziehungswissenschaftlichen Bereich wurden Experten für die Praxis Sozialen Lernens (Grundschullehrer) als „Abnehmer" von Ansprüchen zur Bewertung von Zielvorgaben unter besonderer Berücksichtigung von Realisierungsmöglichkeiten befragt. Dabei wurde eine schriftliche Befragung durchgeführt, in die Lehrer aller Bundesländer und Klassenstufen des Primarbereiches einbezogen wurden (N = 444). Mit einem untersuchungsspezifischen Fragebogen wurden Daten zur Bewertung des Kataloges übergreifender Lernziele, zur Realisierung konkreter Lehrplanziele und von Sozialformen sowie zu Erfahrungen und Einstellungen bezüglich Sozialem Lernen erhoben. Bei diesem Instrument bleiben Fragen zur Reliabilität und Validität weitgehend offen. Ein besonderes Problem stellt auch der Aspekt der sozialen Erwünschtheit dar, der bei Fragen nach eigener beruflicher Qualifikation zu berücksichtigen ist. Unter diesen Vorbehalten müssen alle Befunde, die ein solches nichtstandardisiertes Verfahren erbringt, eingeschätzt werden.

6.3.1
Bewertung des übergreifenden Zielkataloges

Ein Großteil der Lehrer hält die Realisierung der Ziele, wie sie in unserem Katalog vorgegeben wurden, für sehr sinnvoll (58,3%) oder zumindest für sinnvoll (27,6%). Über die Hälfte der befragten Lehrer (55,9%) beschreibt die vorgegebenen Ziele als sehr schwer oder schwer realisierbar. Ein Grund dafür scheint die mangelhafte Ausbildung der Lehrer zu sein. Nur 17% der Lehrer halten sich für ausreichend ausgebildet, um Soziales Lernen nach den vorgegebenen Zieldimensionen zu realisieren. Darüber hinaus fühlen sich etwa 80% aller Befragten unzureichend mit pädagogischen Hilfen zur Realisierung des Lernzielkataloges versorgt.
Bedeutsame Zusammenhänge ergeben sich zwischen den einzelnen Bewertungskriterien. Eine besonders hohe Korrelation zeigt sich zwischen dem Ausmaß an Ausbildung und der Verfügbarkeit von pädagogischen Hilfen. Es hat den Anschein, daß in der Ausbildung Hinweise auf solche Hilfen gegeben werden und die Motivation, sich mit diesen auseinanderzusetzen, dort erhöht wird. Die Ausbildung scheint auch dazu beizutragen, daß die Realisierung des Zielkataloges als sinnvoll und leichter realisierbar eingeschätzt wird. Umge-

kehrt kann im Sinne von Wechselwirkungen auch angenommen werden, daß Lehrer, die diesen Lernbereich höher einstufen und größere Realisierungschancen sehen, entsprechende Ausbildungsangebote intensiver nutzen. Weiterhin deutet sich an, daß ein Mangel an verfügbaren Hilfen die Realisierung Sozialen Lernens als besonders schwierig erscheinen läßt. Lehrer, die die einzelnen Zieldimensionen als eher schwer realisierbar ansehen, halten in vielen Fällen gleichzeitig die eigenen Bemühungen um Soziales Lernen für weniger sinnvoll.

Um Soziales Lernen, wie es in dem Zielkatalog beschrieben ist, im Primarbereich zu etablieren, bedürfte es vor allem einer intensiven Ausbildung der Lehrer. Ein breiter Konsens über die Wichtigkeit dieses Lernbereiches scheint zumindest in der von uns befragten Lehrergruppe vorhanden. Auf dieser Grundlage könnten Kompetenzen vermittelt werden, die den Lehrer zu erfolgreichem Handeln führen. Dies wiederum könnte ihn motivieren, sich selbst weiterzubilden und den Wert dieses Lernbereiches höher einzustufen.

Weiterhin wurde der Frage nachgegangen, ob bei der Einschätzung von Lehrern bundesländerspezifische Unterschiede bestehen. Es ergeben sich zwar signifikante Unterschiede, aber die Werte für das Ausmaß an aufgeklärter Varianz, das die Variable „Zugehörigkeit zu einem Bundesland" (und damit die Verwendung eines spezifischen Lehrplanes) erbringt, sind relativ gering, so daß die folgenden Aussagen lediglich auf einer „Trendanalyse" beruhen. In Ländern, in denen im Lehrplan ausführlicher und konkreter auf Soziales Lernen eingegangen wird, schätzen die Lehrer die Realisierung unseres Zielkataloges als sinnvoller ein. Sie erwarten ein geringes Ausmaß an Realisierungsproblemen und halten sich auch für besser ausgebildet. Es sprechen einige Hinweise dafür, daß in diesen Ländern auch gezielter entsprechende Fort- und Weiterbildungsangebote gemacht werden. Auch die Versorgung mit pädagogischen Hilfen scheint hier etwas günstiger.

Lediglich bei der Einschätzung, wie sinnvoll die Realisierung des Zielkataloges ist, zeigen sich Unterschiede zwischen einzelnen Klassenstufen. Mit ansteigenden Schuljahren wird Soziales Lernen als weniger sinnvoll eingeschätzt. Dies liegt wohl vor allem auch daran, daß die Vorbereitung auf den Übergang in weiterführende Schulen mehr an Gewicht erhält und somit die zunehmende Stoffülle sowie Leistungsanforderungen den sozialen Lernbereich verdrängen. Aus Aussagen der Lehrer zu den offenen Fragen geht auch hervor, daß der Druck der Eltern und der Schulverwaltung, sich im Unterricht auf Leistungsaspekte zu konzentrieren, größer wird. Auch in Lehrplänen verliert Soziales Lernen in den oberen Klassen der Grundschule an Bedeutung. Um zu erreichen, daß Soziales Lernen in allen Klassenstufen einen hohen Stellenwert erhält, wäre es notwendig, Lehrer auf die Widerstände gegen die Realisierung Sozialen Lernens besonders in der 3. und 4. Klassenstufe vorzubereiten. Neben der Vermittlung der Einsicht in die Notwendigkeit Sozialen Lernens müßten die Lehrer in einer Weise mit geeigneten Argumenten ausgestattet werden, die es ihnen ermöglicht, selbstbewußt und überzeugend gegenüber Personen aufzutreten, die Vorbehalte gegen Soziales Lernen äußern. Wünschenswert wäre dabei auch eine Unterstützung durch den Lehrplan, der Soziales Lernen im Sinne eines „Spiralcurriculums" in jedem Schuljahr unter neuen vertiefenden Gesichtspunkten aufgreifen sollte.

In einem weiteren Auswertungsschritt wurden die Bewertungen der Lehrer nach einzelnen Zieldimensionen aufgeschlüsselt. Die Ergebnisse verweisen auf zwei deutlich unterscheidbare Gruppen von Zieldimensionen:

Kommunikation, Umgang mit Regeln, Kontakt und Kooperation werden gleichzeitig als sinnvoller und leichter realisierbar ausgewiesen; die Lehrer fühlen sich für die Realisierung besser ausgebildet und verfügen für diese Zielbereiche über mehr pädagogische Hilfen.

Ich-Identität, Kritik, Solidarität, Toleranz und soziale Sensibilität werden demgegenüber bei allen Bewertungskriterien entgegengesetzt eingestuft.

Die Lehrplananalyse konnte deutlich machen, daß gerade die Ziele der erstgenannten Gruppe häufiger und konkreter benannt werden. Es ist anzunehmen, daß es sich bei den positiv bewerteten Zieldimensionen eher um vertraute Bereiche handelt, die der Lehrer mit seiner Unterrichtsarbeit leichter in Einklang bringen kann. Auch wird deren Realisierung bei Schulbehörden und bei den Eltern auf weniger Widerstand stoßen. Diese Zieldimensionen lassen sich auch besser mit der didaktisch-methodischen Schwerpunktsetzung der meisten Ausbildungskonzepte in Einklang bringen als andere Zielsetzungen (vgl. die letztgenannte Gruppe), die eine deutliche Betonung des Erzieherischen und damit auch den Einbezug der Person des Lehrers verlangen würden. Durch entsprechende inhaltliche Reduzierungen lassen sich diese Ziele der erstgenannten Gruppe durchaus auch auf unterrichtstechnische Gesichtspunkte begrenzen. Eine solche Integration der niedrig eingestuften Dimensionen in den Schulalltag erscheint ohne eine Änderung bestehender Strukturen und ohne konfliktreiche Auseinandersetzungen weniger leicht möglich. Darüber hinaus handelt es sich um Zielbereiche, die ein hohes Maß an erzieherischer Kompetenz erfordern, ohne daß die Wirkungen entsprechender pädagogischer Bemühungen so kurzfristig sichtbar werden können, daß sie für den Lehrer eine bestätigende Rückmeldung darstellen.

Die ungünstigen Einstufungen der Zieldimensionen Kritik und Solidarität mögen wohl auch aus bewußten oder unbewußten Befürchtungen resultieren, bewährte Erziehungs- und Unterrichtsstrategien könnten an Wirkung verlieren und die Person des Lehrers selbst könnte zum Zielpunkt kritischen und solidarischen Handelns der Schüler werden.

6.3.2

Realisierung der Lernziele im eigenen Lehrplan

Viele der befragten Lehrer (57,9%) gaben an, daß sie die sozialen Lernziele, die im zurückliegenden Schuljahr für sie verbindlich waren, nicht oder nur teilweise realisieren konnten. Nur 12,8% verfügen über ausreichende Materialien für die im Lehrplan geforderten sozialerzieherischen Aufgaben. Im wesentlichen wird auf Sachbücher und die dazugehörigen Lehrerhandbücher zurückgegriffen, während die Verwendung von Fachzeitschriften und Fachbüchern eine eher untergeordnete Rolle spielt. Eine Analyse der verwendeten Sachbücher macht deutlich, daß diese in den meisten Fällen den Schülern zuwenig Anregungen für eine kritische und selbständige Auseinandersetzung mit sozialen Themen bieten. Möglichkeiten der gemeinsamen Erarbeitung, die für Soziales Lernen von besonderer Bedeutung sein sollten, bleiben ungenutzt. Wichtige Bereiche aus unserem Zielkatalog (Kritik, Solidarität, Soziale Sensibilität) sind weitgehend ausgeklammert.

Lediglich 12,4% der Lehrer halten sich im Hinblick auf die Ansprüche, die Soziales Lernen an sie stellt, für ausreichend ausgebildet. Demgegenüber bezeichnen fast 90% der Befragten „ihre" Lernziele als wichtig oder sehr wichtig für die unterrichtliche Arbeit in ihrer Klasse. In den meisten Fällen (93,9%) wird die geringe Konkretheit der Zielformulierungen beklagt. Sowohl die Ergebnisse der Expertenbefragung (vgl. Kap. 4) als auch der Lehrplananalyse (vgl. Kap. 5) bestätigen die Aussagen der Lehrer (vgl. auch die Befunde von HAENISCH 1985). Allerdings hat sich nur ein Viertel der Lehrer ausführlich mit den vorgegebenen Lernzielen auseinandergesetzt. Zwischen der „Bekundung" der Wichtigkeit Sozialen Lernens und der aktiven Auseinandersetzung mit einzelnen Lernzielen scheint eine große Diskrepanz zu bestehen.

Wie schon bei der Bewertung des Zielkataloges ergeben sich auch bei der Einschätzung konkreter Lehrplanziele Zusammenhänge zwischen den einzelnen Bewertungskriterien. Es zeigt sich, daß Lehrer, die viele Lernziele realisieren konnten, sich gleichzeitig mit mehr Unterrichtsmaterialien versorgt und besser ausgebildet fühlen. Sie finden die Zielformulierungen, mit denen sie sich intensiver befaßt haben, für ihre Unterrichtsarbeit wichtiger und haben weniger Probleme mit der Interpretation der Zielformulierungen.

Besonders bedeutsam erscheinen Zusammenhänge zwischen der Einschätzung der Wichtigkeit von sozialen Lernzielen und den anderen Lehrerangaben. Die Einsicht in die hohe Bedeutung dieses Lernbereiches scheint geprägt durch die eigenen Realisierungsbemühungen, durch Erfahrungen in der Ausbildung und durch die Beschäftigung mit Unterrichtshilfen. Im Sinne von Wechselbeziehungen kann umgekehrt die persönliche Überzeugung von der Wichtigkeit Sozialen Lernens ein bedeutsamer motivationaler Faktor sein für die Bemühung um die Realisierung, für die Teilnahme an Ausbildungsveranstaltungen, für die Suche nach geeigneten Unterrichtshilfen und für eine eingehendere Beschäftigung mit Ansprüchen des Lehrplanes.

Diese Befunde verweisen nachdrücklich auf ein mehrdimensionales Ausbildungskonzept, das neben dem Erwerb von Kompetenzen auch auf die Vermittlung von subjektiven Wertvorstellungen abzielt. Dabei erscheinen Trainingsansätze, die handlungsorientiert ausgelegt sind und an Methoden der Selbsterfahrung anknüpfen, für ein an der Identität des einzelnen Lehrers orientiertes Soziales Lernen besonders erfolgversprechend.

Bei dem Vergleich der einzelnen Lehrerangaben in verschiedenen Bundesländern ergeben sich außer für die Versorgung mit Unterrichtsmaterialien signifikante Unterschiede. Allerdings ist die Varianzaufklärung, die durch die Zugehörigkeit zu einem Bundesland geleistet wird, relativ gering. Bemerkenswert ist, daß in denjenigen Ländern, in denen Soziales Lernen in den Lehrplänen am umfangreichsten und anspruchsvollsten dargestellt ist, die Realisierungquote (als Mittelwert für Einschätzung der Realisierung einzelner Lernziele) und die Akzeptanz der Ziele am größten ist. Vermutlich hat sich dort in Verbindung mit der Lehrplangestaltung ein „Klima" entwickelt, das Bemühungen um Soziales Lernen in der Schule und eine damit einhergehende Überzeugung in die Wichtigkeit dieses Lernbereiches begünstigt.

Deutliche Unterschiede bei der Realisierungsquote ergeben sich zwischen den einzelnen Klassenstufen. Während in den ersten beiden Schuljahren noch viele sozialen Lernziele realisiert werden, nimmt diese Quote bis zum 4. Schuljahr deutlich ab, wobei in den Lehrplänen in vielen Fällen für die höheren Klassen gleichzeitig weniger Soziales Lernen gefordert wird. Dieser Befund deckt sich mit den Ergebnissen zur Bewertung des Zielkataloges (vgl. Kap. 6.3.1). Die dort genannten Erklärungsversuche mögen auch hier gelten.

Eine Differenzierung der Lehrerangaben nach Lernzieldimensionen führt zu einer sehr ähnlichen Gruppenbildung wie bei der Bewertung des Kataloges übergreifender Lernziele:

– Umgang mit Regeln, Kommunikation, Kooperation, Kontakt und Gruppenkenntnisse besitzen eine höhere Realisierungsquote. Für diese Zieldimensionen liegt mehr Unterrichtsmaterial vor; die Lehrer fühlen sich für ihre Realisierung besser ausgebildet; sie halten diese auch für wichtiger und konkreter formuliert (vgl. Lehrplananalyse); gleichzeitig besitzen sie einen höheren Bekanntheitsgrad.
– Gerade umgekehrt verhält es sich mit Solidarität, Kritik, Ich-Identität, Sozialer Sensibilität und Toleranz.
– Die Lernzieldimension Kritik nimmt eine Mittelstellung ein: einerseits halten die befragten Lehrer diese für sehr wichtig und haben sich damit auch

öfter beschäftigt, andererseits fehlt es an geeigneten Unterrichtshilfen; der eigene Ausbildungsstand für die Realisierung dieser Zieldimensionen erscheint vielen Lehrern besonders unzureichend.

Für die Interpretation dieser Befunde gelten weitgehend die Ausführungen, die im vorangegangenen Kapitel gegeben wurden.

6.3.3
Realisierung von unterschiedlichen Sozialformen

Die Ergebnisse deuten darauf hin, daß in vielen Fällen der Frontalunterricht eine überaus dominierende Rolle im Schulalltag einnimmt. Daneben wird Partnerarbeit am häufigsten praktiziert. Ein Kreisgespräch und Gruppenarbeit findet durchschnittlich einmal in der Woche statt. Das Rollenspiel hat im Alltag nur eine sehr untergeordnete Funktion. Trotz zahlreicher Veröffentlichungen zur Bedeutung der genannten Sozialformen für Soziales Lernen und zu praxisnahen Beispielen für deren Realisierung wird in sehr vielen Fällen an traditionellen Unterrichtsformen festgehalten, die Soziales Lernen auf Belehrungen und einen unzureichenden „Verbalismus" auf Schülerseite reduzieren. Zwischen einzelnen Bundesländern ergeben sich signifikante Unterschiede für die Sozialformen Gruppenarbeit und Rollenspiel. In Verbindung mit der Lehrplananalyse läßt sich deutlich nachweisen, daß in den Ländern, in denen sehr konkret, ausführlich und nachdrücklich auf diese Sozialformen verwiesen wird, auch häufiger auf diese Lehr- und Lernformen zurückgegriffen wird. Hier scheint der Anspruch im Lehrplan auf die sozialerzieherische Wirklichkeit tatsächlich Einfluß zu nehmen.
Auch zwischen den einzelnen Klassenstufen zeigen sich bei der Häufigkeit für Gruppenarbeit und Rollenspiel recht deutliche Unterschiede. Analog zu der Vernachlässigung sozialer Lernziele zeigt sich mit zunehmenden Schuljahren eine Reduzierung der für Soziales Lernen besonders bedeutsamen Sozialformen. Die Gründe hierfür scheinen auch hier vor allen Dingen in der stärkeren Gewichtung von Faktoren zu liegen, die die Vorbereitung auf weiterführende Schulen betreffen.

6.3.4

Erfahrungen und Einstellungen bezüglich Sozialem Lernen

Den Lehrern wurden 16 Items vorgelegt, die Aspekte des persönlichen Umgangs mit der Realisierung Sozialen Lernens betreffen. Eine Analyse einzelner Items macht deutlich, daß die meisten Lehrer Soziales Lernen für notwendig halten und sich dabei selbst eine wichtige Funktion zuschreiben. Wie schon bei den Angaben zu den Lernzielen, fühlen sich viele Lehrer nicht ausreichend ausgebildet, auch in Schulkonferenzen wird dieser Themenbereich nur selten aufgegriffen. Bei der Einschätzung von institutionellen Rahmenbedingungen ergeben sich zwei unterscheidbare Gruppen. Die Stoffülle, hohe Klassenfrequenzen, Leistungsdruck und die Vorbereitung auf weiterführende Schulen werden dabei als unterschiedlich beengend und blockierend für die Realisierung Sozialen Lernens erfahren.

Eine Faktorenanalyse führt zu einer zweifaktoriellen Lösung. Faktor 1 wird mit „Erfahrungen mit Realisierungsmöglichkeiten Sozialen Lernens" umschrieben. Hohe Ladungen haben dabei solche Items, die eine Beschränkung sozialerzieherischen Handelns (z.b. Stoffülle, Leistungsdruck, Konflikte mit Eltern) benennen. Faktor 2 läßt sich mit „Einstellungen zu Sozialem Lernen" umschreiben. Auf diesem Faktor laden solche Items hoch, die eine persönliche Bewertung Sozialen Lernens betreffen (z.B. „Andere Lernbereiche sind wichtiger", „Soziales Lernen reduziert die Lernbereitschaft").

Vergleicht man die Ausprägung dieser beiden Faktoren in den verschiedenen Bundesländern, so ergeben sich signifikante Unterschiede. Allerdings ist die jeweilige Varianzaufklärung durch die „Ländervariable" so gering, daß die Ergebnisse nur als ein Trend interpretiert werden dürfen. In Ländern, in denen Lehrpläne detaillierter auf Soziales Lernen eingehen und damit eine breitere Legitimationsbasis für die Durchsetzung sozialerzieherischen Handelns bieten, ist der Prozentsatz derjenigen Lehrer höher, die in diesem Bereich positive Erfahrungen machen (40% vs. 25%). Diese Befunde decken sich mit Ergebnissen zur Realisierung einzelner Lernziele und zum Einsatz von Sozialformen. Auch bei den Einstellungen zeigen sich Unterschiede zwischen den Bundesländern, die zu den gleichen Ländergruppierungen wie bei der „Erfahrungsvariablen" führen. Vermutlich wächst mit der Erprobung von Vorgaben des Lehrplanes in einem dafür „amtlich" zugestandenen Freiraum auch die Einsicht in die Notwendigkeit Sozialen Lernens im Hinblick auf die Entwicklung der Kinder und auf das eigene Tun.

Mit höheren Klassen des Primarbereiches ist die Anzahl der Lehrer, die über positive Erfahrungen mit der Realisierung Sozialen Lernens berichten, geringer. Gleichzeitig werden in höheren Klassen häufiger Widerstände gegenüber sozialerzieherischem Handeln erlebt. Auch die Einstellung zu Sozialem Lernen ist in den ersten beiden Schuljahren in vielen Fällen günstiger als in den Klassen 3 und 4. Diese Befunde decken sich wiederum mit unseren Annahmen, daß in den oberen Schuljahren Soziales Lernen einen niedrigeren Stellenwert besitzt, der sich auf Erfahrungen und Einstellungen der dort unterrichtenden Lehrer niederschlägt.

In einem weiteren Analyseschritt wurden die beiden Faktoren mit den vorangegangenen Angaben der Lehrer in Beziehung gesetzt. Wie zu erwarten war, schätzen Lehrer, die bisher ungünstige Erfahrungen mit Sozialem Lernen gemacht haben, die Möglichkeiten der Realisierung eines so umfassenden Anspruches, wie er durch unseren Zielkatalog bestimmt wird, eher skeptisch ein. Dementsprechend fühlen sie sich auch für die Verwirklichung der Ziele weniger ausgebildet und schlechter mit Unterrichtsmaterialien versorgt als die Gruppe der Kollegen, die auf zufriedenstellendere Erfahrungen zurückblicken kann.

Lehrer, die allgemein positive Einstellungen zu Sozialem Lernen äußern, schätzen auch die Realisierung unseres Zielkataloges als besonders sinnvoll für ihre schulische Arbeit ein. Gleichzeitig sehen die Lehrer mit negativen Erfahrungen größere Realisierungsprobleme als andere. Eine solche Antizipation von Problemen kann sowohl als einstellungsgeleitet als auch als „einstellungsstützend" interpretiert werden. Ähnliche Ergebnisse wie für die Bewertung des Zielkataloges ergeben sich für die Angaben zu konkreten Lernzielen aus dem eigenen Lehrplan. Lehrer mit positiven Erfahrungen haben mehr soziale Lernziele realisiert, sie halten sich für besser ausgebildet und haben sich intensiver mit den vorgegebenen Zielen ihres Lehrplans beschäftigt. Lehrer mit positiven Einstellungen realisieren die entsprechenden Lehrplanvorgaben deutlich vollständiger als andere. Sie stufen die Ziele auch als wichtiger für ihre pädagogische Praxis ein und sind besser über diese informiert. In ihren Klassen werden auch häufiger Gruppenarbeit und Rollenspiele gemacht. Dabei ist der Zusammenhang zwischen der subjektiven Einstellung und der Realisierungsquote der genannten Sozialformen höher als bei der Erfahrungsvariablen.

Die Ergebnisse zum Zusammenhang zwischen den Erfahrungen und Einstellungen der Lehrer einerseits und dem Umgang mit Ansprüchen und deren Realisierung an Soziales Lernen andererseits lassen auf einen „Regelkreis" schließen: Verunsichernde Erfahrungen mit Sozialem Lernen und ein Motivationsverlust durch persönlich als unlösbar erscheinende Realisierungsprobleme können unter ungünstigen Bedingungen zu einer völligen Verweigerung gegenüber sozialerzieherischen Ansprüchen führen.

Erst auf der Grundlage positiver Einstellungen zu Sozialem Lernen ist ein langfristiges Engagement für diesen Lernbereich auch bei auftretenden Widerständen zu erwarten. In einem angemessenen Ausbildungskonzept (vgl. Kap. 8) müßte eine Verhaltenssicherheit vermittelt werden, die den Lehrer selbstbewußter sein sozialerzieherisches Anliegen gegenüber Kritikern vertreten und ihn im Umgang mit den Kindern konsequenter nach dem Kriterium der Gegenseitigkeit handeln läßt.

Dabei wäre es wichtig, sich in verschiedenen Formen der Fortbildung mehr auf die Person des Lehrers zu konzentrieren. Erst auf der Grundlage positiver Einstellungen zu Sozialem Lernen ist ein langfristiges Engagement für diesen Lernbereich auch bei auftretenden Widerständen zu erwarten. Selbsterfahrungen in einer Gruppe, die die Fertigkeit und Bereitschaft zu realistischer Introspektion und differenzierter sozialer Wahrnehmung fördern, bilden die Voraussetzung für den Erwerb von Kompetenzen und Handlungsorientierungen für den sozialen Lernbereich (vgl. SIGNER 1977). Dabei kann auch eine erhöhte Verhaltenssicherheit erworben werden, die den Lehrer selbstbewußter sein sozialerzieherisches Anliegen gegenüber Kritikern vertreten und ihn im Umgang mit den Kindern konsequenter nach dem Kriterium der Gegenseitigkeit handeln läßt.

Wenn ein breites Spektrum Sozialen Lernens, wie es in unserem Zielkatalog beschrieben ist, in eine befriedigende Praxis Eingang finden soll, muß sich die Fortbildung besonders auf diejenigen Lernzielbereiche konzentrieren, die in unserer Untersuchung als besonders schwer realisierbar eingeschätzt wurden (soziale Sensibilität, Toleranz, Kritik, Solidarität, Ich-Identität). Ein entsprechendes Fortbildungskonzept müßte dabei u.a. folgende Aspekte berücksichtigen:

- In gruppendynamischen Ansätzen müßten Erfahrungen solidarischen, toleranten, sozial sensiblen, selbstbewußten Handelns vermittelt werden.
- Ansätze aus Selbsterfahrungsgruppen sollten dazu beitragen, eine für den einzelnen Lehrer akzeptable und befriedigende Verbindung zwischen individuellen Wertvorstellungen und Ansprüchen des Lernzielkataloges herzustellen.
- An konkreten, am Schulalltag orientierten Beispielen (etwa im Sinne von Szenarien) sollten Möglichkeiten Sozialen Lernens z.B. als Rollenspiel erprobt werden. Einen besonders hohen Stellenwert sollte das Training sozial reversiblen Handelns (vgl. TAUSCH & TAUSCH 1973) erhalten.
- Aussagen der Lehrer zur Realisierung von unterschiedlichen Sozialformen deuten darauf hin, daß in vielen Fällen der Frontalunterricht eine überaus dominierende Rolle im Schulalltag spielt. Hier müßten entsprechende Kenntnisse und persönliche Erfahrungen im Umgang mit den verschiedenen Sozialformen vermittelt werden.
- Möglichkeiten der Schaffung und Nutzung pädagogischer Freiräume sollten erarbeitet und Formen der Auseinandersetzung mit Kritikern Sozialen Lernens erprobt werden.
- Es sollten Anregungen dazu gegeben werden, wie man im Kollegium „Verbündete" für Soziales Lernen gewinnen kann.

- Erworbene Kompetenzen sollten in der Praxis erprobt und entsprechende „Wirkungen" in der Fortbildungsgruppe einer kritischen Bewertung unterzogen werden. Hierbei sollten selbstwertfördernde Unterstützungen bei Mißerfolgen ein besonderes Gewicht erhalten.

Für viele Lehrer stellt die Einflußnahme des Elternhauses auf die soziale Entwicklung des Kindes (Erziehung zu Ich-Bezogenheit) und das pädagogische Geschehen in der Schule (starke Gewichtung des Leistungsaspektes) ein besonderes Problem für die Realisierung Sozialen Lernens dar. Dementsprechend wird an vielen Stellen die Bedeutung von Elternarbeit betont, für die eine intensive Fortbildung erfolgen sollte. Eine Kooperation zwischen Elternhaus und Schule bildet eine notwendige Grundlage für sozialerzieherisches Handeln. Besonders wichtig ist es dabei, mit den Eltern soziale Zielsetzungen zu erörtern, um zu verhindern, daß das Kind in ein Spannungsfeld sich widersprechender Erziehungsvorstellungen gerät und dadurch unlösbaren Konflikten ausgesetzt wird. Diese Aufgabe ist besonders schwierig und kann auch nur in einem begrenzten Rahmen erfüllt werden (vgl. DITTON 1987). Praxisnahe Hinweise zu erfolgreicher Elternarbeit finden sich bei ANSELMANN 1987, MELZER 1983, SCHMITT 1976, STANGE & STANGE 1974, ULICH 1989).

6.3.5
Antworten auf offene Fragen zur Bewertung Sozialen Lernens

Während etwa 60% der Lehrer die Zielsetzungen zu Sozialem Lernen in ihrem Lehrplan für ausreichend halten oder keine Ergänzungsvorschläge machen, vermissen die übrigen einzelne Zieldimensionen, die auch nach unserer Lehrplananalyse unterrepräsentiert sind: Solidarität, Toleranz und Kritik. Darüber hinaus werden konkretere Aussagen vor allem zum Bereich des Konfliktes gewünscht. Ich-Identität, Soziale Sensibilität, Kontakt scheinen Dimensionen zu sein, die in Lehrplänen in vielen Fällen vernachlässigt, von Lehrern aber auch nur selten vermißt werden. Hier erscheint eine Aufklärung über die Wichtigkeit dieser Zielsetzungen dringend notwendig.

In vielen Antworten spiegeln sich auch die Ergebnisse wieder, die bei der Bewertung vorgegebener Ziele ermittelt wurden. Die mangelnde Konkretheit der Ziele und die Enttäuschung über die „Richtungslosigkeit" der Formulierungen wird in vielen Fällen thematisiert. Der Mangel an Ausbildung wird beklagt, Wünsche nach Weiterbildung auch im Sinne von „Selbsterziehung" werden geäußert und eine hohe Teilnahmebereitschaft signalisiert. Vielen Lehrern fehlt es an praxisnaher Literatur und an geeigneten Medien.

Ein besonderes Problem stellt der Mangel an Zeit für Soziales Lernen und das

Fehlen eines „echten" pädagogischen Freiraums dar. Die Stoffülle wird häufig als „erdrückend" erlebt, hohe Klassenfrequenzen werden als besonders ungünstig für Soziales Lernen eingestuft. Die starke Leistungsorientierung wird in vielen Fällen als Widerspruch zu Sozialem Lernen empfunden; die betroffenen Lehrer fühlen sich überfordert, diesen Widerspruch zu überbrücken.

Während von einem Teil der Lehrer Soziales Lernen vor allem unter dem Aspekt der Anpassung an schulische Normen gesehen wird, fordern andere die Betonung der Eigeninitiative des Kindes und die Schaffung entsprechender Freiräume für die kindliche Entwicklung. Für viele Lehrer stellt die Einflußnahme des Elternhauses auf die soziale Entwicklung des Kindes (Erziehung zu Ich-Bezogenheit) und auf das pädagogische Geschehen in der Schule (starke Gewichtung des Leistungsaspektes) ein besonderes Problem für die Realisierung Sozialen Lernens dar. Dementsprechend wird an vielen Stellen die Bedeutung von Elternarbeit betont, für die eine intensive Ausbildung erfolgen sollte.

Bei der Beschreibung der schulischen Praxis Sozialen Lernens wird vor allem das Auseinanderklaffen zwischen der Einsicht, die ein Lernziel von einem Kind verlangt, und der handelnden Anwendung im Umgang mit Mitschülern konstatiert. Bei sozialen Problemen bleibt es weitgehend bei theoretischen Lösungswegen. Ein Transfer auf tatsächlich auftretende Probleme findet nur äußerst selten statt. Diese Beobachtungen der Lehrer bestätigen unsere Annahme in Kap. 3, Soziales Lernen sei zu wenig handlungsorientiert. Auch die Lehrplananalyse macht deutlich, daß in vielen Fällen eine rein verbale Auseinandersetzung mit sozialen Phänomenen gefordert wird. In gleicher Weise zielen die meisten Sachbücher auf einen verkürzenden „Verbalismus" hin, der den eigentlichen sozialen Umgang zwischen den Kindern kaum berührt. Ein Lehrer bringt die daraus abzuleitende Forderung an Soziales Lernen weitgehend auf den Punkt:

„Der Begriff ‚sozial' ist nur richtig verstanden, wenn wir verstehen, daß er Aktivität beinhaltet: lebendige Verwirklichung."

Trotz aller Hinweise auf die Belastungen, denen Lehrer ausgesetzt sind, auf eigenes Unvermögen und ungenügende Lehrpläne und auf die Versuchung, zu resignieren, finden sich bei den „abschließenden Bemerkungen" zahlreiche Hinweise auf die Bereitschaft, sich Sozialem Lernen zu widmen und hier die notwendigen Akzente in der schulischen Arbeit zu setzen. Bemühungen von seiten der Pädagogik, praxisnahe Hilfen, Ausbildungskonzepte und geeignete Medien zu entwickeln, würden in vielen Fällen auf fruchtbaren Boden fallen.

7
Soziale Erfahrungen in der Gleichaltrigengruppe im Verlauf der ersten beiden Schuljahre

In der Untersuchung wollten wir herausfinden, wie Gleichaltrige zum Schulanfang miteinander umgehen: was sie z.B. über Freundschaft, Einfluß, Spielkontakte denken und empfinden und wie sie soziale Konflikte erleben und zu bewältigen versuchen. Auf Details der Untersuchung kann hier nicht eingegangen werden (vgl. hierzu PETILLON 1992b); wir stellen daher nur die Zusammenfassung der Ergebnisse vor. Auf der folgenden Graphik (Abb. 13) sind einige Aspekte veranschaulicht.

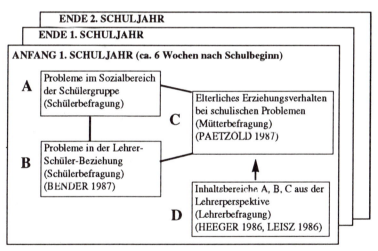

Abb. 13: *Überblick über die Inhaltsbereiche des Gesamtprojektes*

Einige Stichworte: Die Studie zu sozialen Erfahrungen war Teil eines größeren Forschungsprojektes. Es wurde arbeitsteilig in Teilprojekte (A – D) aufdifferenziert; besonderer Wert wurde dabei auf Verknüpfungsmöglichkeiten im Sinn einer mehrperspektivischen Analyse gelegt. Dadurch konnte z.B. überprüft werden, wie Perspektiven von Lehrern, Eltern und Kindern übereinstimmen. Es handelt sich um eine Längsschnittuntersuchung zu Beginn und Ende des ersten sowie zum Ende des zweiten Schuljahres, es waren etwa 250 Kinder

beteiligt. Besondere Aufmerksamkeit wurde der Entwicklung kindgemäßer Befragungsformen gewidmet.
Aus der Vielzahl der Befunde werden folgende vier Aspekte ausgewählt:
1. Was sind für die Kinder wichtige Sozialereignisse?
2. Wie entwickeln sich soziale Beziehungen?
3. Welchen Einfluß nimmt die Schule?
4. Wie stellt sich Freundschaft aus der Perspektive des Kindes dar?

7.1
Sozialereignisse beim Schulanfang

Um Hinweise auf Sozialereignisse zu erhalten, die Schüler im Verlauf der ersten beiden Schuljahre besonders bewegen, wählten wir in unserer empirischen Untersuchung ein sehr offenes Verfahren, bei dem Kinder mit Hilfe von Bildkarten Geschichten zu eigenen Erfahrungen mit Freude, Trauer, Angst und Wut erzählen konnten.

FREUDE TRAUER ANGST WUT

Abb. 14: Bildkarten

Faßt man alle Erzählungen der Kinder (insgesamt etwa 4000) unabhängig von den Emotionsbereichen zusammen und ordnet sie nach den Großkategorien Lehrer, Mitschüler, Schule, so ergibt sich die folgende prozentuale Verteilung:

Tab. 7.1: Prozentuale Verteilung der Geschichten auf die Großkategorien Lehrer, Mitschüler und Schule

	Lehrer	Mitschüler	Schule	
T 1	6,5%	82,2%	13,3%	
T 2	6,2%	81,0%	12,8%	
T 3	6,2%	78,8%	15,0%	
insgesamt	6,3%	80,5%	13,2%	(100%)

Es wird deutlich, daß in den ersten beiden Grundschuljahren der Umgang mit den Mitschülern ein „großes Thema" ist. Entgegen aller bisherigen Annahmen scheint die Person des Lehrers die Kinder in weit geringerem Maße zu bewegen. Auch die Schule wird im Vergleich zu Erlebnissen in der Schülergruppe nicht sehr häufig erwähnt. Dies verweist noch einmal nachdrücklich auf die Bedeutung der Schülergruppe im Alltag des Schulanfängers und die Wichtigkeit Sozialen Lernens besonders zum Schulbeginn.

Was sagen die Kinder nun im einzelnen? Das zentrale soziale Thema zum Schulanfang ist das Kennenlernen neuer Mitschüler. Das Kind steht vor der Aufgabe, sich erste Sicherheit in der sich neu formierenden Gruppe dadurch zu verschaffen, daß es eine feste Beziehung findet. In vielen Berichten spiegeln sich diese Bemühungen um einen Sitznachbarn und einen einzelnen Freund wider. Der Beginn von Freundschaften wird von den Kindern als besonders wichtiges freudiges Sozialereignis dargestellt. Umgekehrt sind viele Berichte von der Trauer um den Verlust eines Freundes und den vergeblichen Versuchen geprägt, Anschluß an den „auserwählten" Mitschüler zu finden.

Bei der Durchsicht aller Schilderungen entsteht der Eindruck, daß sich das Sozialleben von Mädchen und Jungen deutlich unterscheidet.

Bei den Jungen bilden körperliche Auseinandersetzungen den zentralen Problembereich im Sozialleben. Ein Großteil aller Geschichten bezieht sich auf das Raufen und Kämpfen sowie auf das Androhen von körperlichen Verletzungen. Dabei handelt es sich um Berichte über körperliche Aggressionen, die deutlich über kindliche Raufereien hinausgehen und die Grenze zur Gewalt überschreiten. Die Hemmung, den Mitschüler ernsthaft zu verletzen, scheint häufig zu fehlen. In einer längsschnittlichen Betrachtung wird sichtbar, daß sich viele Jungen dem einmal erreichten Gewaltniveau in der Gruppe anpassen.

Bei den Mädchen scheinen es eher verbale, strategische Fähigkeiten zu sein, die den Kindern Anerkennung und Sympathie in der Gruppe verschaffen. Die Kehrseite dieses Aspektes ist das Ausschlußverhalten und verbale Diskriminieren, über das die weniger erfolgreichen Kinder berichten. Trauer über Gefühle der Isolation, Angst vor einem möglichen Ausschluß und Wut wegen erfahrener Zurückweisung prägen die Berichte über soziale Probleme der Mädchen. Es fällt auf, daß die Mädchen ihre soziale Kompetenz auch dafür einsetzen, sehr gezielt auf die Schwäche eines Kindes einzugehen und dessen Notlage strategisch zu nutzen.

Im Verlauf der ersten beiden Schuljahre zeigen sich wichtige Veränderungen. Insgesamt ist festzustellen, daß eine Ausweitung der Kontakte auf eine größere Gruppe stattfindet. Bei den freudigen Ereignissen wird im Verlauf der Untersuchung häufiger von der Zugehörigkeit zu einer Jungenbande oder der Integration in einen Kreis von Mädchen berichtet. Die Freude über erfahrene Hilfeleistungen durch Mitschüler kommt zum Schulanfang noch in jeder fünften Geschichte zum Ausdruck. Bis zum Ende des zweiten Schuljahres wird von solchen Ereignissen kaum noch berichtet. Dagegen nimmt Schadenfreude sehr deutlich zu.

Im Verlauf der ersten beiden Schuljahre nehmen die Kinder soziale Ereignisse differenzierter wahr. Handlungsmotive gewinnen mehr und mehr an Bedeutung.

Bei den geschilderten Sozialereignissen finden sich im Verlauf der Untersuchung immer mehr Hinweise darauf, daß sich körperliche und verbale Aggressionen auf einzelne Kinder verdichten und Außenseiterrollen festgeschrieben werden.

7.2
Soziale Beziehungen zum Schulanfang

Ein zweiter Schwerpunkt der Untersuchung bezog sich auf die Analyse von Beziehungen und Beziehungsmustern. Mit einem Bildwahlverfahren wurden die Kinder in Einzelinterviews mit Hilfe von Bildkarten nach drei Beziehungsaspekten gefragt:
— nach eigenen Sozialkontakten (Freundschaft, Spiel, Sitznachbarschaft und Bezugsperson),
— zu Konfliktbeziehungen (Konflikte des befragten Kindes, körperliche Aggression, Streit um Gegenstände, Bedrohung, Petzen: Einbezug des Lehrers)

Abb. 15: Beispiele für Bildkarten zu einzelnen Beziehungskategorien

– und nach Wahrnehmungen bezüglich des Gruppengeschehens (Ausschluß, Führung, Hänseln). Aus der Vielzahl der Befunde können im folgenden nur einige herausgegriffen werden.

Bisher wurde in der Literatur angenommen, daß bei den Sechsjährigen noch ein eher zufälliges, situationsspezifisches Kontaktverhalten praktiziert wird. Demgegenüber zeigt sich in unserer Untersuchung in vielen Kategorien bereits im Verlauf des ersten Schuljahres eine bemerkenswerte Stabilisierung, die im zweiten Schuljahr noch deutlicher sichtbar wird. Bei den Führungspositionen findet sich eine besonders hohe Stabilität. In einer Verlaufsanalyse wird dies sehr deutlich:

T1		T2		T3	
				hoch	38
		hoch	41	mittel	3
				niedrig	0
				hoch	1
hoch	53	mittel	10	mittel	9
				niedrig	2
				hoch	0
		niedrig	2	mittel	0
				niedrig	2
				hoch	7
		hoch	8	mittel	1
				niedrig	0
				hoch	1
mittel	44	mittel	26	mittel	22
				niedrig	3
				hoch	0
		niedrig	10	mittel	2
				niedrig	8
				hoch	2
		hoch	4	mittel	2
				niedrig	0
				hoch	0
niedrig	74	mittel	9	mittel	8
				niedrig	1
				hoch	0
		niedrig	61	mittel	9
				niedrig	52
	171		171		171

Abb. 16: Verlaufsanalyse für Führungspositionen im Verlauf der ersten beiden Schuljahre

Führende Positionen bleiben im Verlauf der ersten beiden Schuljahre überwiegend in den Händen der gleichen Schüler. Von den im Verlauf der ersten beiden Grundschuljahre 53 einflußreichen Schülern zu Beginn des ersten Schuljahres bleiben 41 (das sind fast 80%) bis zum Ende der ersten Klasse in den gleichen Positionen; davon sind wiederum 38 (das sind über 90%) ein weiteres Jahr später sehr einflußreich geblieben. Das einflußlose Kind dagegen hat offensichtlich wenige Chancen, seine Situation zu ändern.

Besonders alarmierend ist die Tatsache, daß auch Außenseiterpositionen sehr stabil bleiben. Über 70% der Kinder, die zum Schulanfang von den Mitschülern gemieden und abgelehnt wurden, fanden auch zum Ende des zweiten Schuljahres keinen Anschluß an die Gruppe. Vieles spricht dafür, daß nach einem ersten Stadium der Kontaktsuche und der Klärung von Rangordnungen bereits sehr bald nach Schulbeginn das Stadium einer „ersten Institutionalisierung" beginnt, das den Spielraum für soziale Beziehungen deutlich einengt.

7.3
Welchen Einfluß nimmt die Schule?

Die Befunde zeigen, daß gute Schulleistungen bereits zum Schulanfang für den Sozialerfolg in der Gruppe eine wichtige Rolle spielen und bis zum 2. Schuljahr noch deutlich an Bedeutung gewinnen. Von Ausschluß und Diskriminierung betroffene Kinder haben oft die Doppelbelastung schulischen und sozialen Mißerfolges zu bewältigen. Schüler, die ein sehr positives Verhältnis zu ihrem Lehrer haben, erreichen auch in der Schülergruppe größere soziale Erfolge. Sie sind seltener aggressiven Angriffen und Ausschlußhandlungen ihrer Mitschüler ausgesetzt. Das leistungsstarke Kind, das sich auch bereitwilliger den Forderungen des Lehrers unterordnet, hat in vielen Fällen in der Schülergruppe eine günstige soziale Stellung, die es ihm wiederum ermöglicht, „sozial unbelastet" und selbstbewußt schulische Forderungen zu erfüllen. Der Leistungsschwächere dagegen verliert zunehmend an positiven Kontaktmöglichkeiten in der Gruppe und hat es besonders schwer, Leistungsrückstände aufzuholen, zumal er auch vom Lehrer zu selten die notwendige Zuwendung erhält.

Wie gut wissen Lehrer über das Sozialleben der Kinder Bescheid? Sie registrieren vor allem solche Phänomene, die während des Unterrichts geschehen und entweder für den Ablauf dieses Unterrichts nützlich sind oder den Unterrichtsverlauf stören. Die Erwartung, daß die Lehrer mit zunehmender Zeit (d.h. zum Ende des 2.Schuljahrs) auch das Sozialleben der Schüler besser kennenlernen und dadurch über präziseres Wissen verfügen, bestätigte sich nach unseren Befunden nicht.

7.4
Freundschaft aus der Sicht des Kindes

In unserer Untersuchung wurde ein Interview entwickelt, das Informationen darüber erbringen soll, wie sich Freundschaft aus der Perspektive des Kindes darstellt. Für diese Interview wurde eine Handpuppe eingesetzt. Das Interview enthält zwei unterscheidbare Bereiche:

(1) Das Kind wird allgemein nach seinen Vorstellungen von Freundschaft gefragt.
(2) Danach soll es die konkreten Beziehungen zu dem besten Freund beschreiben, mit dem es zum Zeitpunkt der Befragung zusammen ist.

Im folgenden können wiederum nur einige Befunde dargestellt werden. Dabei wird weitgehend auf Zahlen und Tabellen verzichtet und eher auf qualitative Aspekte und wörtliche Aussagen der Kinder eingegangen, die einen besonders anschaulichen Einblick in dieses interessante Forschungsgebiet ermöglichen.

Was ist für die Kinder dieses Alters ein Freund?

Nach den Vorstellungen der Sechsjährigen ist ein Freund ein Kind, das eines oder mehrere der folgenden übergreifenden Merkmale besitzt: Sie/er ist lieb oder nett, sieht schön aus, ist zu gemeinsamen Aktivitäten bereit (vor allem zum Spielen), besitzt positive Sozialeigenschaften (hilft, ist bereit, zu teilen, ordnet sich dem anderen unter), kommt in der Schule gut zurecht. Im Verlauf der ersten beiden Schuljahre verlieren pauschale Beschreibungsmerkmale und Hinweise auf positives Äußeres an Bedeutung, während soziale Eigenschaften und schulbezogene Aspekte an Relevanz zunehmen.
Insgesamt werden mit zunehmender Zeit höhere Ansprüche an den anderen gestellt. Gleichzeitig ist im Verlauf der ersten beiden Schuljahre eine noch stärkere Fixierung auf den Freund feststellbar. Diese Fixierung äußert sich u.a. darin, einen Freund ganz für sich vereinnahmen zu wollen.
Hierzu einige Beispiele.
Eine Freundin soll ganz allein für mich dasein.
Eine Freundin wartet so lange am Telefon, bis ich sie zu mir einlade.
Ein Freund ist in meiner Bande und will mich als Chef.

Diese Ausschließlichkeit, mit der eine Freundschaft gesehen wird, zeigt sich auch in einer großen Bewunderung des Freundes, der zum Inbegriff für Freundschaft wird und an dem auch alle anderen Sozialbeziehungen gemessen werden.
Bei der Nennung von sozialen Eigenschaften wird eine Vielzahl von Aspekten

genannt, die mit zunehmender Zeit differenzierter werden und den Freund auch als eine Person kennzeichnen, die sich deutlich von anderen abhebt: Heißt es am Schulanfang noch: Ein Freund soll „gut zu mir sein"; „gut spielen können"; „nicht hauen", so finden sich am Ende des zweiten Schuljahres Aussagen wie: Ein Freund soll „viel friedlicher sein als die anderen Kinder"; „ein Vertrauenskind sein"; „wenn ich hinfalle, soll ein Freund fragen, ob ich mir weh getan habe"; „auch 'mal mit mir traurig sein".
Allmählich wird über die Forderungen an die Eigenschaften und Handlungsweisen des anderen hinaus die Beziehung selbst in den Blick genommen; Aspekte von Gegenseitigkeit werden erwähnt.
Beispiel:
„Wenn man ihn schlägt, würde ich ihn retten, und er würde mich retten, wenn sie mich schlagen"
„Wenn ich traurig bin, ist die auch traurig und auch anders herum."

Auf die Frage: *Wozu braucht man überhaupt einen Freund?* fanden sich viele Schülerantworten, die die Bedeutung von Freundschaft für die Kinder anschaulich unterstreichen. Es fällt auf, daß in die Äußerungen zur Funktion des Freundes häufig Gefühle der eigenen Einsamkeit einfließen. Bei vielen Antworten sehen Einzelkinder den Freund oder die Freundin als „Geschwisterersatz".
Ein starkes Bedürfnis nach physischer und psychischer Nähe wird sichtbar. Einige Antworten der Kinder belegen dies besonders eindrucksvoll:
Zum Schmusen und meine Hand immer halten, so richtige Freundinnen, und wenn's geht, daß die immer bei mir schlafen darf.
Weil alles so gut wird, wenn wir uns mittags treffen und ich die schon morgens seh' und froh bin, wenn sie nicht krank ist.
Geradezu philosophisch äußert sich ein Mädchen:
Ich hab' zwei Vögel zu Hause. Da ist es auch besser, daß die zusammen sind. Allein tät da einer, glaub' ich, auch nichts mehr fressen.

Uns interessierte auch, warum sich Freundschaft so deutlich auf das eigene Geschlecht konzentriert. Auf eine entsprechende Frage nennen Jungen häufiger positive Aspekte des eigenen Geschlechts: (Jungen sind: schneller, besser, netter, stärker), während die Mädchen öfter negative Aspekte des anderen Geschlechts erwähnen: Jungen sind „so wild; sie können nur so rauhe Sachen"; „die rennen bloß so blöd rum", „reden dauernd von Autos und so Zeug". Die Nennungen *persönlicher Aversionen gegen das andere Geschlecht* nehmen im Verlauf der ersten beiden Schuljahre deutlich zu. Es hat den Anschein, daß Jungen und Mädchen bereits zum Schulbeginn sehr stark rollenspezifisch vorgeprägt sind und deshalb ihre intensiven Kontakte auch weitgehend auf das eigene Geschlecht beschränken.
Bei der Beschreibung der konkreten Beziehung mit dem besten Freund ergaben

sich folgende übergreifenden Befunde: Freundschaften aus dem Kindergarten bestehen nur zu einem geringen Teil weiter. Am Ende des zweiten Schuljahres sind die Kinder nur noch in jedem fünften Fall mit dem besten Freund zusammen, den sie bereits im Kindergarten kennengelernt haben. Die Mädchen finden in zwei Drittel aller Fälle ihre beste Freundin erst zum Schulbeginn; mit dieser Freundin bleiben sie dann meistens bis zum Ende des Erhebungszeitpunktes zusammen. Jungen dagegen wechseln häufiger. Erwartungsgemäß treffen sich die besten Freunde in den meisten Fällen auch außerhalb der Schule. Wo ein solches Treffen nicht möglich ist, lösen sich Freundschaftsbeziehungen sehr häufig wieder auf.

Das gemeinsame Spiel nimmt erwartungsgemäß bei den Aktivitäten zwischen Freunden eine bedeutsamen Platz ein. Sieht man sich die einzelnen Spiele näher an, so fällt auf, daß sich bei Jungen und Mädchen unterschiedliche „Spielkulturen" entwickeln.Eine Auflistung der am häufigsten erwähnten Spiele mag diesen Sachverhalt verdeutlichen:

Jungen	Mädchen
Eine Bande machen; im Lager, in Löchern, Bauten, Höhlen spielen; ein Baumhaus, ein Häuschen bauen.	Spazierengehen, einkaufen, Schaufenster angucken, Puppen ausfahren, Picknick machen, zusammen etwas kochen.
Gegeneinander kämpfen, sich verteidigen; mit Pistole, Gewehr, Pfeil und Bogen schießen.	Sich Geheimnisse erzählen, vorlesen, Lehrerin spielen, sich verkleiden, schminken.
Indianer, Cowboy, Ritter, Soldaten, Werwolf, Supermann spielen.	Mutter-Vater, Baby, Krankenhaus, Prinzessin.
Rennen, um die Wette rennen, rumrasen, fangen, rumstreunern, klettern, „action" machen, verstecken.	Seilspringen, Hula-Hupp, Hickel-Häuschen, tanzen, singen, zusammen lachen, einkaufen, Musik hören.
Fußball, Klicker, Tischtennis, Fahrrad, Disco-Roller.	Ballett, Musikschule, Schwimmen, Rollschuh.
Mit Autos, Flugzeugen, Schiffen, Raketen spielen; mit Lego, Playmobil, Fischer-Technik bauen.	Mit Puppen, Barbie, Stofftieren, Puppenhaus, Kaufladen spielen; Puzzle, Memory, Quartett.

In der Unterschiedlichkeit des Spielens liegt m.E. eine wichtige Ursache dafür, daß sich Jungen und Mädchen im Verlauf ihrer Kindheit mehr und mehr voneinander entfremden.

Freunde können nach unseren Beobachtungen mit Konflikten untereinander recht gut umgehen. Offensichtlich erkennen die Kinder immer deutlicher, daß Konflikte zur Freundschaft gehören und nicht das Ende einer Freundschaftsbeziehung bedeuten. Bei einer näheren Betrachtung der Antworten wird sichtbar, daß zwischen Freunden spezifische Konfliktformen entstehen, die man als „beziehungsschonend" bezeichnen könnte. Oft ist eine Versöhnung „vorprogrammiert"; körperliche Auseinandersetzungen werden als Spielhandlungen definiert; die Kinder verfügen über viele „freundbezogene" Versöhnungsstrategien: z.B. „Ich guck' den so an, bis er ein bißchen lachen muß, dann lachen wir, und es ist wieder gut." Häufig werden Kompromisse und verbale Konfliktlösungsstrategien genannt.

Wir fanden in den Kinderantworten viele Belege dafür, daß bereits zum Schulanfang in ersten Ansätzen und später immer häufiger und deutlicher der Aspekt der Gegenseitigkeit als Hinweis auf eine Ausgewogenheit im Geben und Nehmen genannt wird. Im Verlauf des Schulanfanges beginnen die Kinder allmählich, über die Forderungen an den anderen hinaus auch den eigenen Beitrag zu einer gelungenen Beziehung zu reflektieren. Dies äußert sich in Formen des Helfens, in der Vermittlung von Vergünstigungen und in der Bereitschaft, sich einfühlsam auf den anderen einzulassen und Konflikte konstruktiv zu lösen.

Allerdings deuten unsere Befunde auch darauf hin, daß sich diese positiven Orientierungen auf die privaten, eher exklusiven Freundschaftskontakte beschränken. Im Hinblick auf die übrige Schülergruppe fehlt leider in vielen Fällen die Motivation, differenzierte soziale Konzepte und soziale Sensibilität zu realisieren. Eine solche „Privatisierung" intensiver Gegenseitigkeit führt in ihrer Ausschließlichkeit zu einer starken Gefährdung gruppenbezogener Ansätze Sozialen Lernens. Es scheint daher notwendig, intensive Sozialkontakte zu fördern, die über Freundschaftsbeziehungen hinausgehen. Die Kinder sollen dabei zahlreiche Kontakte innerhalb der Schülergruppe aufnehmen, sich Gruppenanforderungen stellen und aktiv an der Gruppengestaltung beteiligen.

8

Fazit: Soziales Lernen – Anspruch und Wirklichkeit

In diesem abschließenden Kapitel wird versucht, die wichtigen Ergebnisse dieser Arbeit einer Systematik Sozialen Lernens zuzuordnen. Dabei soll der Tatsache Rechnung getragen werden, daß einzelne Themenbereiche aus verschiedenen Perspektiven (vgl. theoretisches Modell, Expertenbefragung, Lehrplananalyse, Lehrerbefragung, Schülerbefragung) betrachtet wurden und nun das Ineinandergreifen der einzelnen Befunde zu verdeutlichen ist. Gleichzeitig soll dem Verhältnis von „Anspruch und Wirklichkeit" nachgegangen werden. Es erscheint uns dementsprechend sinnvoll, die übergreifenden Bereiche des Zielkataloges als „Ordnungsstruktur" zu verwenden, die mehrperspektivischen Befunde jeweils mit den Ansprüchen, die in diesen Zielbereichen genannt sind, in Beziehung zu setzen und mit „zielspezifischen" Überlegungen zu pädagogischen Möglichkeiten zu verknüpfen. Im Rahmen dieser Arbeit kann dies nur skizzenhaft geleistet werden.

Lernzielbereich Kommunikation: *Fähigkeit und Bereitschaft, sich verständlich zu machen und andere zu verstehen.*
Kommunikative Kompetenz ist eine wesentliche Voraussetzung für den erfolgreichen Umgang mit Sozialereignissen. Der Zielbereich ist in Lehrplänen weitgehend unterrepräsentiert. In den meisten Fällen fehlen Hinweise auf aktives Zuhören (Bereitschaft und Fähigkeit), den Einbezug nonverbaler Zeichen und die Berücksichtigung von emotionalen Gesichtspunkten (z.B. Gefühle äußern und Gefühlsäußerungen „entschlüsseln" können und wollen).
Lehrer halten diesen Zielbereich für besonders wichtig und eine Realisierung für weniger schwierig. Sie sehen sich auch aufgrund ihrer Ausbildung weitgehend in der Lage, eine entsprechende Förderung zu leisten.
Die Erzählungen der Kinder verdeutlichen, daß vor allem zwischen Freunden verständnisvoll kommuniziert wird. Besonders bei den Mädchen ist das gemeinsame Gespräch und der Austausch von vertraulichen Mitteilungen ein wichtiger Gesichtspunkt intensiver Freundschaft. Zur Bewältigung von Problemsituationen reichen häufig die sprachlichen Mittel nicht aus, oder es kommt anstelle von verbalen Lösungsstrategien zu körperlichen Aggressionen.
Schulpraktische Möglichkeiten zur Förderung in diesem Bereich finden sich z.B. bei STANGE (1977): Er führt Beispiele auf, wie „Metakommunikation und

Verständigung" und „hilfreiches Zuhören" durch das Handeln des Lehrers und durch Kontaktspiele vermittelt werden können.
KÖLLN-ATENIKO & STANGE (1977) stellen dar, wie die sprachliche und nichtsprachliche Ausdrucksfähigkeit verbessert werden kann. MENZEL (1981) zeigt an einzelnen Beispielen, wie zum Schulanfang partnerorientiertes Sprechen vermittelt wird. Dabei werden Spielformen genannt, „mit denen in kleinen Schritten erste Elemente des Miteinandersprechens eingeübt werden können" (S. 75).

Lernzielbereich Kontakt: *Fähigkeit und Bereitschaft, mit anderen Kontakt aufzunehmen.*
In den Lehrplänen wird Kontakt häufig nur am Rande genannt. Die Bereitschaft zur Kontaktaufnahme wird nur in wenigen Fällen erwähnt; in der Regel wird nur sehr vage auf die „Aufnahme von Gruppenbeziehungen", auf das „Kennen" von Möglichkeiten, Freundschaft zu schließen oder auf „Hilfen" für sozial gehemmte Kinder hingewiesen. Emotionale Aspekte (Zuneigung signalisieren, Sympathie u.a.) fehlen weitgehend.
Die Lehrer halten diesen Zielbereich im Rahmen ihrer erzieherischen Aufgaben für sehr wichtig. Vielfach fehlt es an ausreichender Fortbildung und der Versorgung mit Unterrichtsmaterialien.
In der Schülergruppe ist die Kontaktdichte in vielen Fällen sehr begrenzt. Zwischen Mädchen und Jungen gibt es auffällig wenig Kontakte. Eine große Zahl isolierter Kinder schafft es im Verlauf der ersten beiden Schuljahre aus eigener Kraft nicht, Anschluß an die Mitschüler zu finden.
In der Expertenbefragung wird auf die Bedeutung von gruppendynamischen Kennenlernspielen zum Schulanfang verwiesen.
Wie können Fähigkeit und Bereitschaft, mit anderen Kontakt aufzunehmen, eingeübt werden?

– KÖLLN-ATENIKO & STANGE (1977) erprobten Spiele für die Sensibilisierung der Wahrnehmung des anderen, die ein intensives Kennenlernen des anderen (z.B. Erfahrungen, Stimmungen, Interessen, Situationserleben, Gedanken und Gefühle) ermöglichen.
– ANSELMANN (1987) entwickelte eine Unterrichtseinheit „Kontakte" für den Schulanfang. In Verbindung mit einer Vielzahl von Kennenlernspielen wurden eine „Intensivierung der Kontakthäufigkeit", die „Sensibilisierung der Wahrnehmung" und „kooperatives Verhalten" gefördert (S. 95).
– Bei KNOLL-JOKISCH (1981) finden sich Kontaktspiele für Schulanfänger, die dazu beitragen können, daß sich ein „Miteinander-Vertrautsein" entwickelt, um so die Sicherheit zu vermitteln, die notwendig ist, um sich selbstbewußt in der Schülergruppe zurechtzufinden.
– PETERMANN (1986) nennt Möglichkeiten, wie sozial unsicheren Kindern

geholfen werden kann, selbständig Kontakte aufzunehmen, sich durchzusetzen und mit Kritik umzugehen (S. 115). Um die Beziehungen zwischen Mädchen und Jungen zu verbessern, sollte der Unterricht so organisiert sein, daß die Kooperation zwischen ihnen eine Selbverständlichkeit des Schulalltags wird. Dabei ergeben sich zahlreiche Möglichkeiten, die Erfahrung zu vermitteln, daß man mit dem anderen Geschlecht durchaus gut spielen und zusammenarbeiten kann und Vorurteile bezüglich des anderen Geschlechtes revidiert werden müssen.

- HARDER & SCHÜTTE (1979) entwickelten ein Unterrichtsprojekt, das den Kindern diejenigen Qualifikationen vermitteln soll, „die für ein gemeinsames Handeln von Jungen und Mädchen erforderlich sind" (S. 157).
- KÖLLN & TIEMANN (1974) nennen Beispiele zur „Entwicklung flexibler Geschlechterrollen" (S. 121).

Lernzielbereich Kooperation: *Fähigkeit und Bereitschaft, mit anderen zusammenzuarbeiten.*

In Lehrplänen wird dieser Zielbereich sehr häufig benannt. Neben Hinweisen auf die Bereitschaft, mit anderen zusammenzuarbeiten, fehlen weitgehend auch konkrete Angaben zu Teilprozessen kooperativen Handelns (z.B. sich über Arbeitsanleitung einigen; einander helfen). Häufig wird Kooperation auf unterrichtstechnische Bereiche reduziert. In vielen Fällen vermißt man in Verbindung mit entsprechenden Sozialformen eine befriedigende praxisanleitende Strukturierung. Am wenigsten werden Projekte und offener Unterricht empfohlen, bei denen selbstbestimmtes kooperatives Lernen als Alternative zu einem verplanten Lernen am ehesten gewährleistet wäre.
Lehrer halten diesen Lernbereich für sehr wichtig und sehen hier nur wenige Realisierungsprobleme. Sie würden sich vielfach mehr Unterrichtshilfen wünschen. Gruppenarbeit, als eine Sozialform, die Kooperation besonders fördert, wird im Schulalltag häufig vernachlässigt.
Die Schüler berichten von erfreulichen Ereignissen, wenn gemeinsame Spiele in der Gruppe zustande kommen. Die Mehrzahl der genannten Sozialereignisse läßt allerdings vermuten, daß wenig Kooperation in der Gleichaltrigengruppe praktiziert wird. Freunde arbeiten dagegen vor allem außerhalb der Schule zusammen (z.B. gemeinsame Hausaufgaben; gemeinsames Einkaufen, Bau eines „Lagers").
Wie kann Kooperation gefördert werden?

- Kooperationsspiele (DAUBLEBSKI 1973) sind besonders zum Schulanfang gut geeignet, um die Grundlage für Kooperation zu schaffen. In vielen Fällen wird in der Grundschule, vor allem in den dritten und vierten Klassen, Kooperation zugunsten individueller Leistungen und Wettbewerbs vernachlässigt.

- Spiele ohne Wettbewerb, wie sie bei ANSELMANN (1987) erprobt wurden, sind gut geeignet, die Erfahrung zu vermitteln, daß gemeinsame Erfolgserlebnisse etwas Schönes und Wichtiges sind.
- HIELSCHER (1974) zeigt Möglichkeiten auf, wie Kooperation erlernt werden kann. Dabei wird unterschieden zwischen dem „Training von Persönlichkeitsfaktoren" (z.b. soziale Kreativität, Aufschub von Bedürfnissen), „Training von Gruppenfaktoren" (z.b. Umgang mit eigenen und fremden Gefühlen, Informationen erfragen, Vorteile von Kooperation erkennen) und „aufgabenbezogenem Training" (z.B. Aufgabenverteilung, Arbeitsergebnisse besprechen).

Lernzielbereich Solidarität: *Fähigkeit und Bereitschaft zu gemeinsamen Handlungen in kleineren und größeren Gruppen; Bewußtsein der Zusammengehörigkeit und Erkenntnis der gemeinsamen Lage.*
In Lehrplänen wird dieser Zielbereich weitgehend vernachlässigt. Wo Solidarität erwähnt wird, ist die Fähigkeit und Bereitschaft, sich für Gruppeninteressen einzusetzen und diese Interessen mit legitimen Mitteln durchzusetzen, nur angedeutet. „Erkennen, daß bestimmte Aufgaben nur gemeinsam gelöst werden können" und „Hilfe bei Entmutigung und Angst" sind zaghafte Andeutungen für diese Zieldimension. Emotionale Gesichtspunkte, die sich als „Wir-Gefühl" oder „Gruppenbewußtsein" umschreiben lassen, sind nicht zu finden. Der Begriff der Gemeinschaft, der häufig erwähnt wird, ist nicht im Zusammenhang mit solidarischem Handeln zu sehen, sondern er findet sich in den meisten Fällen im Kontext einer Identifizierung mit schulischen Normen.
Lehrer halten diesen Zielbereich für wenig wichtig und sinnvoll. Sie fühlen sich darüber hinaus für diese Aufgabe nicht ausreichend ausgebildet und kennen auch keine entsprechenden Unterrichtshilfen.
Die Schüler verhalten sich in den meisten Fällen nur gegenüber Freunden solidarisch. In der Gruppe werden Kinder in schwachen Positionen oft gehänselt und ausgeschlossen. Das Ausmaß an Schadenfreude nimmt im Verlauf der ersten beiden Grundschuljahre deutlich zu.
In der Fachliteratur finden sich sehr wenige Hinweise auf schulpraktische Möglichkeiten:

- Bei HÜBNER (1977) wird Kinderliteratur zum Thema Solidarität benannt und nach den Möglichkeiten unterrichtlicher Bearbeitung analysiert. Für die Realisierung dieses Ziels gilt ganz besonders, daß „Fähigkeiten und Bereitschaften" nur angebahnt werden können. Es ist wichtig, daß es sich immer um konkrete Situationen handeln muß, die dem Kind erfahrbar sowie kognitiv und emotional zugänglich sind. Besonders bedeutsam für die Realisierung dieses Zielbereiches sind Projektverfahren, die in den Lehrplänen sehr selten erwähnt werden.

– Gerade das Projektlernen scheint am ehesten „Ausbrüche aus dem verplanten Lernen in der Institution Schule zu erlauben" (BÖNSCH 1979, S. 87) sowie selbstbestimmtes Lernen und symmetrische Kommunikation zu fördern.

Lernzielbereich Konflikt: *Fähigkeit und Bereitschaft, konstruktives Konfliktlöseverhalten zu praktizieren.*
In den meisten Bundesländern gehen die Zielsetzungen in den Lehrplänen über ein Wissen kaum hinaus, daß es Konflikte gibt, die durch Kompromisse zu lösen sind. Dabei sollen die Kinder lernen, daß es wünschenswert ist, sich „zu vertragen". Den Lehrern wird ein auf Harmonie ausgerichtetes pädagogisches Handeln nahegelegt, bei dem es eher um das Vermeiden eines Konfliktes als um ein ernsthaftes Sich-Einlassen auf Probleme geht. Auf den Umgang mit aktuellen Konfliktsituationen und ihre emotionale Bewältigung wird selten eingegangen.
Die meisten Lehrer halten diesen Zielbereich für wichtig, aber sie stellen auch fest, daß sie hier nur wenig Erfolge erzielen, weil die Realisierung sehr schwierig ist. Als Ursache dafür wird in den meisten Fällen beklagt, daß sie nicht ausreichend ausgebildet sind und Unterrichtsmaterialien weitgehend fehlen.
Obwohl die Kinder nach Aussagen der Entwicklungspsychologie in der Lage sind, Absichten anderer zu erschließen und danach zu handeln, wenden sie diese Fähigkeiten meistens nur im Umgang mit ihren Freunden an. In der Gruppe der Schüler findet sich bei den Jungen sehr aggressives Konfliktverhalten; Kinder die mit verbalen Mitteln um Lösungen bemüht sind, haben wenig Chancen, sich damit durchzusetzen. Die Mädchen versuchen häufig mit verbalen Aggressionen und taktischem Verhalten ihre Interessen durchzusetzen.
Welche Ansätze finden sich in der Literatur, konstruktives Konfliktlöseverhalten pädagogisch zu unterstützen?

– KÖLLN-ATENIKO & STANGE (1977) beschreiben Spiele zur körperlichen und psychischen Lockerung, die der Abreaktion und Vorbeugung von Aggressionen dienen: Entspannungsspiele sollen Ruhe in der Gruppe schaffen; Lockerungsübungen sollen bei körperlichen und psychischen Verspannungen Hilfe bieten.
– PETERMANN & PETERMANN (1988), stellen Möglichkeiten dar, wie man Kindern helfen kann, mit Wut fertig zu werden.
– ANSELMANN (1987) erprobte im ersten Schuljahr eine Unterrichtseinheit „Aggression". Im Mittelpunkt standen dabei Gespräche über Ursachen von aggressivem Verhalten und handlungsbezogene Übungen mit dem Ziel, sich in das Opfer von Aggressionen einzufühlen. Begleitet wurde diese Unterrichtseinheit von Rollenspielen und Spielnachmittagen. Die Eltern wurden in die Erziehungsarbeit einbezogen.

– STANGE & STANGE (1974) zeigen, wie durch Rollenspiele, Interaktionsübungen, Gespräche, Projekte u.a. konstruktives Konfliktlöseverhalten gefördert werden kann. Es soll die Einsicht vermittelt werden, daß es keine Niederlage ist, ohne Sieg zu bleiben.

Dem Lehrer als Modell kommt in diesem Lernbereich eine besonders wichtige Rolle zu.

Lernzielbereich Ich-Identität: *Fähigkeit und Bereitschaft, Fremderwartungen und eigene Bedürfnisse so zu verarbeiten, daß ein eigenes selbstbestimmtes Rollenverhalten entwickelt und praktiziert werden kann.*

Diese Zieldimension, die in übergreifenden Zielsetzungen von Lehrplänen noch häufig in Begriffen wie Selbstbestimmung oder Selbstverwirklichung genannt wird, bleibt in konkreten Zielformulierungen sehr vage. Meistens fehlen wichtige Aspekte personaler und sozialer Identität, die den Umgang mit der eigenen Person (z.B. Selbstakzeptierung, Selbstvertrauen), die Selbstdarstellung und den Umgang mit Erwartungen anderer (z.B. Rollendistanz, Rollenkomplementarität) betreffen (vgl. dazu Kap. 3.1.6).

Lehrer halten diesen Zielbereich für wenig wichtig. Sie nehmen die entsprechenden Lernziele als wenig konkret und verbindlich wahr (vgl. „Präambelformulierungen"). In der Ausbildung scheint diese Zieldimension weitgehend vernachlässigt. Hilfen und Anregungen für die Praxis liegen nach den Lehreraussagen nur in unzureichender Weise vor.

In der Schülergruppe sind die Möglichkeiten, Ich-Identität zu entfalten, für einzelne Kinder sehr unterschiedlich. Es finden sich in einzelnen Klassen Kinder, die sehr dominierend und nicht bereit sind, zugunsten anderer auf ihre „Macht" zu verzichten. Dementsprechend müssen sich andere unterordnen oder haben nur geringe Partizipationsmöglichkeiten. Kinder, die gehänselt und ausgeschlossen werden, haben sehr ungünstige Bedingungen zur Entwicklung von Selbstakzeptierung und Selbstvertrauen. Im Umgang mit Erwartungen anderer zeigen sich viele Kinder sehr ich-bezogen und wenig rücksichtsvoll. Darüber hinaus wird die Attraktivität eines Kindes häufig vor allem an dessen schulischer Leistungsfähigkeit gemessen, die wiederum eng mit einer guten Beziehung zum Lehrer verknüpft ist.

Die Frage des Kindes: „Wer bin ich?" wird täglich mit zahlreichen Rückmeldungen in der spezifischen Weise des Lehrers beantwortet. Es wäre zu wünschen, daß hier Antworten erfolgen, die die Identitätsentwicklung des Kindes angemessen berücksichtigen. „Angeberei" wegen guter Leistungen ist auch zerstörendes Verhalten, sobald andere Kinder darunter leiden.

Zur Förderung der Ich-Identität liegt bereits eine Reihe von Ansätzen vor:

- Bei STANGE (1977) finden sich viele hilfreiche Anregungen (z.B. Spiele zur Selbstfindung), wie die Sensibilisierung der Eigenwahrnehmung und die Entwicklung eines positiven Selbstkonzeptes gefördert werden kann.
- Gleichzeitig gibt er Hinweise darauf, wie durch Interaktionsregeln eine gerechtere Verteilung von Partizipationschancen ermöglicht werden kann.

Lernzielbereich Soziale Sensibilität: *Fähigkeit und Bereitschaft, sich in die Rolle eines anderen zu versetzen, sich in seine Lage einzufühlen und das Ergebnis dieser Bemühung in das eigene Verhalten einzubeziehen.*
In Lehrplänen ist dieser Zielbereich fast völlig ausgeklammert. Auf soziale Perspektivenübernahme und Empathie, die von zentraler Bedeutung für die soziale Entwicklung sind (vgl. Kap. 2.2.7), wird kaum eingegangen.
Bei den Lehrern wird im Schulalltag auf diesen Bereich besonders wenig Gewicht gelegt. Die Lernziele werden als zu wenig konkret eingeschätzt. In der Ausbildung wurde dieser Bereich nur äußerst selten thematisiert.
Im alltäglichen Umgang der Grundschüler finden sich wenige Hinweise darauf, daß sich die Kinder, die andere verprügeln, auslachen und ausschließen, besonders intensiv mit der Perspektive der betroffenen Mitschüler beschäftigen. Wie in vielen anderen Bereichen ist Empathie und soziale Perspektivenübernahme eher dem Freund vorbehalten. Es fällt weiterhin auf, daß Kinder in vielen Fällen in problematischen Situationen ihre Gefühle für sich behalten; bei den Jungen gibt man sich dabei eher „cool"; Mädchen neigen häufiger zu regressivem Verhalten.
Welche pädagogischen Maßnahmen werden vorgeschlagen?
KÖLLN-ATENIKO & STANGE (1977) stellen Spiele vor, die für die Sensibilisierung der Wahrnehmung des anderen gut geeignet sind (S. 112). Dabei soll auch die Motivation entwickelt werden, die im allgemeinen vernachlässigten untrainierten Sinne (z.B. im taktilen Bereich) einzusetzen. Weiterhin lernen die Kinder, Gefühle und Gesichtausdrücke einander zuzuordnen.
Ähnliche Zielsetzungen verfolgte ANSELMANN (1987) mit Schulanfängern.
PETERMANN & PETERMANN (1988) zeigen an Beispielen, wie Kinder Einfühlungsvermögen üben können (S. 140ff).

Lernzielbereich Toleranz: *Fähigkeit und Bereitschaft, die Andersartigkeit, Eigentümlichkeit, Hilfsbedürftigkeit usw. anderer zu erkennen und zu respektieren; Vorurteile zu hinterfragen.*
Lehrplanaussagen beschränken sich in vielen Fällen auf den Umgang mit Vorurteilen, die „erkannt und abgebaut" werden sollen. Weitgehend durch eine „unterrichtliche Behandlung" dieses Themas wird auf ein Verhalten abgezielt, das vermutlich in eine „Duldsamkeit" gegenüber „fremdartigen Verhaltensweisen" einmünden soll. Es fehlen wichtige Aspekte von Toleranz, z.B. das

Akzeptieren von Gleichrangigkeit verschiedenartiger Personen, Grenzen der Toleranz, Rücksichtnahme auf andere (z.B. ungeschickte, langsame Mitschüler), Vermeidung von Abwertung leistungsschwacher Kinder und Überheblichkeit leistungsstarker Schüler.

Auch bei den meisten Lehrern wird dieser Lernbereich vernachlässigt. Er wird nicht für besonders wichtig gehalten. Von allen Zielbereichen wird der Realisierung der Ziele zu „Toleranz" im Vergleich zu allen anderen Lernbereichen die geringste Wertigkeit zugemessen. Hier Erfolge zu erzielen, erscheint den meisten Lehrern besonders schwierig.

Die Kinder gehen mit der Andersartigkeit und Schwäche von Mitschülern sehr intolerant um. Sie neigen eher dazu, sich über schwächere Gruppenmitglieder lustig zu machen und auf deren Kosten den eigenen Status zu verbessern. Nicht selten wird ein anderes Kind gezielt bloßgestellt. Die Annahme, tolerantes Verhalten nehme mit ansteigendem Alter zu, bestätigt sich durch die empirischen Daten nicht.

Welche Möglichkeiten für die Umsetzung in der Schule finden sich hier?

- Im Alltag der Grundschule gibt es viele Gelegenheiten, Hilfsbereitschaft gegenüber Mitschülern zu wecken und zu fördern: vom Teilen von Lernmaterialien oder des Pausenbrotes über Schuhebinden im Turnunterricht und Zumachen von Reißverschlüssen bis zu Erklärungen bei der Lösung von Aufgaben und dem Vergleich von Lösungen.
- Im Rahmen des Themas „Außenseiter" finden sich bei SCHMITT (1976) viele Anregungen auf die Förderung von Toleranz.
- HÜBNER (1977) nennt Kinderliteratur zum Thema „Außenseiter", die sich besonders für die Arbeit in der Grundschule eignet.
- Im Unterricht kann über Sympathie und Antipathie aufgrund von Aussehen, bestimmten Verhaltensweisen und Eigenschaften anderer gesprochen werden. Bei ANSELMANN (1987) werden dazu kindgemäße Formen der unterrichtlichen Erarbeitung des Themas „Vorurteile" vorgestellt.
- HEUER (1974) beschreibt in vielen Beispielen das Bemühen um den Abbau von Vorurteilen und die Entwicklung einer aktiven Toleranz. Es werden detaillierte Hinweise auf Medien (Hinweise auf geeignete Kinderliteratur) und Arbeitsformen (Rollenspiel, Gespräche) gegeben.

Lernzielbereich Kritik: *Fähigkeit und Bereitschaft, Informationen, Normen, Handlungen, feststehende Urteile kritisch zu hinterfragen und gegebenenfalls Alternativen zu entwickeln.*

Zu dieser Zieldimension finden sich in Lehrplänen nur einige wenige Formulierungen wie „kritisches Denken lernen" , Fähigkeit zu „kritischer Betrachtung" oder auch nur „Kritik". Es fehlen Hinweise auf aktives kritisches Hinterfragen, „adressatengemäße" Kritik, die Fähigkeit, Kritik selbst zu ertragen, eine differenzierte Betrachtung sozialer Phänomene und Selbstkritik. Ein kritisches Infragestellen institutioneller Gegebenheiten, die das Sozialleben in der Gruppe negativ beeinträchtigen, und Versuche, Alternativen durchzusetzen, werden nur selten erwähnt.

Auch bei den Lehrern wird dieser Zielbereich in den meisten Fällen als wenig wichtig und sinnvoll eingeschätzt. Eine Realisierung erscheint schwierig, zumal sich die Lehrer nicht für ausreichend ausgebildet halten und keine Hilfen für eine entsprechende erzieherische Arbeit zur Verfügung haben.

Inwieweit sich die Kinder im Umgang mit den Gleichaltrigen als kritikfähig erweisen, ist aus unseren Untersuchungen nicht zu erschließen. Lediglich einige indirekte Hinweise lassen vermuten, daß sich die Kinder durchaus kritisch mit ihren Mitschülern auseinandersetzen und dabei deren Handlungsmotive dem eigenem Handeln zugrunde legen. Eine Verletzung des Prinzips der Gerechtigkeit wird dabei kritisch bewertet und dort, wo es die Gruppensituation zuläßt, in die Beziehung zu anderen eingebracht.

Bei diesem Zielbereich wird besonders deutlich, daß Soziales Lernen fächerübergreifend verstanden werden muß. Gleichzeitig ist er in allen anderen Bereichen als wichtiges Moment enthalten: z.B. Selbstkritik (vgl. „Ich-Identität), Metakommunikation, Vorurteile hinterfragen (vgl. „Toleranz"), kritische Distanz zu „Rollenzumutungen" als Ausgangspunkt für solidarisches Handeln. Dementsprechend können keine spezifischen didaktischen und pädagogischen Hinweise gegeben werden.

Im Schulalltag bieten sich viele Möglichkeiten, im Umgang mit Unterrichtsinhalten und in der Bewertung schulischer und außerschulischer Faktoren einzelne Kritikfähigkeit und Kritikbereitschaft in ersten Ansätzen zu erwerben. Selbst Kritik ertragen können, ist dabei ein bedeutsamer Aspekt. Auch der Lehrer muß grundsätzlich kritisierbar sein.

Lernzielbereich Umgang mit Regeln: *Fähigkeit und Bereitschaft, wichtige Regeln des Zusammenlebens zu erarbeiten, zu beachten und gegebenenfalls zu revidieren.*

Viele Zielformulierungen der Lehrpläne lassen erkennen, daß die Selbstgestaltung von Regeln wenig erwünscht ist. Die Kinder sollen vor allem Regeln und Normen (Schulordnungen) „kennen" und „Einsicht in die Notwendigkeit von Ordnungen gewinnen". Nur an einigen Stellen wird auch auf das Aufstellen eigener Regeln für das Zusammenleben im Klassenzimmer hingewiesen. In den meisten Fällen fehlt dabei aber eine bewußte Auseinandersetzung der Kinder mit einzelnen Regelungen (z.B. Regeln auf Gerechtigkeit hin überprüfen) und ein tatsächliches Zugestehen von Freiräumen für die Entfaltung gruppenspezifischer Regelungen.

Die Lehrer halten diesen Zielbereich für besonders wichtig und sinnvoll. Sie können die vorgegebenen Lernziele in den Lehrplänen umfassend realisieren.

Dabei verfügen sie über ausreichende pädagogische Hilfen und fühlen sich auch hinreichend ausgebildet. Es entsteht der Eindruck, daß „Umgang mit Regeln" von vielen Lehrern im Sinne von „Disziplinierung" mißverstanden wird.
Dieser Zielbereich kann besonders gut über Spielerfahrungen vermittelt werden. Aber auch im Klassenzimmer können die Kinder Spielregeln für soziale Ordnungen schaffen, auf ihre Brauchbarkeit überprüfen, und nach einer erfahrungsorientierten Revision vorläufig als verbindlich anerkennen. Eine zentrale Spielregel könnte dabei das Prinzip der Gegenseitigkeit sein (vgl. Kap. 2.3). Nach vorliegenden Befunden verfügen die Kinder bereits zum Schulanfang über die Fähigkeit, Vorstellungen von gerechter Verteilung zu akzeptieren und zu realisieren (DAMON 1981). In unserer Untersuchung beschreiben viele Kinder die Verletzung der Norm der Gegenseitigkeit, ohne daß die Möglichkeit gesehen wird, die Wünsche nach einem fairen Umgang und einer gerechten Beteiligung zu realisieren.
Wie wird in diesem Bereich die Möglichkeit zur Umsetzung in pädagogisches Handeln gesehen?

— STANGE (1977) gibt praktische Anregungen, wie das Entwickeln von Interaktionsregeln durch die Kinder gefördert werden kann. In Spielen lernen die Schüler, Interaktionsregeln zu erkennen, einseitige Regeln als benachteiligend wahrzunehmen und Prozesse der Regelbildung einzuleiten.
— In Puppenspielen werden bestimmte Regeln in spezifischen Situationen aus der Perspektive einzelner Beteiligter rekonstruiert.
— Für das Klassenzimmer können situationsspezifische Regeln besprochen werden: z.B. eine Reihe bilden, wenn etwas verteilt wird; Regeln für die gerechte Benutzung von Spiel- und Arbeitsecken; Gesprächsregeln; Umgang mit Konflikten (Streiten „mit dem Mund").

Lernzielbereich Gruppenkenntnisse: *Fähigkeit und Bereitschaft, Kenntnisse über wesentliche Aspekte der sozialen Gruppe Schulklasse zu erwerben.*
Es ist schwierig, in Lehrplänen explizite Zielformulierungen im Rahmen dieser Zieldimensionen zu finden. Allerdings konkretisiert dieses übergreifende Ziel viele Teilaspekte, die bereits in allen übrigen Bereichen des Zielkataloges vorkommen. Dies zeigt sich auch bei der Betrachtung der Zielformulierungen in einzelnen Lehrplänen, in denen im Sachunterricht auf diese „Wissenskomponente" Sozialen Lernens aufmerksam gemacht wird.
Von den Lehrern wird die Realisierung dieses Lernbereiches in den meisten Fällen als sinnvoll und wichtig eingeschätzt. Die „Realisierungsquote" für die in den entsprechenden Lehrplänen genannten Ziele ist sehr hoch. Unterrichtsmaterialien in Form von Sachbüchern liegen den Lehrern vor und werden als ausreichend eingestuft.

Bei der Befragung der Kinder nach den verschiedenen Aspekten der Schülergruppe gewinnt man den Eindruck, daß die Schüler viele Kenntnisse (z.B. über Führung und Außenseitertum) besitzen.

Bei einer unterrichtlichen Thematisierung sozialer Prozesse in der Schulklasse kann es sich um konkrete Phänomene in der eigenen Gruppe handeln; es können aber auch allgemeine Themen eingebracht werden. Dabei sollen die Kinder lernen, ihr soziales Umfeld klarer zu strukturieren und das eigene Sozialverhalten im Gruppenkontext zu betrachten. Damit kann auch eine kognitive Grundlage für Prozesse der Selbstregulierung innerhalb der Gruppe geschaffen werden. Der sozialwissenschaftliche Lernbereich ist besonders geeignet, solche Themen aufzugreifen. Bei PETILLON (1978) finden sich entsprechende Unterrichtsvorschläge.

Die bisherigen Ausführungen in Kap. 8 mögen in den Verdacht einer „Postulatspädagogik" geraten. Es ist sicherlich richtig – und dies bestätigen unsere Befunde sehr nachdrücklich –, daß die Grundschule derzeit weit von einer am Sozialen Lernen der Schüler orientierten Praxis entfernt ist. Aber viele Aussagen der Schüler sprechen für das starke Bedürfnis nach intensiven zwischenmenschlichen Beziehungen und für die Notwendigkeit zu helfen. Es ist unsere feste Überzeugung, daß eine Grundschule, die konsequent auf Soziales Lernen eingeht, langfristig durch das Handeln der Kinder in der Richtigkeit ihrer Konzeption bestätigt wird. Unsere Kontakte mit engagierten Kollegen ermutigen dazu, diese These aufzustellen und darüber hinaus auf den persönlichen Zugewinn an Berufszufriedenheit und Nähe zu den Kindern zu verweisen.

Die Energie, die Erzieher für Soziales Lernen bereits zum Schulanfang einbringen, „zahlt" sich dabei für alle Bereiche schulischen Lernens aus.

Lehrer brauchen Unterstützung für diese wichtige pädagogische Aufgabe. Einige Stichworte seien hier noch einmal genannt:

– In der Lehrerfortbildung (auch als Selbsterfahrung) müßte das Selbstverständnis des Lehrers im Hinblick auf die Förderung Sozialen Lernens gestärkt werden. „Kollegiumsfortbildung" erscheint besonders geeignet, um im Umgang mit anderen Soziales Lernen zu üben. Neben der Schaffung eines positiven Sozialklimas an der Schule könnten dabei auch „Verbündete" für eine solidarische Durchsetzung sozialerzieherischer Ansätze gefunden werden.
– Es müßten mehr Freiräume für diese erzieherische Aufgabe zur Verfügung stehen. Die Schüler lernen in der heutigen Grundschule ständig, daß es falsch ist, sich viel Zeit zu nehmen. Sich auf das Prinzip der Gegenseitigkeit einzulassen braucht allerdings Zeit. Sich Zeit zu nehmen für den anderen ist eine Grundvoraussetzung für befriedigendes Soziales Lernen.
– Es müßten Bedingungen geschaffen werden, die das Ausmaß an Wettbewerb und Rivalität zwischen den Kindern reduzieren. Soziales Lernen, so

die Intention dieser Arbeit, erfährt nicht die notwendige Anerkennung und Beachtung, ohne daß in der Grundschule entsprechende Rahmenbedingungen bereitgestellt werden (s.o.).
– Soziales Lernen bedarf der Gestaltung einer geeigneten räumlichen Lernumwelt für soziale Interaktionen. In einer Atmosphäre, in der sich zusammenleben läßt, läßt sich auch „sozial" lernen.

Die Bedeutung der Person des Lehrers für das Soziale Lernen der Kinder ist in der Grundschule sehr hoch einzuschätzen. Eine wichtige Voraussetzung für die Förderung eines positiven Zusammenlebens ist die Fähigkeit und Bereitschaft des Lehrers, die Kinder als Persönlichkeiten in ihrer Identitätsentwicklung ernstzunehmen und Sozialereignisse umfassend und sensibel zu betrachten. Reversibilität im alltäglichen Umgang mit den Schülern ist dabei das Pendant zum Prinzip der Gegenseitigkeit in der Schülergruppe. Darüber hinaus sollte ein Erzieher den Kindern zutrauen, daß sie ihre Schülergruppe allmählich selbstverantwortlich gestalten können:
„Wenn ich den Kindern wenig zutraue, so werden sie sich auch selbst wenig zutrauen, denn unausgesprochen wird dadurch spontanes Selbständigkeitsstreben abgeblockt. Wenn ich dagegen Hilfen zur Selbsthilfe anbiete und dabei die Schritte immer größer werden lasse, dann wächst bei den Kindern die Selbständigkeit und Eigenverantwortlichkeit" (KNOLL-JOKISCH 1981, S. 123).

Mit der Zielrichtung der Gegenseitigkeit wird angestrebt, daß die Kinder in ersten Ansätzen lernen, Verantwortung für andere zu übernehmen, und dabei die Erfahrung machen können, daß ein solches Handeln für sie selbst und andere eine notwendige und befriedigende Form des sozialen Umganges ist.

Literatur

ACKERMANN, P. (1974): Bedingungen, Ziele und Möglichkeiten politischer Sozialisation. In: P. ACKERMANN (Hrsg.), Politische Sozialisation. Opladen: Westdeutscher Verlag.
ANSELMANN, B. (1987): Praxisbericht. In: H. PETILLON (Hrsg.), Schulanfang mit ausländischen und deutschen Kindern (S.82-176). Mainz: v.Hase & Koehler.
ARBEITSKREIS GRUNDSCHULE (Hrsg.) (1975): Lernen und Lehren im ersten Schuljahr. Frankfurt: Arbeitskreis Grundschule.
ARBEITSKREIS GRUNDSCHULE (Hrsg.) (1980): Die Grundschule der achtziger Jahre. Frankfurt: Arbeitskreis Grundschule.
ARGYLE, M. (1972): Soziale Interaktion. Köln: Kiepenheuer.
ARNOLD, R. (1983): Deutungsmuster. *Zeitschrift für Pädagogik*, 29, 893-912.
ATCHLEY, R.C. (1975): The life course, age grading, and agelinked demands for decision making. In: N. DATAN & L.H. GINSBERG (Hrsg.), Life-span developmental psychology; normative life crises (S. 261-278). New York: Academic Press.
AXNIX, K. (1983): Lehrplan aus Lehrersicht. Frankfurt: Fischer.

BACH, G.R. & GOLDBERG, H. (1988): Keine Angst vor Aggression. Die Kunst der Selbstbehauptung (6.Auflage). Frankfurt: Fischer.
BACH, H. (1984): Verhaltensauffälligkeiten in der Schule. Mainz: v.Hase & Koehler.
BÄRSCH, W. (1989): Was ist mit unseren Kindern los? In: M. FÖLLING-ALBERS (Hrsg.), Veränderte Kindheit-Veränderte Grundschule (S.7-11). Frankfurt: Arbeitskreis Grundschule.
BECK, G. (1975): Soziales Lernen in der Grundschule. *Die Deutsche Schule*, 67, 87-97.
BECK, G. (1977): Medieneinsatz und Soziales Lernen in der Grundschule. In: G. BRODKEREICH (Hrsg.), Soziales Lernen und Medien im Primarbereich (S. 43-53). Paderborn: Schöningh.
BECKER, A. & CONOLLY-SMITH, E. (1975): du – ich – wir. Handbuch der emotionalen und sozialen Erziehung. Ravensburg: Maier.
BELSCHNER, W. & KAISER, P. (1981): Darstellung eines Mehrebenenmodells primärer Prävention. In: S.H. FILIPP (Hrsg.), Kritische Lebensereignisse (S. 174-197). München: Urban und Schwarzenberg.
BENDER, B. (1987a): Schüler-Lehrer-Beziehung. In: H. PETILLON (Hrsg.), Schulanfang mit ausländischen Kindern (S. 25-39). Mainz: v. Hase & Koehler.
BERGER, P. & LUCKMANN, T. (1974): Die gesellschaftliche Konstruktion der Wirklichkeit. Frankfurt: Fischer.
BIERHOFF, H.W. (1988): Verantwortungszuschreibung und Hilfsbereitschaft. In: H. W.BIERHOFF & L. MONTADA (Hrsg.), Altruismus. Bedingungen der Hilfsbereitschaft (S. 224-252). Göttingen: Hogrefe.
BIGELOW, B.J. & LA GAIPA, J.J. (1975): Children's written descriptions of friendship: A multidimensional analysis. *Developmental Psychology*, 11, 857-858.
BLAU, P.M. (1964): Exchange and power in social life. New York: Wiley.
BLUMER, H. (1973): Der methodologische Standort des symbolischen Interaktionismus. In: Arbeitsgruppe Bielefelder Soziologen (Hrsg.), Alltagswissen, Interaktion und gesellschaftliche Wirklichkeit (S. 61-82). Reinbek: Rowohlt.
BOEHNKE, K. (1988): Prosoziale Motivation, Selbstkonzept und politische Orientierung. Frankfurt: Lang.

BÖNSCH, M. (1975): Bedingungen und Dimensionen sozialen Lernens in der Sekundarstufe I. Essen: Neue deutsche Schule.

BÖNSCH, M. (1979): Soziales und politisches Lernen im Sachunterricht der Grundschule. Eine Analyse der Richtlinien in den Bundesländern. In: R. SILKENBEUMER, R. (Hrsg.), Politischer Unterricht und Soziales Lernen in der Grundschule (S.69-93). Frankfurt: Diesterweg.

BOLSCHO, D. (Hrsg.) (1977): Grundschule und soziales Lernen. Braunschweig: Westermann.

BORKE, H. (1971): Interpersonal perception of young children: Egocentrism or empathy? *Developmental psychology*, 5, 263-269.

BRANDTSTÄDTER, J. (1985): Personale Entwicklungskontrolle: Überlegungen zu einem vernachlässigten Forschungsthema. Vortrag auf der 7. Tagung für Entwicklungspsychologie. Trier.

BRETHERTON, I., McNEW, S. & BREEGHLY-SMITH, M. (1982): Early person knowledge as expressed in gestural and verbal communications: When do infants acquire a „Theory of mind"? In: M.E. LAMB & L.R. SHERROD (Hrsg.), Infant social cognition (S.333-373). New York: Erlbaum.

BRONFENBRENNER, U. (1981): Die Ökologie der menschlichen Entwicklung. Stuttgart: Klett-Cotta.

BÜCHNER, P. (1985): Einführung in die Soziologie der Erziehung und des Bildungswesens. Darmstadt: Wissenschaftliche Buchgesellschaft.

BURGER, G. (1979): Umgestaltung des Klassenzimmers. In: K. BURK & D. HAARMANN (Hrsg.), Wieviele Ecken hat unsere Schule? I. Schulraumgestaltung: Das Klassenzimmer als Lernort und Erfahrungsraum. Frankfurt: Arbeitskreis Grundschule.

BURK, K. (1979): Schulraumgestaltung – Pro und Contra. In: K. BURK & D. HAARMANN (Hrsg.), Wieviele Ecken hat unsere Schule? I. Schulraumgestaltung: Das Klassenzimmer als Lernort und Erfahrungsraum (S. 9-21). Frankfurt: Arbeitskreis Grundschule.

BUTZMANN, J., HALISCH, F. & POSSE, N. (1979): Selbstkonzept und die Selbstregulation des Verhaltens. In: S.-H. FILIPP (Hrsg.), Selbstkonzept-Forschung (S. 203-220). Stuttgart: Klett-Cotta.

CAIRNS, R.B. (1986): A contemporary perspective on social development. In: P.S. STRAIN, M. GURALNICK, & H.M. WALKER (Hrsg.), Children's Social Behavior. Development, Assessment, and Modification (S. 3-47). London: Academic Press.

CLAUSSEN, B. (1978): Didaktische Konzeptionen zum sozialen Lernen: Übersicht und Vorüberlegungen zur Integration. Ravensburg: Otto Maier.

CLAUSSEN, B. (1982): Handbuch der politischen Sozialisation. Braunschweig: Agentur Pedersen.

CLAUSSEN, C. & GOBBIN-CLAUSSEN, C. (1989): Soziales Lernen in altersgemischten Gruppen. Auf der Suche nach Alternativen zur Jahrgangsklasse im Regelschulwesen. In: M. FÖLLING-ALBERS (Hrsg.), Veränderte Kindheit – Veränderte Grundschule (S. 159-170). Frankfurt: Arbeitskreis Grundschule.

COIE, J.D. & DODGE, K.A. (1977): Multiple Sources of Data on Social Behavior and Social Status in the School: A Cross-Age Comparison. *Child Development*, 59, 815-829.

COMBS, M.L. & SLABY, D.A. (1977): Social-skills training with children. In: B.B. LAHEY & A.E. KAZDIN (Hrsg.), Advances in clinical child psychology (Vol. 1). New York: Plenum.

CRAMOND, J. (1979): Auswirkungen des Fernsehens auf das Alltagsleben der Kinder. In: H. STURM & J. BROWN (Hrsg.), Wie Kinder mit dem Fernsehen umgehen (S.287ff.). Stuttgart: Klett.

CROISSIER, S., HESS, G. & KÖSTLIN-GLOGER, G. (1979): Elementarspiele zum sozialen Lernen. Weinheim: Beltz.

DAMON, W. (1982): Zur Entwicklung der sozialen Kognition des Kindes. In: W. EDELSTEIN & M. KELLER (Hrsg.), Perspektivität und Interpretation. Beiträge zur Entwicklung des sozialen Verstehens (S. 110-145). Frankfurt: Suhrkamp.

DAMON, W. (1984): Struktur, Veränderlichkeit und Prozeß in der sozialkognitiven Entwicklung des Kindes. In: W. EDELSTEIN & J. HABERMAS (Hrsg.), Soziale Interaktion und soziales Verstehen: Beiträge zur Entwicklung der Interaktionskompetenz (S. 63-112). Frankfurt: Suhrkamp.

DANISH, S.J. & AUGELLI, A.R. (1981): Kompetenzerhöhung als Ziel der Intervention in Entwicklungsverläufe über die Lebensspanne. In: S.H. FILIPP (Hrsg.), Kritische Lebensereignisse (S. 156-173). München: Urban & Schwarzenberg.

DAUBLEBSKY, B. (1973): Spielen in der Schule (2. Auflage). Stuttgart: Klett.

DEUTSCHER BILDUNGSRAT (Hrsg.) (1970): Strukturplan für das Bildungswesen. Stuttgart: Klett.

DEUTSCHER BILDUNGSRAT (Hrsg.) (1975): Gutachten und Studien der Bildungskommission. Die Eingangsstufe des Primarbereiches, Band 2/1. Stuttgart: Klett.

DINGELDEY, E. u.a. (1983): Evaluation der Rahmenrichtlinien in Hessen. Wiesbaden: Hessisches Institut für Bildungsplanung und Schulentwicklung.

DITTON, H. (1987): Familie und Schule als Bereich des kindlichen Lebensraumes. Frankfurt: Lang.

DOBRIK, M. (1980): Zur Funktionalität subjektiver Kognitionen. Bonn.

DOYLE, A., CONNOLLY, J. & RIVEST, L. (1980): The effect of playmate familiarity on the social interactions of young children. *Child development*, 51, 217-223.

DUMKE, D. (1977): Die Auswirkungen von Lehrererwartungen auf Intelligenz und Schulleistungen. *Psychologie in Erziehung und Unterricht*, 24, 93-108.

EDELSTEIN, W. & KELLER, M. (Hrsg.) (1982): Perspektivität und Interpretation. Beiträge zur Entwicklung des sozialen Verstehens. Frankfurt: Suhrkamp.

EDER, F. (1987): Schulische Umwelt und Strategien zur Bewältigung von Schule. *Psychologie in Erziehung und Unterricht*, 34, 100-110.

EINSIEDLER, W. (Hrsg.). (1979): Konzeptionen des Grundschulunterrichtes. Bad Heilbrunn: Klinkhardt.

EISENBERG, N. (1986): Altruistic emotion, cognition and behavior. Hillsdale, N.J.: Erlbaum.

EISENSCHMIDT, H. (1979): Unsere Klasse, ein Raum für Kinder – Raumgestaltung verändert Sozial- und Lernverhalten. *Die Grundschule*, 1, 32-34.

EMMERICH, W. u.a. (1971): Differentiation and the development of social norms. *Journal of Personality and Social Psychology*, 18, 128-134.

ENGELHARDT, R. (1981): Fünf Thesen zur politischen Bildung in der Grundschule. In: H. KNOLL-JOKISCH (Hrsg.), Sozialerziehung und Soziales Lernen in der Grundschule (S. 40-53). Bad Heilbrunn: Klinkhardt.

FAHN, K. (1980): Ziele, Aufgaben, Stundentafeln und Organisationsformen im soziokulturellen Lernbereich in den Grundschullehrplänen der BRD von 1970 – 1977 (Arbeitsberichte Nr. 67). München: Staatsinstitut für Schulpädagogik.

FAUSER, P. & SCHWEITZER, F. (1985): Schule, gesellschaftliche Modernisierung und Soziales Lernen – Schultheoretische Überlegungen. *Zeitschrift für Pädagogik*, 31, 339-363.

FESHBACH, S. (1974): The development and regulation of aggression: Some research gaps and a proposed cognitive approach. In: J. DEWIT & W.W. HARTUP (Hrsg.), Determinants and origins of aggressive behavior (S. 167-192). The Hague: Mouton.
FILIPP, S.-H. (Hrsg.) (1979): Selbstkonzept-Forschung. Stuttgart: Klett-Cotta.
FILIPP, S.-H. (Hrsg.) (1981): Kritische Lebensereignisse. München: Urban und Schwarzenberg.
FISHER, J.D., NADLER, A. & WHITCHER-ALAGNA, S. (1982): Recipient reactions to aid. *Psychological Bulletin*, 91, 27-54.
FLITNER, A. (1986): Spielen – Lernen. Praxis und Bedeutung des Kinderspiels. München: Piper.
FÖLLING-ALBERS, M. (1989): Kinder heute – aus der Sicht von Lehrerinnen und Lehrern. In: M. FÖLLING-ALBERS (Hrsg.), Veränderte Kindheit – Veränderte Grundschule (S. 126-133). Frankfurt: Arbeitskreis Grundschule.
FREY, H.-P. & HAUSSER, K. (1988): Identität: Entwicklungen psychologischer und soziologischer Forschung. Stuttgart: Enke.
FROMM, M. (1987): Die Sicht der Schüler in der Pädagogik: Untersuchungen zur Behandlung der Sicht von Schülern in der pädagogischen Theoriebildung und in der quantitativen und qualitativen empirischen Forschung. Weinheim: Deutscher Studienverlag.
FROMM, E. (1979): Haben oder Sein. Stuttgart: Deutsche Verlagsanstalt.
FROMM, M. & KEIM, W. (1982): Diskussion Soziales Lernen. Baltmannsweiler: Burgbücherei Schneider.
FROST, B. (1968): Anxiety and educational achievement. British Journal of Educational Psychology, 38, 293-301.
FURTH, H.G. (1982): Das Gesellschaftsverständnis des Kindes und der Äquilibrationsprozeß. In: W. EDELSTEIN & M. KELLER (Hrsg.), Perspektivität und Interpretation. Beiträge zur Entwicklung des sozialen Verstehens (S. 188-215).Frankfurt: Suhrkamp.

GARLICHS, A. (1984): Lehrer und ihre Berufsprobleme. Bericht über eine Balintgruppe mit integrierter Selbsterfahrung. Kassel: Verlag Gesamthochschule-Bibliothek.
GARLICHS, A. (1985): Selbsterfahrung als Bildungsaufgabe der Schule. *Zeitschrift für Pädagogik*, 31, 365-383.
GIESECKE, H. (1985): Das Ende der Erziehung. Stuttgart: Klett-Cotta.
GOFFMAN, E. (1975): Interaktionsrituale: Über Verhalten in direkter Kommunikation. Frankfurt: Suhrkamp.
GILLES, A. (1987): Nur ich allein. Aufwachsen als Einzelkind. In: F. HAGEDORN (Hrsg.), Kindsein ist kein Kinderspiel. Frankfurt/Main.
GORDON, C.W. (1959): Die Schulklasse als ein soziales System. *Kölner Zeitschrift für Soziologie und Sozialpsychologie*, Sonderheft 4.
GORDON, T. (1981): Lehrer – Schüler – Konferenz. Reinbek: Rowohlt.
GOTTMAN, J. GONSO, J. & RASMUSSEN, B. (1975): Social interaction, social competence, and friendship in children. *Child Development*, 46, 709-718.
GROEBEN, N. (1981): Die Handlungsperspektive als Theorienrahmen für Forschung im pädagogischen Feld. In: M. HOFER (Hrsg.), Informationsverarbeitung und Entscheidungsverhalten von Lehrern (S. 17-48). München: Urban & Schwarzenberg.
GUKENBIEHL, H.L. (1984): Soziologische Beiträge zur Sozialisationsforschung. Landau.
GUKENBIEHL, H.L. (1989): Materiell-räumliche Faktoren in der ökologischen Sozialisationsforschung. Plädoyer für eine mehrperspektivische Analyse. Landau.
GURALNICK, M.J. (1986): The peer relations of young handicapped and nonhandicapped children. In: P.S. STRAIN, M. GURALNICK, & H.M. WALKER (Hrsg.), Children's

Social Behavior. Development, Assessment, and Modification (S. 181-213). London: Academic Press.
GUTSCHMIDT, G. (1989): Kinder in Einelternfamilien und Einzelkinder. In: M. FÖLLING-ALBERS (Hrsg.). Veränderte Kindheit – Veränderte Grundschule (S. 75-84). Frankfurt: Arbeitskreis Grundschule.

HAENISCH, H., HELLMICH, S. & WILDEN, H.-P. (1984): Erprobungserfahrungen mit den Unterrichtsempfehlungen und Projektentwürfen für die Klassen 9 und 10 der Hauptschule. Soest: Landesinstitut für Schule und Weiterbildung.
HAENISCH, H. (1985): Lehrer und Lehrplan. Ergebnisse empirischer Studien zur Lehrplanrezeption. Soest: Landesinstitut für Schule und Weiterbildung.
HALBFAS, H., MAURER, F.& POPP, W. (1972): Entwicklung der Lernfähigkeit. Band 1. Stuttgart: Klett.
HALBFAS, H., MAURER, F.& POPP, W. (1974): Neuorientierung des Primarbereichs. Band 2. Lernen und soziale Erfahrung. Stuttgart: Klett.
HALISCH, F. (1988): Empathie, Attribution und die Entwicklung des Hilfehandelns. In: H.W. BIERHOFF & L. MONTADA (Hrsg.), Altruismus. Bedingungen der Hilfsbereitschaft (S. 79-103). Göttingen: Hogrefe.
HALISCH, F. & KUHL, J. (1987). Motivation, intention, and volition. Berlin: Springer.
HARDER, R. & SCHÜTTE, I. (1979). Puppenwagen – Sheriffstern. Soziale Geschlechtsrollen als Thema einer Unterrichtseinheit. In: R. SILKENBEUMER (Hrsg.), Politischer Unterricht und soziales Lernen in der Grundschule (S.151-176). Frankfurt: Diesterweg.
HARTUP, W.W.& COATES, B. (1967): Imitation of a peer as a function of reinforcement from the peer group and rewardingness of the model. *Child Development*, 38, 1003-1016.
HAUSSER, K. (1983): Identitätsentwicklung. New York: Harper & Row, UTB.
HAVERS, N. (1981): Erziehungsschwierigkeiten in der Schule (2.Aufl.). Weinheim: Beltz.
HECKHAUSEN, H. (1977): Motiv und Motivation. In: T. HERRMANN u.a. (Hrsg.), Handbuch psychologischer Grundbegriffe (S. 296-313). München: Kösel.
HEEGER, C. (1986): Zusammenhänge zwischen Lehrerwahrnehmungen und Schülerangaben zur sozialen Situation in der Gleichaltrigengruppe in ersten Grundschulklassen. Diplomarbeit, Landau.
HENTIG, H.v. (1975): Vorwort zu P.Aries: Geschichte der Kindheit (S. 7-44). München: Hanser.
HENTIG, H.v. (1984): Das allmähliche Verschwinden der Wirklichkeit. München: Carl Hanser.
HEUER, G. (1974): Zur Entwicklung einer Toleranzhaltung bei Kindern. In: H. HIELSCHER (Hrsg.), Materialien zur sozialen Entwicklung im Kindesalter (S. 80-103). Heidelberg: Quelle & Meyer.
HIELSCHER, H. (Hrsg.) (1974): Materialien zur sozialen Erziehung im Kindesalter. Heidelberg: Quelle & Meyer.
HIELSCHER, H. (1975): Förderung der Kooperation. Ein Beitrag zur Sozialerziehung. *Die Grundschule*, 7, 8-14.
HOFER, M. (1979): Informationsverarbeitung und Entscheidungsverhalten von Lehrern. München: Urban & Schwarzenberg.
HOFER & DOBRIK (1979): Kognitive Bedingungen individualisierenden Verhaltens von Lehrern. Heidelberg.
HOFFMAN, M.L. (1970): Moral development. In: P.H. MUSSEN (Hrsg.), Carmichael's manual of child psychology (S. 261-359). New York.
HOMANS, G.C. (1968): Elementarformen des sozialen Verhaltens. Köln: Westdeutscher Verlag.

HOPF, D., KRAPPMANN, L. & SCHEERER, H. (1971): Aktuelle Probleme der Grundschule. In: Max-Planck-Institut für Bildungsforschung (Hrsg.), Bildung in der Bundesrepublik Deutschland, Bd.2. Stuttgart: Reinbek.
HÜBNER, B. (1977): Kinderliteratur als Medium der Sozialerziehung. In: W. STANGE & D. TIEMANN (Hrsg.). Materialien zur sozialen Erziehung im Kindesalter 2 (S. 167-184). Heidelberg: Quelle & Meyer.
IANNOTTI, R.J. (1978): Effect of role-taking experiences on role-taking, altruism, and aggression. *Developmental Psychology*, 14, 119-124.
IMHOF, M. (1987): Durch Sprechen Mauern zerbrechen: Konfliktgruppenarbeit in der Schule. Gießen: Focus.
JÄGER, R.S. & KÜHN, R. (1980): Ergebnisse aus einer Voruntersuchung zum Projekt „Lern- und Verhaltensstörungen (LVS)". Frankfurt.
JOHNSON, D.W. (1981): Student-student interaction: the neglected variable in education. *Educational Researcher*, 6, 5-10.
JONES, E.E. (1964): Ingratiation. New York: Wiley.
JOOST, H. (1978): Förderliche Dimensionen des Lehrerverhaltens im Zusammenhang mit emotionalen und kognitiven Prozessen bei Schülern. *Psychologie in Erziehung und Unterricht*, 25, 69-74.
JÖRG, S. (1987): Per Knopfdruck durch die Kindheit. Weinheim: Quadriga.
KASPER, H. (1979): Vom Klassenzimmer zur Lernumgebung. Bausteine für eine fördernde Lernumgebung. Ulm: Vaas.
KASTEN, H. (1976): Die Entwicklung von Moralvorstellungen und Moralbegriffen beim Kinde. Donauwörth: Auer.
KEIM, W. (1973): Soziales Lernen in der Gesamtschule. Verwendung des Begriffes soziales Lernen in der gegenwärtigen pädagogischen Diskussion. *Neue Unterrichtspraxis*, 6, 176-180.
KELLER, M. (1976): Kognitive Entwicklung und soziale Kompetenz. Stuttgart: Klett.
KELLER, M. (1980): Entwicklungspsychologie sozial-kognitiver Prozesse. In: M. WALLER (Hrsg.), Jahrbuch für Entwicklungspsychologie Bd. 2 (S.89-126). Stuttgart: Klett.
KELLER, M. (1982): Die soziale Konstitution sozialen Verstehens : Universelle und differentielle Aspekte. In: W. EDELSTEIN & M. KELLER (Hrsg.), Perspektivität und Interpretation. Beiträge zur Entwicklung des sozialen Verstehens (S. 266-285). Frankfurt: Suhrkamp.
KLUCK, M.L. (1978): Einige Probleme bei der Messung von Integration. In: H. MANDL & G.L. HUBER (Hrsg.), Kognitive Komplexität (S. 249-262). Göttingen: Hogrefe.
KNOLL-JOKISCH, H. (1981): Sozialerziehung und Soziales Lernen in der Grundschule. Bad Heilbrunn: Klinkhardt.
KOHLBERG, L. (1969): Stage and sequence: The cognitive developmental approach to socialization. In: D.A. GOSLIN (Hrsg.), Handbook of socialization theory and research (S. 347-480). Chicago: Rand McNally & Company.
KÖLLN, H. (1974): Interaktionspädagogik und Sozialerziehung. In: H. HIELSCHER (Hrsg.), Materialien zur sozialen Erziehung im Kindergarten (S. 140-158). Heidelberg: Quelle & Meyer.
KÖLLN, H. & TIEMANN, D. (1974): Entwicklung flexibler Geschlechtsrollen. In: H. HIELSCHER (Hrsg.), Materialien zur sozialen Erziehung im Kindergarten (S. 121-139). Heidelberg: Quelle & Meyer.
KÖLLN-ATENICO, H. & STANGE, E. (1977): Basisqualifikationen der Interaktion: Spiele und Übungen. In: W. STANGE & D. TIEMANN (Hrsg.), Materialien zur sozialen Erziehung im Kindesalter 2 (S. 104-126). Heidelberg: Quelle & Meyer.

KÖNIG, E. (1982): Rechtfertigung und Möglichkeiten Sozialen Lernens. In: M. FROMM & W. KEIM (Hrsg.), Diskussion Soziales Lernen (S. 42-53). Baltmannsweiler: Burgbücherei Schneider.
KRAPPMANN, L. (1972): Die Enstehung der Lernfähigkeit im Interaktionssystem der Familie und ihre Förderung in der Schule. In: H. HALBFAS, F. MAURER & W. POPP (Hrsg.), Entwicklung der Lernfähigkeit. Band 1. Stuttgart: Klett.
KRAPPMANN, L. (1975). Soziologische Dimensionen der Identität (4.Aufl.). Stuttgart: Klett-Cotta.
KRAPPMANN, L. (1980): Sozialisation in der Gruppe der Gleichaltrigen. In: K. HURRELMANN & D. ULICH (Hrsg.), Handbuch der Sozialisationsforschung (S. 443-466). Weinheim: Beltz.
KRAPPMANN, L. (1987): Kinder lernen mit und von Gleichaltrigen – auch in der Schule? *Die Grundschulzeitschrift*, 2, 42-46.
KRAPPMANN, L. & OSWALD, H. (1988): Probleme des Helfens unter Kindern. In: H.W. BIERHOFF & L. MONTADA (Hrsg.), Altruismus. Bedingungen der Hilfsbereitschaft (S. 206-223). Göttingen: Hogrefe.
KRATOCHWIL, L. (1986): Kommunikation – Kooperation – Solidarität. Schlagwörter auf dem Prüfstand. In: A. WEBER (Hrsg.), Kooperatives Lehren und Lernen in der Schule (S. 34-52). Heinsberg: Agentur Dieck.
KREUTZ, H. (1972): Der Einfluß der Schulorganisation und der informellen Gruppenbildung auf die schulische Sozialisation. *IBE-Bulletin*, 10, 33-43.
KUHNERT, K. (1978): Soziales und emotionales Lernen in der Schule (Teil I – III). *Die Scholle*, 46, 334-497.
KUHNERT, K. (1983): Wie Lehrer mit dem Lehrplan umgehen. Weinheim: Beltz.

LA GRECA, A.M. & STARK, P. (1986): Naturalistic Observations of Children's Social Behavior. In: P.S. STRAIN, M. GURALNICK, & H.M. WALKER (Hrsg.), Children's Social Behavior. Development, Assessment, and Modification (S. 181-213). London: Academic Press.
LANDWEHR, FRIES & HUBLER (1983): Schulische Belastung – Problemstellung und theoretisches Konzept. *Bildungsforschung und Bildungspraxis*, 5, 125-146.
LANG, S. (1985): Lebensbedingungen und Lebensqualität von Kindern. Frankfurt: Campus.
LAZARUS, R.S. (1981): Stress und Stressbewältigung – Ein Paradigma. In: S.H. FILIPP (Hrsg.), Kritische Lebensereignisse (S. 198-232). München: Urban & Schwarzenberg.
LAZARUS, R.S. & LAUNIER, R. (1978): Stress-related transactions between person and environment. In: L.A. PERVIN & M. LEWIS (Hrsg.), Interaction between internal and external determinants of behavior (S. 287-327). New York: Plenum.
LEISZ, U. (1986): Untersuchungen zur Schüler-Lehrer-Interaktion – Vergleich von Schüler- und Lehrerperspektiven. Eine Längsschnittstudie im ersten Schuljahr. Diplomarbeit, Landau.
LEMPP, R. (1983): Kinder unerwünscht. Anmerkungen eines Kinderpsychiaters. Zürich: Diogenes.
LEWIS, M. & ROSENBLUM, L.A. (1975): Friendship and peer relations. New York: Wiley.
LICHTENSTEIN-ROTHER, I. & RÖBE, E. (1984): Grundschule – Der pädagogische Raum für Grundlegung der Bildung. Weinheim: Beltz.
LODDENKEMPER, H. & SCHIER, N. (1979): Werte in der Erziehung. Zur Bedeutung des sozialen Lernens für die Werterziehung. *Blätter für Lehrerfortbildung*. 31, 194-203.
LUBIN, D. & FORBES, D. (1981): Motivational and peer culture issues in reasoning-behavioral relations. Presented at a symposium at the biennial meeting of the Society for Research in Child Development, Boston.

LUHMANN, N. (1979): Schematismen der Interaktion. *Kölner Zeitschrift für Soziologie und Sozialpsychologie*, 31, 237-255.

MAIER, I. (1979): Muß Schule wie Schule sein ? Ausgangspunkte – Initiativen – Erfahrungen. In: H. KASPER (Hrsg.), Vom Klassenzimmer zur Lernumgebung. Bausteine für eine fördernde Lernumgebung. Ulm: Vaas.

MALETZKE, G. (1979): Kinder und Fernsehen. In: H.STURM & J.R.BROWN (Hrsg.), Wie Kinder mit dem Fernsehen umgehen (S. 21ff.). Stuttgart.

MANDL, H. & HUBER, G.L. (1979): Komplexität schulischer Interaktionsprozesse. *Unterrichtswissenschaft*, 16, 63-77.

MEHRABIAN, A. & EPSTEIN, N.A. (1970): A measure of emotional empathy. Journal of personality, 40, 525-543.

MENZEL, W. (1981): Miteinander sprechen lernen. In: K. MEIERS (Hrsg.), Schulanfang – Anfangsunterricht (S.72-80). Bad Heilbrunn: Klinkhardt

MICHELSON, L. (1981): Behavioral approaches to prevention. In: L. MICHELSON, M. HERSEN & S. TURNER (Hrsg.), Future perspectives in behavior therapy. New York: Plenum.

MINSEL, B. & ROTH, H. (Hrsg.), (1978): Soziale Interaktion in der Schule. München: Urban & Schwarzenberg.

MISCHEL, W. (1968): Personality and assessment. New York: Wiley.

MISCHEL, W. (1973): Toward a cognitive social learning reconceptualization of personality. *Psychological review*, 80, 252-283.

MOLCHO, S. (1988): Körpersprache als Dialog: Ganzheitliche Kommunikation in Beruf und Alltag. München: Mosaik.

MONTESSORI, M. (1930): Die Umgebung. *Die neue Erziehung*, 12, 86-90.

MONTADA, L. (1981): Kritische Lebensereignisse im Brennpunkt: Eine Entwicklungsaufgabe für die Entwicklungspsychologie?. In: S.H. FILIPP (Hrsg.), Kritische Lebensereignisse (S. 272-292). München: Urban & Schwarzenberg.

MONTADA, L. & BIERHOFF, H.W. (1988): Altruismus. Bedingungen der Hilfsbereitschaft. Göttingen: Hogrefe.

MÜLLER, G.F. (1985): Prozesse sozialer Interaktion. Göttingen: Hogrefe.

NATIONAL INSTITUTE OF MENTAL HEALTH, (1982).

NEGT, O. (1975): Schule als Erfahrungsprozeß. Gesellschaftliche Aspekte des Glocksee-Projektes. *Ästhetik und Kommunikation*, 6/7.

NEGT, O. (1976): Schule als Erfahrungsprozeß (Glocksee). *Ästhetik und Kommunikation*, 6/7.

NEILL, A. (1969): Theorie und Praxis der antiautoritären Erziehung. Reinbek: Rowohlt.

NICKEL, H. & SCHMIDT-DENTER, U. (1980): Sozialverhalten von Vorschulkindern. Empirische Untersuchungen in Kindergärten und Eltern-Initiativ-Gruppen. München: Reinhardt.

OERTER, R. & WEBER, E. (1975): Der Aspekt des Emotionalen in Unterricht und Entwicklung. Donauwörth: Auer.

OPPENHEIMER, L. (1978): Social cognitive development. Dissertation. Nijmegen.

OSTERWALD, U. (1976): Zur Problematik des sozialen Lernens in der Institution Schule. In: K.A. WIEDERHOLD (Hrsg.), Soziales Lernen in der Grundschule (S. 55-74). Ratingen: Aloys Henn.

PAETZOLD, B. (1988): Familie und Schulanfang. Eine Untersuchung des mütterlichen Erziehungsverhaltens. Bad Heilbrunn: Klinkhardt.

PARK, R.E. (1936): Human ecology. *American Journal of Sociology*, 42, 1-15.

PEARCE, P.L. & AMATO, P.R. (1984): A taxonomy of helping: A multidimensional analysis. *Social Psychology Quarterly*, 43, 363-371.
PETERMANN, F. & PETERMANN, U. (1988): Training mit aggressiven Kindern. Einzeltraining, Kindergruppen, Elternberatung. München: Urban & Schwarzenberg.
PETERMANN, U. (1986): Training mit sozial unsicheren Kindern. Einzeltraining, Kindergruppen, Elternberatung. München: Urban & Schwarzenberg.
PETERMANN, U. (1987): Sozialverhalten bei Grundschülern und Jugendlichen. Frankfurt: Lang.
PETILLON, H. (1978): Der unbeliebte Schüler. Braunschweig: Westermann.
PETILLON, H. (1982): Soziale Beziehungen zwischen Lehrern, Schülern und Schülergruppen. Weinheim: Beltz.
PETILLON, H. (Hrsg.) (1987a): Schulanfang mit ausländischen und deutschen Kindern. Mainz: v.Hase & Köhler.
PETILLON, H. (1987b): Der Schüler. Rekonstruktion der Schule aus der Perspektive von Kindern und Jugendlichen. Darmstadt: Wissenschaftliche Buchgesellschaft.
PETILLON, H. (1989): Erkundungsstudien zum Schulanfang. Landau.
PETILLON, H. (1992a): Soziales Lernen in der Grundschule. Anspruch und Wirklichkeit. Landau: Habilitationsschrift.
PETILLON, M. (1992b): Das Sozialleben des Schulanfängers. Weinheim: Psychologie Verlags Union.
PETILLON, H. & WAGNER, J. W. L. (1979): Soziometrischer Status und Selbstkonzept. *Psychologie in Erziehung und Unterricht*, 26, 72-83.
PIAGET, J. (1976): Das moralische Urteil beim Kinde. Frankfurt: Suhrkamp.
PLAKE, K. (1976): Diskontinuität und struktureller Sozialisationskonflikt. *Zeitschrift für Pädagogik*, 22, 559-570.
PLANKENHORN, A.M. (1976): Das Klassenzimmer als Lernfaktor im Anfangsunterricht, Untersuchungen an 10 Reutlinger Schulen. Reutlingen. (Zulassungsarbeit zur 1.Prüfung für das Lehramt an Grund- und Hauptschulen)
POMAZAL, R.J. & JACCARD, J.J. (1976): An informational approach to altruistic behavior. *Journal of Personality and Social Psychology*, 33, 317-326.
POPP, W. (1981): Wissenschaftsorientierter Unterricht und soziales Lernen. In: H. KNOLL-JOKISCH (Hrsg.), Sozialerziehung und Soziales Lernen in der Grundschule (S. 54-63). Bad Heilbrunn: Klinkhardt.
PORTMANN, R. (1988): Kinder kommen zur Schule. Hilfen und Hinweise für eine kindorientierte Einschulungspraxis. Frankfurt: Arbeitskreis Grundschule.
POSTMAN, N. (1983): Das Verschwinden der Kindheit. Frankfurt: Fischer.
PREKOP, J. (1988): Der kleine Tyrann: welchen Halt brauchen Kinder? (7. Auflage). München: Kösel.
PREUSS-LAUSITZ, U. (1982): Beitrag zur Grablegung des „Sozialen Lernens" auf dem Friedhof der pädagogischen Erfindungswut. In: M. FROMM & W. KEIM (Hrsg.), Diskussion Soziales Lernen (S. 1-11). Baltmannsweiler: Burgbücherei Schneider.
PRIOR, H. (1973): Soziales Lernen und Tutorenarbeit in der Gesamtschule. HLZ, 26, 317-326.
PRIOR, H. (1976): Soziales Lernen. Düsseldorf: Schwann.

RAUSCHENBERGER, H. (1985): Soziales Lernen – Nutzen und Nachteil eines mehrdeutigen Begriffes. *Zeitschrift für Pädagogik*, 31, 301-320.
REST, J. (1974): Manual of the defining issues test. Minneapolis: Unpublished manuscript, University of Minnesota.
RISCHMÜLLER, H. (1981): Personalisation, Sozialisation und Qualifikation als allge-

meine Zielsetzungen von Schule und Unterricht. In: W. TWELLMANN (Hrsg.), Handbuch Schule und Unterricht. Bd. 4.1. (S. 285-308). Düsseldorf: Schwann
ROLFF, H.-G. (1982): Kindheit im Wandel – Veränderungen der Bedingungen des Aufwachsens seit 1945. In: H.-G. ROLFF u.a. (Hrsg.), Jahrbuch der Schulentwicklung 2 (S. 207ff.). Weinheim: Beltz.
ROLFF, H.-G. u.a. (Hrsg.) (1982): Jahrbuch der Schulentwicklung 2. Weinheim: Beltz.
ROTH, H. (1971): Pädagogische Anthropologie. Band 2: Entwicklung und Erziehung. Hannover.
ROTH, H. & BLUMENTHAL, A. (1977). Soziales Lernen in der Schule. Hannover: Schroedel.

SACHS, W. (1981): Über die Industrialisierung der freiwüchsigen Kindheit. *paed. extra*, 7/8, 24-28.
SANTINI, B. (1971): Das Curriculum im Urteil der Lehrer. Basel: Beltz.
SCARLETT, H.H.,PRESS, A.N. & CROCKETT, W.H. (1971): Children's descriptions of peers: A Wernerian developmental analysis. *Child Development*, 42, 439-453.
SCHAEFFER-HEGEL, B. (1979): Überlegungen zu einer Didaktik der politischen Bildung und des sozialen Lernens in der Grundschule. In: R. SILKENBEUMER (Hrsg.), Politischer Unterricht und Soziales Lernen in der Grundschule (S.43-68). Frankfurt: Diesterweg.
SCHMIDT-DENTER, U. (1988): Soziale Entwicklung. Ein Lehrbuch über soziale Beziehungen im Laufe des menschlichen Lebens. München: Psychologie-Verlags-Union.
SCHMITT, R. u.a. (1976): Soziale Erziehung in der Grundschule. Toleranz – Kooperation – Solidarität. Frankfurt: Arbeitskreis Grundschule.
SCHNEIDER, H.-D. (1988): Helfen als Problemlöseprozeß. In: H.W. BIERHOFF & L. MONTADA (Hrsg.), Altruismus. Bedingungen der Hilfsbereitschaft (S. 7-35). Göttingen: Hogrefe.
SCHREINER, G. (1975): Schule als sozialer Erfahrungsraum. Frankfurt: Athenäum.
SCHWARTZ, S.H. & HOWARD, J.A. (1982): Helping and cooperation: A self-based motivational model.
SCHWARZ, H. (1989): Zur Offenheit des Grundschulunterrichts. In: M. FÖLLING-ALBERS (Hrsg.), Veränderte Kindheit – Veränderte Grundschule (S. 146-158). Frankfurt: Arbeitskreis Grundschule.
SEEHAUSEN, H. (1989): Familien zwischen modernisierter Berufswelt und Kindergarten. Freiburg i. Br.: Lambertus.
SEIFFGE – KRENKE, I. (1981): Soziales Verhalten in der Schulklasse. In: W. TWELLMANN (Hrsg.), Handbuch Schule und Unterricht. Band 3. Düsseldorf: Schwann.
SELMAN, R.L. (1974): Stages in role-taking and moral judgment as guides to social intervention. In: T. LICKONA (Hrsg.), Man and morality. New York.
SELMAN, R L. (1984): Die Entwicklung des sozialen Verstehens. Frankfurt: Suhrkamp.
SIGNER, R. (1977): Verhaltenstraining für Lehrer. Weinheim: Beltz.
SILBEREISEN, R.K. u.a. (1988): Motive prosozialen Handelns im Jugendalter – Untersuchungen in Berlin, Warschau, Bologna und Phoenix. In: H.W. BIERHOFF & L. MONTADA (Hrsg.), Altruismus – Bedingungen der Hilfsbereitschaft (S. 104-129). Göttingen: Hogrefe.
SILKENBEUMER, R. (1979): Politischer Unterricht und Soziales Lernen in der Grundschule. Frankfurt: Diesterweg.
SPANHEL, D. (1985): Soziales Lernen in Grund- und Hauptschule. Von der Entwicklung im Kindes- und Jugendalter her betrachtet. *Pädagogische Welt*, 2, 79-84.
STANGE, W. (1974): Elternarbeit und Sozialerziehung. In: H. HIELSCHER (Hrsg.). Mate-

rialien zur sozialen Erziehung im Kindergarten (S.159-169). Heidelberg: Quelle & Meyer.
STANGE, E. (1978): „Wer bin ich?" – Spielvorschläge zur Förderung der Selbstfindung. In: W. STANGE & D. TIEMANN (Hrsg.). Materialien zur sozialen Erziehung im Kindesalter 2 (S. 127-134). Heidelberg: Quelle & Meyer.
STANGE, W. & STANGE, E. (1974): Training des Konfliktlöseverhaltens. In: H. HIELSCHER (Hrsg.), Ziele und Inhalte einer systematischen Sozialerziehung im Kindesalter (S. 54-79). Heidelberg.
STANGE, E. & TIEMANN, D. (1977): Interaktionsspiele im Elementar- und Primarbereich – Anmerkungen zur didaktischen Konzeption. In: W. STANGE & D. TIEMANN (Hrsg.) (1977). Materialien zur sozialen Erziehung im Kindesalter 2 (S. 91-103). Heidelberg: Quelle & Meyer.
STANGE, W. & TIEMANN, D. (1977): Materialien zur sozialen Erziehung im Kindesalter 2. Heidelberg: Quelle & Meyer.
STANJEK, K. (1978): Das Überreichen von Gaben: Funktion und Entwicklung in den ersten Lebensjahren. *Zeitschrift für Entwicklungspsychologie und Pädagogische Psychologie*, 10, 103-113.
STAUB, E. (1971): The use of role playing and induction in children's learning of helping and sharing behavior. Child Development, 42, 805-817.
STÖCKLI, G. (1989): Vom Kind zum Schüler. Zur Veränderung der Eltern-Kind-Beziehung am Beispiel Schuleintritt. Bad Heilbrunn: Klinkhardt.
STRAUSS, A. (1968): Spiegel und Masken. Die Suche nach Identität. Frankfurt: Suhrkamp.
STRAYHORN, J.M. & STRAIN, S.S. (1986): Social and Language Skills for Preventive Mental Health: What, How, Who, and When. In: P.S. STRAIN, M. GURALNICK, & H.M. WALKER (Hrsg.), Children's Social Behavior. Development, Assessment, and Modification (S.287-330). London: Academic Press.
STRUCK, P. (1984): Pädagogische Bindungen. Frankfurt: Lang.
SULLIVAN, H.S. (1983): The interpersonal theory of psychiatry. New York: Norton.

TAUSCH, R. & TAUSCH, A. (1973). Erziehungspsychologie (7.Aufl.). Göttingen: Hogrefe.
THIENEL, A. (1988): Lehrerwahrnehmungen und -gefühle in problematischen Unterrichtssituationen. Frankfurt: Lang.
THURNER, F. (1970): Ängstlichkeit: eine Persönlichkeitsvariable und ihre Auswirkung. *Psychologische Rundschau*, 1, 187-213.
TIEMANN, D. (1977). Für eine demokratische Zukunft: Die Notwendigkeit sozialer und politischer Erziehung im Kindesalter. In: W. STANGE & D. TIEMANN (Hrsg.), Materialien zur sozialen Erziehung im Kindesalter 2 (S.12-42). Heidelberg: Quelle & Meyer.
TIPPELT, R. (1985): Die emotionale und soziale Dimension im Unterricht. *Pädagogische Rundschau*, 39, 203-225.

ULICH, K. (1989): Schule als Familienproblem? Konfliktfelder zwischen Schülern, Eltern und Lehrern. Frankfurt: Athenäum.

VAUGHN, B.E. & WATERS, E. (1981): Attention structure sociometric status and dominance: Interrelations, behavioral correlates and relationships to social competence. *Developmental Psychology*,17, 275-288.

WALLNER, E.M. (1970): Soziologie. Einführung in die Grundbegriffe und Probleme. Heidelberg: Quelle & Meyer.
WALSTER, E.H. & BERSCHEID, E. (1978): Interpersonal attraction (2.Auflage). Reading, Mass.: Addison-Wesley.

WATSON, J. & FRIEND, L. (1969): Measurement of social evaluative anxiety. *Journal of Consulting and Clinical Psychology*, 33, 448-457.
WATZLAWICK, W., BEAVIN & JACKSON 1972: Menschliche Kommunikation. Formen, Störungen, Paradoxien (3.Auflage). Bern: Huber.
WEBER, A. (Hrsg.) (1986): Kooperatives Lehren und Lernen in der Schule. Heinsberg: Agentur Dieck.
WEIDENMANN, B. (1978): Lehrerangst. München: Ehrenwirth.
WEINSTEIN, E.A. (1969): The development of interpersonal competence. In: D.A. GOSLIN (Hrsg.) Handbook of socialization theory and research (S. 753-775). Chicago: Rand McNally.
WELLENDORF, F. (1977): Schulische Sozialisation und Identität. (4.Auflage). Weinheim: Beltz.
WERBIK, H. (1974): Theorie der Gewalt. Eine neue Grundlage für die Aggressionsforschung. München: Fink.
WERNING, R. (1989): Das sozial auffällige Kind. Münster: Waxmann.
WIECZERKOWSKI, W. (1965): Einige Merkmale des sprachlichen Verhaltens von Lehrern und Schülern im Unterricht. *Zeitschrift für experimentelle und angewandte Psychologie*, 12, 502-520.
WIEDERHOLD, K.A. (1976). Soziales Lernen in der Grundschule. Ratingen: Aloys Henn.
WILEY, P.D. (1983): Development of strategies for coping with peer conflict in children from first through fifth grade. In: R.K. ULLMANN (Chair), Assessment of children's social knowledge and attitudes: Coping with peer conflict. Paper presented at the Annual meeting of the Association for Behavior Analysis, Milwaukee.
WISSINGER, J. (1988): Schule als Lebenswelt. Frankfurt: Campus.
WITKIN, H.A. (1978): Personality through perception. Westport, Conn.: Greenwood Press.
WOLF, B., GUKENBIEHL, H.L., JÄGER, R.S., PETILLON, H. & SEIFERT, M. (1988): Pädagogisch bedeutsame Umwelten in der frühen Kindheit – ökologische Perspektiven. Landau.

YOUNISS, J. (1977): Socialization and social knowledge. In: R. SILBEREISEN (Hrsg.), Soziale Kognition (S. C3-22). Berlin: Technische Universität Berlin.
YOUNISS, J. (1980): Parents and Peers in Social Development. Chicago: Chicago University Press.
YOUNISS, J. (1982): Die Entwicklung und Funktion von Freundschaftsbeziehungen. In: W. EDELSTEIN & M. KELLER (Hrsg.), Perspektivität und Interpretation. Beiträge zur Entwicklung des sozialen Verstehens (S. 78- 109). Frankfurt: Suhrkamp.

ZAHN-WAXLER, C. & RADTKE- YARROW, M. (1982): The development of altruism: Alternative research strategies. In: N. EISENBERG-BERG (Hrsg.), The development of prosocial behavior. New York: Academic Press.
ZAHN-WAXLER u.a. (1984): Altruismus, aggression and social interactions in young children of manic-depressive parents. *Child Development*, 55, 112-122.
ZAJONIC, R.B. (1965). Social facilitation. *Science*, 149, 169-174.
ZIEHE, T. (1983): „Ich bin wohl heute wieder unmotiviert". Westermanns Pädagogische Beiträge, 7, 316-323.
ZIELKE, G. (1979): Professionalisierung und Sanktionsverhalten von Lehrern. Dissertation, Berlin.
ZIVIN, G. (1972): Functions of private speech during problem-solving in preschool children. Harvard.